데이터 분석과 인공지능 활용

인문

데이터분석과인공지능활용편찬위원(가나다 순)
박소현, 백수진, 서응교, 신윤희, 정복문, 정혜진

데이터 분석과 인공지능 활용 _ 인문

2021년 2월 25일 초판 인쇄
2021년 3월 5일 초판 발행

지 은 이 _ 데이터분석과인공지능활용편찬위원회
펴 낸 이 _ 김수복
기 획 _ 김남필
편 집 _ 성두현
마 케 팅 _ 김민배
펴 낸 곳 _ 노스보스
등 록 _ 1968.2.27 : No. 제03-00095호
주 소 _ 경기도 용인시 수지구 죽전로 152
전 화 _ 031-8005-2405
팩 스 _ 031-8021-7154

값 18,000원

ISBN 978-89-7092-751-0 04560
ISBN 978-89-7092-750-3(세트)

• 본 저작물은 2021년도 과학기술정보통신부 SW중심대학사업 사업비를 지원받아 수행한 연구 결과입니다.

데이터 분석과 인공지능 활용

| 인문 |

데이터분석과인공지능활용편찬위원회 편

nosvos

머리말

코딩이 왜 필요한가요?

요즘 대학가에 코딩 열풍이 불며 학생들에게 제일 많이 받는 질문이었습니다. 최근 많은 대학들은 코딩 관련 교과목을 앞다투어 만들고 있으며, 전교생이 수강하는 필수 교과목으로 지정된 사례도 많이 있습니다. 다양한 연구 보고서들은 소프트웨어 코딩 교과목의 성과에 대하여 분석한결과 코딩 역량이 높아졌음을 제시하고 있습니다. 2018년 이후 초 · 중 · 고등 교육과정에 소프트웨어 코딩이 점진적으로 필수 교육과정에 포함되면서 코딩 기본 역량을 갖춘 학생들이 대학에 입학을 하고 있습니다. 하지만 많은 학생들은 "왜" 코딩을 배워야 하는지, 소프트웨어 코딩이 전공 교육에 어떻게 활용될 수 있는지에 대한 이해가 부족한 상황에서 학습을 하고 있는 실정입니다.

포스트 코로나 시대에 세상은 빠르게 변하고 있습니다. 전례 없는 전염병의 유행은 기존의 사회, 경제의 질서를 완전히 뒤바꾸는 계기가 되었습니다. 많은 전문가들은 디지털 기반의 혁신이 일어날 것이고, 비대면(Untact) · 플랫폼 기반의 디지털 전환(Digital Transformation)이 일어날 것으로 예측하고 있습니다. 이러한 소프트 파워에 기반한 새로운 질서(New Normal)는 국가, 인종, 지역, 이념, 학력, 전공을 막론하고 우리의 사회를 이끌어갈 동력이자 생활을 담보하는 유망한 방안으로 예측되고 있으며 그 기반 기술로는 인공지능(Artificial Intelligence)이 자리잡고 있습니다. 포스트 코로나 시대 비대면 문화와 더불어 인공지능은 자연어 처리, 챗봇 등 대화형 인터페이스를 통하여 사람들과 상호작용을 할 수 있습니다. 또한 디지털 플랫폼에서 머신러닝, 딥러닝 등을 통하여 냉장고, 세탁기와 같은 전자제품, 전자상거래, 마케팅 및 판매, 고객 서비스, 금융

서비스, 핀테크, 무인 자동차를 활용한 물류, 교통, 의료 빅데이터를 활용한 AI 의사의 진단, 가상 비서 등 일상생활의 다양한 분야의 활동을 돕고 개인에게 최적화된 정보를 제공할 수 있게 되었습니다.

포스트 코로나 시대 학생들은 인공지능 기반의 소프트웨어 교육을 어떻게 받아야 할까요? 먼저 교육의 틀에 있어 인공지능 기반의 교육 플랫폼의 혁신으로 인한 교수-학습의 방법, 교수의 역할, 교육의 내용, 평가, 피드백의 측면에서 변화가 있을 것입니다. 인공지능의 도움을 받는 학생들은 디지털 정보 수준의 격차와 소프트웨어 역량의 격차가 줄어들 것입니다. 더불어 인공지능을 활용하여 일상생활과 전공 문제 해결에 적용할 수 있는 역량을 강화할 수 있습니다. 데이터를 기반으로 인공지능이 합리적인 판단을 하고 창의적인 기능을 구현하는 것이 많은 산업 분야에서 적용되고 있습니다. 예를 들어, 물류 산업에서는 배달 로봇은 비대면 배달로 그 수요가 폭발적으로 증가할 것으로 예상되며, 사람과 사물, 자동차를 레이더, 카메라 등으로 감지하는 자율 주행 기술과 센서를 활용하여 안전하게 배송이 가능합니다. 의료 산업에서는 신약 개발, 질병 예방과 분석에 딥러닝을 사용하여 분자 구조의 분석을 통해 데이터베이스 구축과 백신 개발에 활용하고 있습니다. 또한 인공지능 기반 개인 맞춤형 건강 서비스(헬스케어봇)를 제시할 수도 있습니다. 이렇듯 융합적 사고를 바탕으로 인공지능이라는 기술을 활용하여 일상생활의 문제, 전공 문제를 해결할 수 있는 것이 포스트 코로나 시대 우리가 갖춰야 할 역량이라고 할 수 있습니다.

본 교재는 디자인 사고 기반의 창의적 사고(Design Thinking), 알고리즘 기반의 논리적 사고(Algorithm Thinking)를 학습하고 문제 해결을 경험한 학생들이 융합적 사고 기반의 인공지능(AI Thinking)을 학습하는 데 그 목적이 있습니다. 이 과정에 앞서 학습한 디자인씽킹을 통하여 우리는 문제 해결에 어느 정도 익숙해졌습니다. 그러나 현실의 문제에서는 정답이 없을 수 있기에 우리는 항상 최선의 해결책을 추구해야 합니다. 나날이 빠르게 진화하는 기술의 홍수 속에서 기술이 사람마다 다르게 인지(Cognitive)될 수 있음을 알고 논리적 사고 기반의 기술적, 수학적 분석과 더불어 직관적 사고를 기반으로 한 사람의 경험, 감성이 어떻게 변하는지 융합적으로 분석할 수 있는 역량이 생겼을 것입니다. 문제를 해결하는 데 있어 정답을 도출하는 것이 중요한 것이 아니라 분석적 사고와 귀추적 사고(Abductive Thinking)의 융합을 통해 다양한 관점에서 고민해 보고 "문제의 대상에 맞는 최적의 해결책"을 찾아내는 것이 중요합니다. 본 교재에서는 머신러닝, 딥러닝 등 다양한 인공지능 기법을 기반으로 전공 문제를 어떻게 지능화시켜서 해결할 것인지를 다루고 있습니다. 복잡한 알고리즘을 이용해 대량의 데이터를 분석해 그 중 패턴을 인식하고, 그것을 바탕으로 예측을 해낼 수 있도록 분석해 봅니다. 특히 프로젝트 기반의 학습(Project Based Learning: PBL)을 통해 일상생활 또는 산업 현장에서 만날 수 있는 있는 문제를 직접 해결해 보는 경험을 하게 될 것입니다.

본 교재의 구성은 다음과 같습니다. 먼저 1부에서는 4차산업혁명시대 인공지능의 활용과 머신러닝, 딥러닝 기술에 대한 개념 및 프로젝트 기반의 학습을 이해합니다. 2부에서는 프로그래밍 언어 학습을 통해 데이터 분석 환경, 구조, 파일 처리 등에 대하여 학습한 후, 실제 전공 데이터를 분석해 봅니다. 3부에서는 프로젝트 기반 인공지능을 활용한 문제 해결을 실습하고 머신러닝 기반의 문제 해결 사례들을 학습하게 됩니다. 이 교재를 통해 융합적 사고 기반의 인공지능을 활용한 문제 해결의 방식을 체득하게 될 것이며, 소프트웨어 코딩 역량에 대한 자신감을 얻게 될 것입니다.

끝으로 본 교재가 나오기 까지 많은 도움을 주신 전공별 AI활용 편찬위원회, 단국대학교 자유교양대학, 단국대학교 SW중심대학사업단, 단국대학교출판부에 깊은 감사의 말씀드립니다.

목차

CONTENTS

05 데이터 구조의 이해

06 데이터 종류와 데이터 파일 처리

07 R 프로그래밍 기초

08 데이터 시각화

09 데이터 전처리

인공지능

최근 모든 산업 분야에서 주목받고 있는 인공지능이 무엇이며 어떤 발전 과정을 거쳐 현재의 기술에 이르게 되었는지 살펴본다. 또한 인공지능이 우리 일상생활에 어떻게 활용되는지 사례를 통해 학습한다. 본 장에서는 교재의 구성과 배우게 될 내용을 확인하고 준비 사항을 이해한다.

01

학습 목표

- 인공지능의 개념과 발전 과정에 대해 이해한다.
- 인공지능을 활용한 다양한 사례를 이해하고 우리 일상생활에서의 활용 사례를 찾아본다.
- 본 교재의 진행 흐름과 학습을 위한 준비 사항을 이해한다.

01 인공지능(AI) 시대에 요구되는 AI 리터러시 능력

최근 'AI 기술을 활용한 OO', 'AI 가전제품'처럼 AI를 활용한 혁신적인 제품과 서비스가 증가하고 있다. 글로벌 컨설팅 기업 맥킨지(Mckinsey)가 발표한 'AI가 세계 경제에 미치는 영향'이라는 보고서에 따르면, 인공지능은 2030년까지 전 세계 GDP에 13조 달러를 기여하고 이로 인해 세계 GDP는 연평균 1.2% 추가 성장할 것이라 평가했다. 반면 인공지능에 대한 투자가 없는 기업은 2030년 현금 창출이 23%나 하락할 것으로 예상했다. 이렇듯 인공지능은 이미 소프트웨어 산업에서 대단한 가치를 창출하고 있지만, 미래에는 소프트웨어 산업 외에도 교통, 여행, 자동차, 제조업, 도소매 등에서 많은 가치를 창출할 것으로 전망되고 있다.

우리 주변에 급속도로 확대되고 있는 인공지능 기술은 우리의 삶과 직업 세계의 변화를 가져오고 있다. 그리고 나와 동떨어진 기술이 아닌 나의 삶, 나의 미래와 연관성이 높은 기술이 되었다. 우리는 인공지능을 활용했다고 하면 최신의, 혁신적인 기술이라고는 생각하지만, 정작 '인공지능이 무엇인가요?'라고 물어보면 쉽게 대답하는 사람은 별로 없다. 그러나 우리는 '인공지능 시대'를 맞아 삶에서 직면하는 수많은 문제를 해결하기 위해 발전된 기술을 적절히 활용할 줄 알아야 한다. 즉 인공지능 기술이 어떤 것인지 이해하고 적절히 활용할 줄 아는 능력, 'AI 리터러시' 능력을 길러야 한다.

본 교재는 인공지능을 활용하여 급변하는 시대적 흐름을 이해하고 미래 시대에 요구되는 역량을 함양하는 데 목표를 둔다. 구체적으로 본 교재를 통해 인공지능에 대해 이해하고, IT 비전공자로서 인공지능을 어떻게 활용하여 일상생활과 산업 분야에서 직면하는 문제를 해결해 나갈 수 있을지에 대한 안목과 실제적인 기술을 함양할 수 있을 것이다.

02 인공지능 개념

본 장에서는 인공지능의 개념에 대해 알아보고자 한다. 인공지능은 인간의 지능을 컴퓨터에서 재생산하는 기술을 의미하며, 인공지능의 목표는 '사람처럼 생각하고 행동하는 기계 또는 컴퓨터'를 만드는 것이다. 그렇다면 사람처럼 생각한다는 '인간 지능'이란 무엇을 의미할까?

지능(Intelligence)은 한 개인이 문제에 대해 합리적으로 사고하고 해결하는 인지적인 능력과 학습 능력을 포함하는 총체적인 능력으로 정의된다. 인공지능이 우리가 기존에 사용해오던 컴퓨터나 기계와 다른 점은 계산처리 능력뿐 아니라 인간 지능과 같이 다양한 상황과 조건에 따라 합리적인 판단을 하고, 종종 창의적인 기능을 구현할 수 있다는 점이다. 즉, 인공지능(AI)은 '컴퓨터 및 기계가 알려준 것 이상의 일을 스스로 생각하고 처리할 수 있는 장치'라고 표현할 수 있다.

그렇다면 '컴퓨터가 스스로 생각하는 것', '알려준 것 이상의 일을 처리할 수 있는 것'이라는 말은 구체적으로 무엇을 의미할까?

영화 속에서 인공지능의 예를 한번 살펴보면, 2008년에 개봉한 〈아이언맨〉에서 여러 사람 중에서 일반 시민과 인질범이 구분되어 타겟팅하고 타겟이 된 인질범들에게만 미사일이 발사되는 장면이 등장한다. 영화에서 인공지능을 통해 사람을 구분하는 기술이 이제 현실에서 실현되고 있다. 실제 실시간으로 안면 인식 기술을 활용해서 영상에 찍힌 사람 중에 특정한 사람의 얼굴을 인식하여 찾아내는 데 높은 정확도를 보인다. 이렇게 수십 명의 얼굴을 실시간으로 인식, 분석, 대조하는 능력은 기계 및 컴퓨터의 지능화, 인공지능을 활용한 예이다.

〈그림 1-1〉 영화 '아이언맨'에서 안면 인식 기술을 활용하는 장면

또 다른 인공지능을 활용한 예로 인터넷 쇼핑의 예를 살펴보자. 우리가 쇼핑몰 앱이나 사이트에 접속하면 관심 상품과 연관된 상품을 보여주거나, 내가 과거에 구매한 이력을 토대로 무언가를 추천해 주곤 한다. 이런 기능은 어떻게 가능한 걸까? 이러한 기능 구현을 위해 사용자 A가 B 상품과 B′를 구매하는 구매 이력 데이터를 축적해 놓았다가 C 사용자가 B 상품을 구매하면 B′도 추천 상품으로 제시하는 방법이 적용될 수 있다. 혹은 A 사용자가 그동안 구매 내역들 간 상관 분석을 통해 B 상품을 사려고 할 때 B′를 추천해줄 수도 있다. 즉, 무엇을 추천하기 위해 다른 데이터들의 패턴을 보고 더 적합한 것을 컴퓨터가 판단해서 추천하는 것 또한 지능화의 한 예로 볼 수 있다.

03 인공지능 발전 과정

4차 산업혁명과 함께 인공지능 열풍이 불면서 많은 사람들은 인공지능이 최근에 등장한 기술이라고 생각하곤 한다. 하지만 인공지능은 상당히 긴 역사를 통해 발전되어 왔다. 최근에 불고 있는 인공지능 열풍은 '제3차 인공지능 열풍'이라고 불리기도 한다. 1차와 2차 열풍은 제한된 연구자들 세계에서만 일어났다. 왜 1차와 2차 열풍은 왜 일반 사람들이 체감할 정도의 열풍이 아니었을까? 그 이유는 우리 일상생활에서 지내는 데 도움이 될만한 정도의 성능을 갖추지는 못했기 때문이다.

우리가 대부분 인공지능이라는 용어를 처음 인식한 것은 이세돌과 알파고의 바둑 대결이었을 것이다. 게임 규칙이 복잡하고 심오한 바둑에서 기계가 인간을 이길 수 없다고 생각한 모두의 예상이 빗나간 큰 사건이었다. 그렇다면 실제 인공지능은 언제부터 어떻게 발전하였는지 살펴보자.

1) 1차 인공지능 열풍 '엘리자'

'인공지능'이라는 말 자체는 1956년에 생겨났는데 이때 첫 번째 인공지능 열풍이 불었다. 1956년 미국 다트머스 대학에 있던 존 매카시(John McCarthy) 교수가 '다트머스 AI 컨퍼런스'를 개최하면서 초청장 문구에 'AI'라는 용어를 처음으로 사용하였다. 당시 인공지능 연구의 핵심은 추론과 탐색이었고, 가장 유명한 열풍의 주역은 바로 '엘리자'였다. 엘리자는 음성이 아닌 문자로 대화할 수 있는 컴퓨터였다. 1950년대에 '대화할 수 있는 컴퓨터가 있었다는 사실만으로 대단하다'라고 생각할 수 있지만, 실제로는 단순한 패턴에 맞춰서 대화를 구현해 낸 프로그램일 뿐이므로 기대할 만한 수준의 성능은 아니었다.

엘리자 (Eliza)

1966년 미국 MIT 컴퓨터 공학 교수 요제프 바이첸바움이 탄생시킨, **최초의 대화 프로그램 엘리자 (Eliza)**는 인간과의 대화에서 맞장구 쳐주기, 끊임없이 질문 해주기와 같은 단순한 패턴의 대화가 가능했음

"사람들은 속은 게 아니었다. 엘리자의 한계를 알면서도 그들 마음속 빈 곳을 채우고 있었던 것이다."

-셰리 터클 사회심리학자

엘리자의 단순한 대화 패턴 이상의 기능 구현을 위하여 마치 인간처럼 생각하

고 문제를 풀 수 있는 인공지능을 구현하려는 연구는 1970년대까지 활발히 진행되다가, 단순히 간단한 문제 풀이뿐 아니라 좀 더 복잡한 문제까지 풀기 위한 수준까지는 도달하지 못하였다. 이로 이해 인공지능의 열풍은 잠잠해졌다.

2) 대화형 컴퓨터 성능을 측정하는 '튜링 테스트'

대화가 가능한 컴퓨터는 인공지능의 제1차 열풍부터 현재까지 중요한 연구 결과 중 하나이며, 아직 연구가 활발히 진행되고 있다. 대화형 컴퓨터에 대해 말할 때 빼놓을 수 없는 주제는 '튜링 테스트'이다. '튜링 테스트'는 대화형 컴퓨터의 성능을 측정하는 데 사용되는 매우 널리 사용되는 방법이다. 이 테스트는 튜링이 맨체스터 대학에서 일할 당시(1950년) 논문 "Computing Machines and Intelligence"에 소개되었다.

튜링 테스트의 작동 원리는 인간(심판)이 인공지능 또는 제 3의 인간과 대화하도록 하고 그 대화한 상대가 인공지능 컴퓨터인지 인간인지 구분하도록 하는 간단한 테스트이다. 튜링이 튜링 테스트를 발표한 후 튜링 테스트는 그 이후 인공지능 이론에서 중요한 개념이 되었다.

튜링 테스트의 원리와 기능이 간단해 보이지만, 실제 튜링 테스트에 합격한 인공지능은 불과 2014년까지만 해도 없었다. 2014년 튜링 테스트를 통과한 인

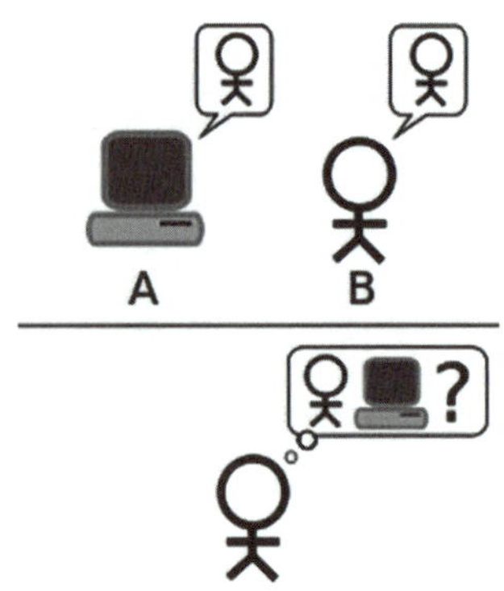

〈그림 1-2〉 대화형 컴퓨터 성능을 측정하는 '튜링 테스트'

공지능도 '우크라이나에 사는 13살 소년'이라고 설정되어 있어서 영어를 모국어로 하지 않아 말투가 다소 어색하더라도 괜찮다라는 편견 덕분에 합격할 수 있었다. 현재 시점에서도 인간처럼 대화가 가능한 인공지능 컴퓨터는 여전히 존재하지 않는다. 인간이 아무렇지 않게 나누는 대화처럼 컴퓨터가 인간과 비슷한 수준으로 대화할 수 있게 되려면 아직 시간과 노력이 더 필요한 상황이다.

3) 제2차 인공지능 열풍 '전문가 시스템'

제2차 인공지능 열풍은 1960년대 '전문가 시스템'의 출현과 함께 시작되었다. 전문가 시스템이란 '인간과 자연스러운 대화를 통해 상품을 구매하는 시스템', '특정 질병을 진단하는 시스템' 등 특정 분야에 특화된 시스템을 말한다. 제 2차 인공지능 열풍은 무엇이든, 애매하게 인간과 같은 범용의 인공지능이 아니라 특정 목적에 따라 문제를 해결하는 전문가와 같은 인공지능을 개발하려는 움직임이었다. 즉 폭넓은 기능을 애매하고 부정확하게 처리하는 시스템 개발보다는, 특정 분야나 특정 문제에서 만큼은 인간과 같은 지능을 발휘하는 실용적인 시스템을 개발하는 것이 주목을 받았다.

그렇다면 어떻게 전문가를 흉내 내는 시스템을 개발할 수 있을까? 전문가가 문제 상황에서 문제를 파악하고 이를 해결해 나가는 과정에는 지식, 경험과 같은 데이터가 축적돼 있으며 일련의 규칙 및 추론 과정을 통해 문제를 해결하기 위한 결론을 도출하게 된다. 예를 들면 의사의 경우 "만약 환자가 ~ 증상을 보

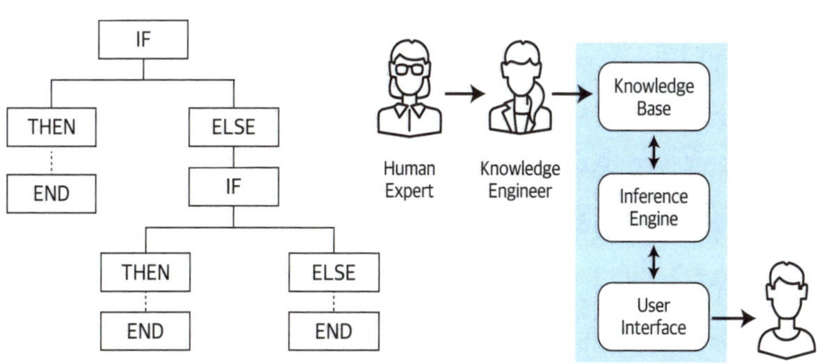

〈그림 1-3〉 전문가 시스템

인다면, ~일 것이다"라고 판단하고 환자에게 병명을 말해줄 것이다. 즉, 전문가 시스템은 전문가들의 지식을 논리적 법칙으로 변환하여 기억하고 이를 이용해 전문가들이 내리는 의사 결정을 대신하는 것이다. 전문가 시스템은 규칙 및 지식 기반(Knowledge Bases)과 데이터베이스(Database), 추론 엔진(Inference Engine), 사용자 인터페이스(User Interface) 등으로 구성되어 있다.

그러나 전문가 시스템은 우리 인간이 추론하는 것처럼 스스로 생각하지는 못하고, 인간처럼 복잡한 사고는 할 수 없었다. 왜냐하면 전문가 시스템의 대부분은 '만약 X는 Y'라는 규칙에 따라서 추론하여 내용을 성립시키도록 되어 있으므로, 규칙에 없는 내용을 입력하면 대응할 수 없기 때문이다. 매우 한정적인 용도로만 활용할 수 있었고 유연한 대응을 하지 못했기 때문에 80년대까지 유행하던 전문가 시스템 역시 90년대에는 사람들에게 관심을 받지 못했다.

4) 현재의 AI

제2차 열풍 이후에도 인공지능에 관한 연구는 진행되었다. 그러던 중 머신러닝(Machine Learning, 기계학습)이라는 새로운 프로그래밍 기술의 출현으로 실제로 인간을 도울 수 있는 인공지능이 폭발적으로 증가했다. 머신러닝 기술의 등장은 현재의 세 번째 인공지능 열풍을 일으키는 계기가 되었다.

머신러닝이란 데이터에서 패턴과 규칙을 스스로 추출하고 자동으로 개선하는 알고리즘 연구로 정의된다. 머신러닝은 '스스로' 추출하고 '자동'으로 개선하는 '지능화'가 가능해졌다. 1차 인공지능 열풍의 엘리자, 2차 인공지능 열풍의 전문가 시스템의 한계였던 '유연한 대응'이 가능해진 것이다. 머신러닝 기술이 없는 상황에서 미리 'X가 Y라면'이라는 규칙을 컴퓨터에 입력하면 컴퓨터는 규칙에 따라 X를 입력할 때 Y로 응답했다. 그리고 Z를 미리 입력하지 않았기 때문에 규칙에 입력하지 않으면 당연히 컴퓨터가 응답하지 않았다. 반면에 머신러닝 기술을 사용하면 컴퓨터는 'X는 Y'라는 정보를 제공하더라도 Z의 알 수 없는 입력에 대해 이를 수행하는 것이 좋을 것이라고 스스로 판단하고 응답할 수 있다.

■ 기존: 컴퓨터에 규칙 입력
'만약 X는 Y' => 입력한 대로 실행
규칙에 없는(미리 입력되어 있지 않은) Z가 입력되면 대응하지 못함

■ 머신러닝: X는 Y라는 정보만 제공해도 Z라는 입력되어 있지 않은 내용을 컴퓨터 스스로 생각하고 응답할 수 있음

04 우리 일상에서의 인공지능 활용

인공지능이라는 단어를 들으면 사람들은 주로 고수준의 컴퓨터나 기계를 떠올리곤 하지만, 그러한 고도의 기술 외에 이미 우리 주변에 상용화되어 활발하게 활용되고 있는 인공지능 기술도 많이 존재한다.

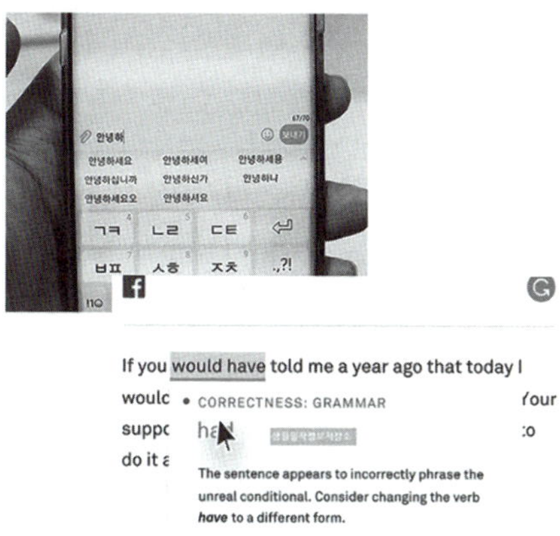

영어를 한국어로 번역해 주는 기능, 사진을 찍을 때 안면을 인식하는 기능
음성으로 기계를 조작할 수 있는 기능, 인터넷 쇼핑을 할 때 추천 기능

현재 우리 주변에는 어떤 인공지능이 있을까? 예를 들면 여러분이 핸드폰으로 문자를 입력할 때 문자 자동 완성 기능을 활용할 수 있다. '학교에 갑' 까지만 썼는데 '학교에 갑니다.'라는 완성형 문구가 추천 문구로 떠오르는 것을 경험한 적이 있을 것이다. 사실 이때 컴퓨터는 '학교에 갑'까지만 입력했을 때 '갑'이라

는 글자가 '갑니다'라는 말이 나올 것으로 예측하여 추천해 준 것이다. 이러한 기능은 사소해 보이기도 하지만 기기가 스스로 판단을 한 것이므로 인공지능이라고 할 수 있다. 실제로 현재 우리가 사용하는 인공지능은 큰 범위에서 널리 쓰이는 경우보다 극히 한정적인 목적을 달성하기 위해 쓰이는 경우가 많다. 문자를 입력할 때 추천 문구 기능 이외에도 영어를 한국어로 번역해 주는 기능, 사진을 찍을 때 안면을 인식하는 기능, 음성으로 기계를 조작할 수 있는 기능, 인터넷 쇼핑을 할 때 추천 기능 등을 꼽을 수 있다.

이렇듯 인공지능은 우리 주변에 다양한 형태로 존재한다. 그러나 막상 내가 떠올리는 기술이 인공지능인지 아닌지 헷갈릴 수 있다. 인공지능은 '컴퓨터 및 기계가 알려준 것 이상의 일을 스스로 생각하고 처리할 수 있는 장치'라는 것을 기억해 두자. 즉, 인공지능인지 판단할 때 중요한 기준은 미리 알려주지 않은 상황에도 대응할 수 있어야 한다는 점이다.

여러분의 주변에도 다양한 인공지능이 있을 것이다. 내 주변에는 어떤 AI가 있으며, 그 제품이 어떻게 작동하는지 꼭 한번 상상해 보자.

활용 사례 1 취미나 성격을 입력하면 자신과 맞는 '사람'을 찾아주는 서비스

단순히 취미나 성격이 똑같은 사람을 찾아주는 서비스라면 AI라고 부를 수 없다. 그러나, 지금까지 소개팅에 성공한 사람들의 취미나 성격 등의 정보를 활용하여 다각도로 잘 맞을 만한 상대를 찾아준다면 인공지능이라고 부를 수 있을 것이다. 현재 이런 서비스가 실제로 적용되고 있기도 하다. 소개팅 상대뿐 아니라 직장을 옮기는 사람들을 위한 이직 시장에서도 인재를 찾아주는 인공지능이 사용되고 있기도 하다. 앞으로 더욱 다양한 분야에서 적합한 사람을 찾을 수 있는 인공지능이 많아질 것이다.

활용 사례 2 다양한 요소를 유연하게 파악하여 작동되는 에어컨

일정 시간 이상 연속 작동했을 때 전원이 저절로 꺼진다거나 기온이 25도를 넘으면 전원이 꺼진다는 단순한 규칙에 따라서 전원이 꺼진다면 이런 에어컨은 인공지능이라고 부를 수 없다. 사실 우리가 일반적으로 생각하는 에어컨이 자동으로 전원이 꺼지기를 바라는 상황은 방에 있던 사람이 나간 후 일정 시간이 지났을 때라고 생각된다. 따라서 위에 적은 이유보다는 에어컨에 '사람이 방에서 나가고 난 후 일정 시간이 지나면 전원이 자동으로 꺼지는 기능'이 있다면 인공지능이라고 부를 수 있을 것이다. 왜냐하면 에어컨이 사람이 방에서 나갔는지 스스로 판단해야 하기 때문이다. 에어컨이 놓인 방의 형태나 사람의 움직임은 매우 다양할 수 있으므로 인공지능 에어컨이 되기 위해서는 이런 다양한 요소를 자체적으로 판단하는 기능이 필요하다.

활용 사례 3 간단하지만 유연한 대화가 가능한 로봇

로봇은 모두 AI라고 생각하는 사람도 있는데 실제로는 AI라고 부를 수 없는 로봇도 아주 많다. AI라고 부를 수 없는 로봇을 예로 들자면 소리에 반응하여 고개만 끄덕이는 로봇 등을 꼽을 수 있다. 소리에 반응하여 고개만 끄덕이는 로봇은 소리가 나면 고개를 끄덕이도록 미리 정보만 입력해 두면 되므로 로봇 스스로 무언가를 생각하고 판단할 필요가 없다. 그렇다면 대화할 수 있는 로봇은 어떨까? 다음과 같은 5종류의 제시어에 반응하여 대답할 수 있는 대화형 로봇이 있다고 생각해 보자. 이 로봇에는 5가지의 각 제시어에 대응할 수 있는 총 5종류의 대답만이 입력되어 있다고 간주한다.

제시어: 안녕하세요.	→ 대답: 안녕하세요.
제시어: 잘 지내시나요?	→ 대답: 잘 지내요.
날씨가 좋네요	→ 그렇네요
배고파	→ 식사하세요
고마워요	→ 천만에요

이런 경우 로봇이 대답할 수 있는 5종류의 제시어 중 하나인 '잘 지내시나요?'라는 말을 했다면 당연히 '잘 지내요'라고 대답할 수 있다. 그러나 '잘 지냈으려나?'라며 조금 다른 말투로 말을 건네면 어떨까? 만약 이 말에 대답하지 못한다면 이 대화형 로봇은 인공지능이라고 부를 수 없을 것이다. 인공지능이라고 부를 수 있으려면 예상 밖의 일도 대응할 수 있는 유연성이 필요하기 때문이다. 즉, 미리 입력해 둔 5가지 유형 이외의 제시어에도 적절히 대답할 수 있는 능력을 갖추고 있어야 한다.

05 학습 준비

1) 인공지능 기술 도입 이후 직무 내용의 변화 및 흐름

일반적으로 하나의 직업에 종사하는 근로자는 여러 직무를 수행하는데, 기술이 도입되면 그 직무는 여러 가지 유형으로 변화를 맞이하게 된다. 본 교재는 Task 5, Task 6의 직무 변화에 대비를 목표로 둔다.

- Task 1: 수행 직무가 그대로 유지되는 경우
- Task 2: 수행 직무가 기계로 완전히 대체되는 경우
- Task 3, 4: 일부 역할이 축소되거나 없어지는 대신에 사람의 특성이 더욱 필요한 업무는 그 비중이나 중요도가 커지는 경우(예를 들어 교사가 온라인 교육 등의 확대로 단순 지식 전달 업무가 줄고 정보 분석, 협력 및 소통 등 사회성 교육의 비중은 확대)
- **Task 5: 기술 도입 이후 업무 방식과 내용이 변경되는 경우(타 기술과의 융 · 복합, 협력 로봇, 디지털 기기 등을 활용)**
- **Task 6: 기술 도입으로 완전히 새로운 직무가 발생하는 경우(예를 들어 의사는 데이터 분석 및 인공지능의 조언을 비교 분석하여 환자에게 설명하는 업무 추가)**

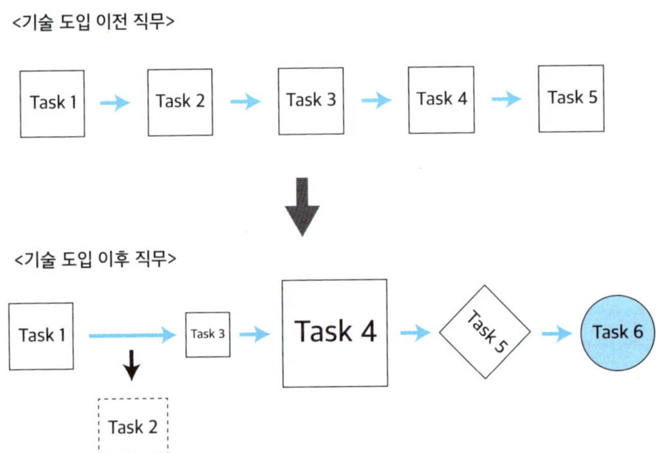

〈그림 1-4〉 기술 도입 이전과 이후의 직무변화 양상(한국고용정보원, 2018)

2) 학습 목표

본 교재는 변화하는 삶과 직업 세계에 대비하고, 주도해 나가기 위하여 'AI 리터러시 능력'을 함양하는 데 목표를 둔다.

AI 리터러시 함양 측면

- 우리 삶의 변화를 가져온 인공지능을 이해하는 것
- 새로운 문제 상황에 인공지능을 적용할 줄 아는 것(일상, 전공 산업별 문제 상황)
- 데이터를 통해 전공 산업별 문제 현상을 파악하고 문제 해결을 위한 시사점을 도출하는 것

3) 학습 진행 방법

장	내 용	목 표
1~2	인공지능에 대한 이해	인공지능에 대한 개념 및 주요 작동 원리를 이해하는 것
3	중간 프로젝트	전공 산업별 문제 해결을 위한 자료 수집 자료 분석 토대로 문제 원인 및 해결안(가설) 도출 팀 프로젝트로 진행
4~11	데이터 분석 내용 이해 및 실습	비 SW 전공계열(사회, 자연, 인문, 예체능): 전공 관련 예시를 활용한 데이터 분석 실습으로 데이터 분석 기초 지식을 습득하고 전공 관련 문제 해결을 위한 통찰을 얻는 것
12	머신러닝 (AI) 활용 사례	[나]에서 다룬 데이터 분석 내용과 연계하여 인공지능 활용의 다양성을 이해하는 것(라이브러리 개요, 완성된 코드 및 활용 사례 소개)
13	기말 프로젝트	공공 데이터를 활용한 데이터 분석 및 시사점 도출 인공지능 활용 제안서 작성 팀 프로젝트로 진행

4) 학습 준비 태도

본 교재의 내용에 포함된 내용 및 참고 자료를 활용하고, 활동지를 하나씩 수행하다 보면 인공지능 시대에 필요한 역량인 AI 리터러시 능력, 더 나아가 전공 분야에서의 인공지능 활용 문제 해결 능력을 함양할 수 있을 것이다. 다만, 이를 성취하기 위해서는 문제에 대한 새로운 관점을 갖는 것, 실습 및 팀활동에 적극적으로 참여하는 마인드가 필요하다. 또한 새로운 지식 및 기술을 배우고자 하는 자기 주도 학습 능력이 요구된다.

[활동 1-1] "일상의 혁명 4차 산업 – 인공지능 편"을 보고 미래 산업, 직업의 변화에 대해 친구들과 자유롭게 의견을 공유해 보자.

동영상 링크(https://youtu.be/vunRd19yr4g)

[활동 1-2] 수업 때 다룬 예시 외 여러분의 주변에 인공지능이 적용되는 사례를 찾아보자. 그리고 왜 인공지능이 적용되고 있는지 이유를 간단히 적어 보자(2개 이상)

머신러닝 활용

인공 지능 주요 개념 및 작동 원리에 대하여 살펴본다. 구체적으로 인공지능, 머신러닝, 딥러닝의 각 개념을 이해하고, 머신러닝의 종류와 각 작동 원리에 대하여 학습하게 된다. 또한 머신러닝과 딥러닝이 우리 일상생활과 전공 관련 산업 분야에서 어떻게 활용되는지 사례를 통해 학습한다.

02

학습 목표

- 인공지능, 머신러닝, 딥러닝의 개념을 이해하고 포함 관계를 설명할 수 있다.
- 머신러닝의 개념과 주요 원리를 이해한다.
- 전공과 관련된 산업 분야에서 활용되는 인공지능 사례를 파악한다.

01 인공지능 · 머신러닝 · 딥러닝

인공지능 기술의 발전과 산업의 성장으로 인공지능(AI), 머신러닝(기계학습), 딥러닝 용어를 기사에서 자주 접하게 된다. 인공지능이라는 용어와 함께 사용되는 딥러닝, 머신러닝은 무엇이고 어떤 공통점과 차이점이 있을까?

우선 1장에서 살펴본 것처럼 '인공지능'은 기계가 인간을 대신할 수 있는 자동화 시스템을 의미한다. 그러나 인공지능 열풍이 확대되지 못한 데는 기계가 무언가를 스스로 결정할 수 있는 '지능화'의 한계에 부딪혔기 때문이다. 그간 두 번의 인공지능 암흑기에도 불구하고, 데이터의 축적과 컴퓨팅파워 진전, 알고리즘(딥러닝) 진화 등으로 인해 학습된 컴퓨터(기계)는 문제 해결을 위하여 규칙을

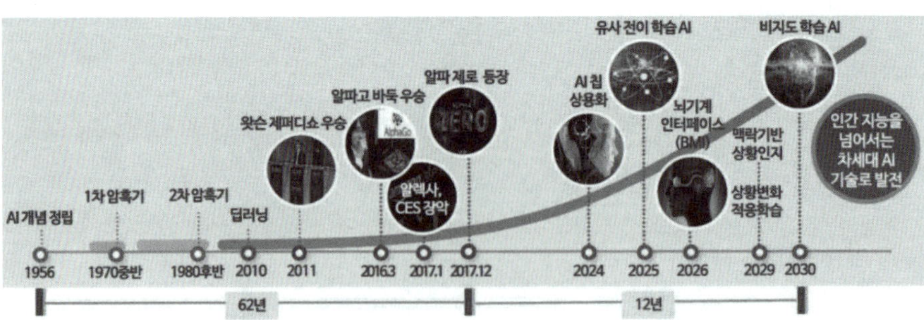

〈그림 2-1〉 인공지능 발전 과정 및 향후 기술 동향

출처 : I-Korea 4.0 실현을 위한 인공지능 R&D 전략(과기정통부, 2018.5)

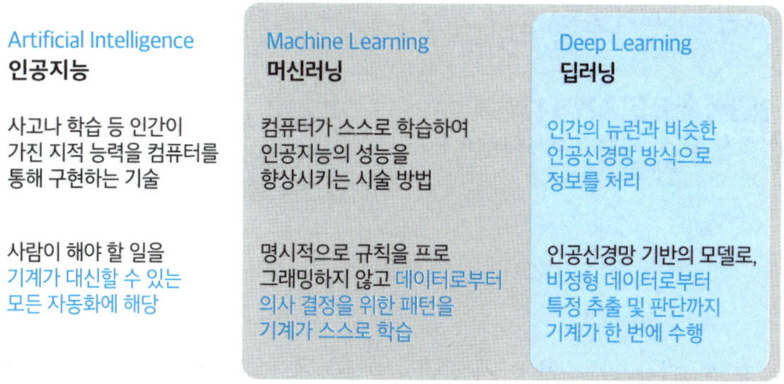

〈그림 2-2〉 인공지능 · 머신러닝 · 딥러닝

만들어내고 선택할 수 있게 된 것이다. 즉, 인공지능 제3차 열풍을 불러일으킨 계기는 기계학습, 즉 머신러닝이다.

머신러닝(기계학습)은 '기계(컴퓨터)가 스스로 학습하여 인공지능의 성능을 향상하는 기술 방법'을 의미한다. 여기서 중요한 단어는 '스스로 학습'이다. 프로그래머가 구체적으로 논리 구조를 직접 코딩하는 것이 아닌, 빅데이터와 알고리즘을 통해 컴퓨터에 '학습'을 시켜 원하는 결괏값을 도출해내는 것이다. '딥러닝'은 '머신러닝'의 한 분야에 해당하지만 둘의 의미는 약간의 차이가 있다. '머신러닝'은 미리 제공된 다양한 정보를 학습하도록 한 후, 그 결과를 이용하여 새로운 것을 예측하는 기술이다. 반면에 딥러닝은 학습 자체도 스스로 판단하면서 학습하도록 하여 앞으로의 상황을 예측하도록 하는 기술이다. 바로 이세돌과의 세기적인 바둑 대결에서 이긴 알파고가 딥러닝 기술이 적용된 컴퓨터이다.

한편, 머신러닝을 사용하지 않지만 인공지능이라고 부를 수 있는 존재가 있을 수 있다는 점도 함께 염두에 두자. 다양한 인공지능이 있듯이 그것을 실현하기 위한 방법 또한 매우 다양하다. 수많은 방법 중에서 풀어야 할 문제에 맞게 어느 방법을 사용할지는 사람이 결정해야 한다. 그러나 머신러닝 방법이라고 한다면 기본적으로 '인간이 규칙을 알려주지 않고 컴퓨터 스스로 주어진 데이터에서 규칙을 만들어낸다'라는 점은 변하지 않는 근본적인 개념이다. 복잡한 알고리즘을 이용해 대량의 데이터를 분석하고, 이를 토대로 패턴 인식 및 예측하게 된다. 예를 들어, 분석 과정에서 만약 피라미드 이미지를 나무로 잘못 인식했다면, 시스

넓은 의미의 인공지능	좁은 의미의 인공지능
인간의 행위를 기계가 대신해 자동화 할 수 있는 모든 종류의 프로그램	딥러닝(인공신경망)을 기반으로, 데이터를 통해 의사 결정에 필요한 패턴을 기계가 스스로 학습해 인간의 행위를 자동화한 프로그램

〈그림 2-3〉 인공지능의 의미

템의 패턴 인식 기능은 마치 인간처럼 스스로 오류를 수정하고, 실수로부터 학습하며 정확도를 점점 높여 간다.

02 머신러닝 개요

1) 머신러닝 정의

- 머신러닝이란 인간이 규칙을 알려주지 않고 컴퓨터 스스로 주어진 데이터에서 규칙을 만들어내는 기술을 의미함
- 사람이 제공한 불완전한 규칙 + 사람이 제공한 데이터를 바탕으로 스스로 더 나은 규칙으로 수정해 나감

머신러닝이란 '인간이 규칙을 알려주지 않고 컴퓨터 스스로 주어진 데이터에서 규칙을 만들어내는 기술'을 말한다. 머신러닝을 활용하면 사람이 처리할 수 없는 복잡하고 많은 데이터 중에서 반복되는 규칙과 패턴을 추출하여 분류하거나 예측할 수 있다. 때로는 사람이 발견할 수 없는 데이터 내부에 숨겨진 규칙을 발견하기도 한다.

예를 들어보자. 단웅이는 스마트폰을 사려고 한다. 제품 특징을 비교해 보니 다음 표와 같다. 어떤 제품을 선택하는 게 좋은 선택일까? 아래 〈표 2-1〉은 제품이 3가지 종류이지만 비교하려는 제품이 30가지, 300가지이면 어떻게 결

정하는 것이 좋은 선택일까?

〈표 2-1〉 스마트폰 특징 비교

제품명	무게	속도	용량	가격
A	205g	3.5GHz	64G	130만원
B	195g	2.5GHz	32G	85만원
C	200g	2.7GHz	64G	125만원

선택지가 무수히 많을 때, 다양한 경우의 수를 고려해야 하는 경우 컴퓨터가 데이터들을 비교하고 규칙을 만들어냄으로써 최적의 선택을 할 수 있도록 만들어진 기술이 바로 머신러닝(기계학습)이다. 그러나 아무것도 없는 상태에서 규칙을 만들지는 못한다. 사람이 제공한 불완전한 규칙에 대해 사람이 제공한 데이터를 바탕으로 스스로 더 나은 규칙으로 수정해 나간다는 표현이 더 맞다. 또한, 주어진 데이터를 바탕으로 더 나은 규칙으로 수정해야 하므로 머신러닝을 진행할 때는 그만큼의 대규모 데이터가 필요하다.

2) 머신러닝 주요 원리 이해

머신러닝(기계학습)에는 다양한 방법이 있지만, 특히 '지도형 머신러닝', '비지도형 머신러닝', '강화형 머신러닝'이라는 세 가지 방법이 주를 이룬다.

지도학습의 '지도'는 기계를 가르친다(supervised)는 의미이다. 가장 빠른 길을 알려준다고 할 때 정답이 있는 경우처럼 문제와 정답을 모두 가르치는 방법이다. 지도학습을 통해 유사한 문제를 만나면 오답을 피할 확률이 높아진다. 비지도학습은 지도학습에 포함되지 않는 방법들이다. 알려주지 않은 부분에 대해서도 기계는 데이터를 통해 새로운 의미나 관계를 밝혀 내는 등 통찰력을 발휘할 수 있는 방법들이다. 강화학습은 학습을 통해 능력을 향상시킨다는 점에서 지도학습과 비슷하다. 차이점은 지도학습은 문제와 정답을 모두 알려주는 것이라면 강화학습은 기계 스스로 시행착오를 겪으며 어떤 것이 더 좋은 결과를 내는지 깨달으며 스스로 학습해나가는 방법이다. 이는 게임으로 비유하면 특정 규칙에 따라 어

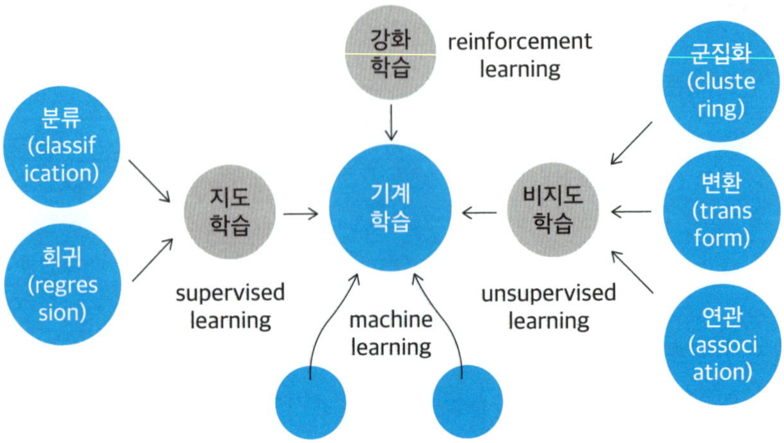

〈그림 2-4〉 인공지능의 의미

지도학습 (Supervised Learning)	비지도학습 (Unsupervised Learning)	강화학습 (Reinforcement Learning)
문제와 정답을 모두 알려주고 공부시키는 방법	답을 알려주지 않고 공부시키는 방법	보상을 통해 상은 최대화, 벌은 최소화하는 방향으로 행위를 강화하는 학습

〈그림 2-5〉 머신러닝(기계학습)의 세 가지 종류 정의

떤 행동을 수행하다가 좋은 결과를 내면 상을 주고 나쁜 결과를 내면 벌을 주어, 더 큰 상을 받기 위한 과정을 끊임없이 반복하도록 하는 것과 유사하다. 즉 경험을 통해 스스로 성장하도록 고안된 방법이 강화학습이다.

(1) 데이터의 중요성

머신러닝은 기계가 스스로 학습을 하고 규칙을 만들어내지만, 이러한 과정에는 데이터가 반드시 필요하다. 만약 단웅이가 카페를 운영한다고 가정해 보자. 오늘 몇 잔의 아이스아메리카노가 팔릴지 예측하는 앱을 만들고 싶다면 무엇을 해야 할까?

〈표 2-2〉 카페 판매량

날짜	요일	온도	판매량
2021.3.8	월	8	16
2021.3.9	화	10	20
2021.3.10	수	7	14

먼저 온도와 판매량과 같은 개념을 데이터로 표현해야 한다. 데이터 자체는 현실이 아니지만 현실을 데이터로 표현할 수만 있다면, 컴퓨터의 엄청난 힘으로 데이터를 처리할 수 있게 된다. 그 처리 방법 중의 하나가 머신러닝이다. 그래서 머신러닝으로 무엇인가를 하려면 당연히 데이터가 필요한 것이다. 그런데 세상에는 무한히 많은 데이터가 있고, 세상의 작은 개체 하나하나를 관찰하기 위해서는 수많은 데이터가 필요하다. 구체적인 어떤 문제를 해결하기 위해 우선 복잡한 현실에서 관심사만 뽑아 단순한 데이터로 만들고 데이터 간 관계를 살펴보아야 한다.

우리가 구현하고자 하는 카페 판매량 예측 앱에는 어떤 데이터가 필요할까? 그 데이터 중에서 어떤 것이 각각 원인이고 결과에 해당할까? 원인이 되는 온도는 독립변수가 되고, 원인의 결과인 판매량은 종속변수가 된다. 해당 예시에서 파악하고 싶은 것은 일기예보 상의 온도(독립변수)를 보고 몇 개가 판매(종속변수)될지 예측하는 것일 것이다.

- 독립변수 = 원인
- 종속변수 = 결과
- 독립변수와 종속변수의 관계는 인과관계 (서로 원인과 결과의 관계가 있다)라고 한다.
- 인과관계는 상관관계(서로 상관이 있다)에 포함된다.

(2) 지도학습 머신러닝

머신러닝에는 다양한 방법이 있지만, 특히 '지도형 머신러닝', '비지도형 머신러닝', '강화형 머신러닝'이라는 세 가지 방법이 주를 이룬다. 먼저, 머신러닝 종류 첫 번째로 '지도형 머신러닝'은 머신러닝에서 가장 주를 이루는 개념으로 사용 빈도가 높은 방법이다.

'지도형 머신러닝'은 '미리 정답 데이터를 제공한 후, 거기에서 규칙과 패턴을 스스로 학습하도록 하는 방법'이다. 지도학습은 과거의 데이터로부터 학습해서 결과를 예측하는 데 주로 사용된다.

다시 예제로 돌아가 '아이스 아메리카노' 판매 사례를 살펴보자. 단웅이는 아이스 아메리카노가 오늘 얼마나 판매될까 알고 싶은데 이를 과거 데이터를 통해 예측해볼 수 있다. 즉, 과거에 대한 학습을 통해서 미지의 데이터를 추측하는 것이다. 이때 머신러닝의 지도학습이 이용될 수 있다. 지도학습으로 훈련시키면 모델은 온도의 두 배가 판매량이라는 공식을 얻을 수 있을 것이다.

〈표 2-3〉 카페 판매량

날짜	요일	온도	판매량(개)
2021.3.8	월	8	16
2021.3.9	화	10	20
2021.3.10	수	7	14

만약 오늘 온도가 9도라면 판매량을 18개로 예측해볼 수 있는 것이다. 본 예제는 데이터의 개수와 상관관계에 있는 변수가 적지만 만약 3,000만 명이 사용하는 온라인 쇼핑몰에서 5,000개의 물품의 판매량을 예측하고자 한다면 사람이 감당하기 쉬운 일일까? 바로 이러한 복잡한 상황, 방대한 데이터 간의 인과관계를 통해 미지의 수를 예측해주는 것이 머신러닝의 지도학습의 위력이라 할 수 있다.

지도학습을 하기 위한 조건으로는 우선 과거의 데이터가 있어야 한다. 그리고 지도학습은 문제와 정답을 모두 제공하여 정확도를 높이는 학습방식이므로 과

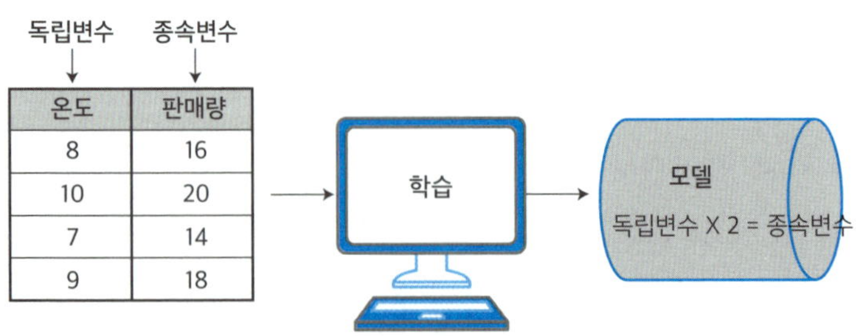

〈그림 2-6〉 지도학습 머신러닝

거 데이터를 독립변수(원인)와 종속변수(결과)로 분리해서 학습을 시키게 된다. 학습 결과로 컴퓨터는 데이터 간 관계를 설명할 수 있는 공식, 모델을 만들어내는 것이다. 따라서 좋은 모델이 되려면 데이터가 많고 정확할수록 좋다.

앞에서 살펴본 예처럼 지도형 머신러닝에서는 주어진 '학습 훈련 데이터'를 학습하고 규칙을 구축하는 부분과, 구축한 규칙을 사용하여 추측하는 부분을 나눠서 이야기할 때가 많다. 전자는 학습 단계, 후자는 예측 단계라고 부른다. 다시 말해 학습 단계는 컴퓨터가 학습 훈련 데이터를 학습하여 자신만의 규칙을 구축하는 단계이며, 예측 단계는 구축한 규칙을 사용하여 새로운 데이터를 예측하는 단계이다. 미리 어떻게 하고 싶다고 생각하는 데이터가 존재하거나, 학습 훈련 데이터를 만들 수 있는 문제 같은 경우는 지도형 머신러닝 기법을 활용한다. 지도형 머신러닝은 이 두 가지 단계를 통해 이루어진다.

- 학습 단계: 컴퓨터가 학습 훈련 데이터를 학습하여 자신만의 규칙을 구축함
- 예측 단계: 구축한 규칙을 사용하여 새로운 데이터를 예측함

- 지도학습 머신러닝: 문제와 정답을 모두 알려주고 공부시키는 방법
- 미리 정답 데이터를 제공한 후, 거기에서 규칙과 패턴을 스스로 학습하도록 하는 방법으로 인간이 봐도 판단이 어렵지만, 정답을 부여한 데이터로 학습 훈련 데이터를 만드는 것(최소 몇만 개의 데이터가 필요)
  예) 지형의 일부만 보고 동해인지 서해인지 판단하는 시스템

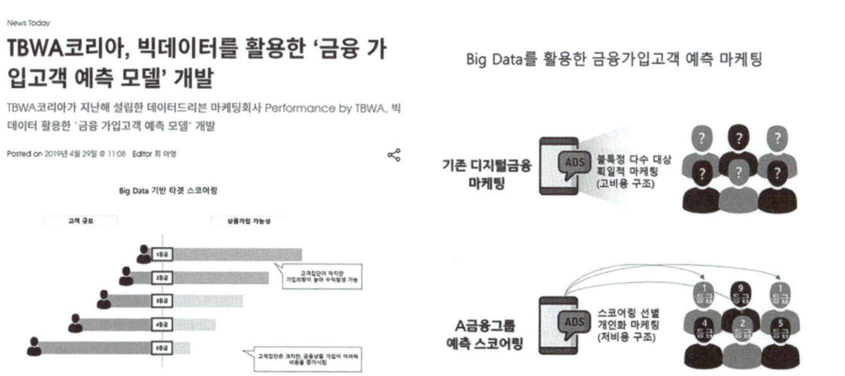

출처: https://ditoday.com

〈그림 2-7〉 예측 모델 활용

지도학습은 크게 '회귀'와 '분류'로 나뉜다.

■ 회귀(Regression)

예측하고 싶은 값 즉, 종속변수가 숫자일 때 일반적으로 머신러닝 방법 중 회귀를 사용한다. 앞에서 살펴본 단웅이의 아이스 아메리카노 판매량도 숫자데이터이므로 이를 예측하는 방법은 회귀를 이용한 머신러닝 지도학습이다.

〈표 2-4〉 지도학습의 회귀 예

독립변수	종속변수(숫자)
공부시간	시험점수(60점, 80점)
온도	아이스 아메리카노 판매량
자동차 속도	충돌 시 사망 확률
역세권, 조망 등 (집과 역 사이 거리, 수치화된 조망에 대한 평점 등)	집 값

■ 분류(Classification)

예측하고 싶은 값, 즉 종속변수가 이름[범주화(Categorical) 변수]일 때 머신러닝 방법 중 분류를 사용한다. 예를 들어 수많은 사진 중 고양이 사진인지 아닌지를 판단하기 위해서는 고양이 사진과 고양이 사진이 아닌 것을 분류해서 학습시켜야 한다. 즉, 어떤 문제에서 추측하고 싶은 결과가 이름 혹은 문자라면 지도학습의 분류로 해결할 수 있다.

〈표 2-5〉 지도학습의 분류 예

독립변수	종속변수(이름, 범주)
공부 시간	합격 여부(합격/불합격)
X-ray 사진, 사진 속 종양 크기 및 두께	악성 종양 여부(양성/음성)
메일 발신인, 제목, 본문 내용 (사용 단어, 이모티콘 등)	스팸 메일 여부
고기 지방 함량, 지방색, 성숙도, 육색	소고기 등급

(3) 비지도학습 머신러닝

비지도학습 머신러닝은 지도학습과는 달리 '정답을 알려주지 않고 비슷한 데이터를 군집화하여 미래를 예측하는 학습방법'이다. 해당 데이터가 어떤 정답에 해당하는지 즉, 라벨링 되어 있지 않은 데이터로부터 패턴이나 형태를 찾아야 한다. 실제로 지도학습에서 적절한 특징(Feature)을 찾아내기 위한 전처리 방법으로 비지도 학습을 사용하기도 한다.

- 비지도형 머신러닝: 답을 알려주지 않고 공부시키는 방법, 학습 훈련 데이터를 제공하지 않고 시행하는 머신러닝 방법

비지도학습 사례로는 대표적으로 군집화(Clustering), 연관 규칙이 있다.

■ 군집화(Clustering)

군집화는 비슷한 데이터의 특징을 기준으로 그룹핑하는 것이다. 예를 들어 강아지, 고양이, 기린, 원숭이 사진을 비지도 학습으로 분류한다고 가정해 보자. 각각의 동물들이 어떤 동물인지 정답을 알려주지 않았기 때문에 이 동물을 '무엇' 이라고는 정의할 수는 없지만, 동물의 특징(Feature)별로 분류를 하게 된다. 다리가 4개인 강아지, 고양이, 기린은 한 분류가 될 수 있고 또는 목이 긴 기린이 한 분류, 다리가 2개인 원숭이가 한 분류로 나뉘게 될 것이다. 따라서 비지도

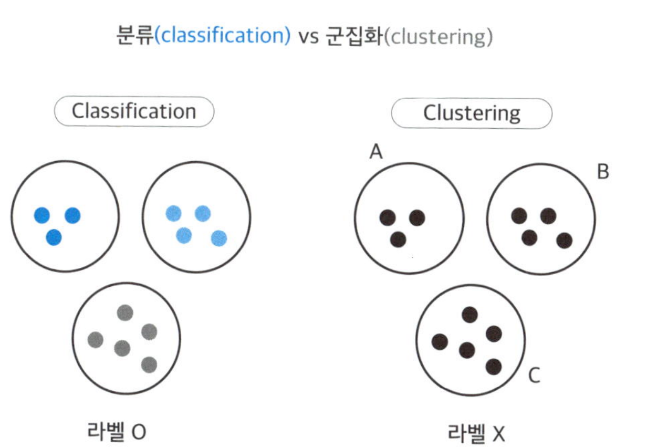

〈그림 2-8〉 지도형: 분류(classification), 비지도형: 군집화(clustering)

비슷한 행을 그룹핑하는 것 => 군집화

이름	위도	경도	군집
A	7	1	1
B	6	2	
C	2	2	2
D	5	3	
E	1	3	3
F	5	5	
G	4	5	군집
...	...	...	

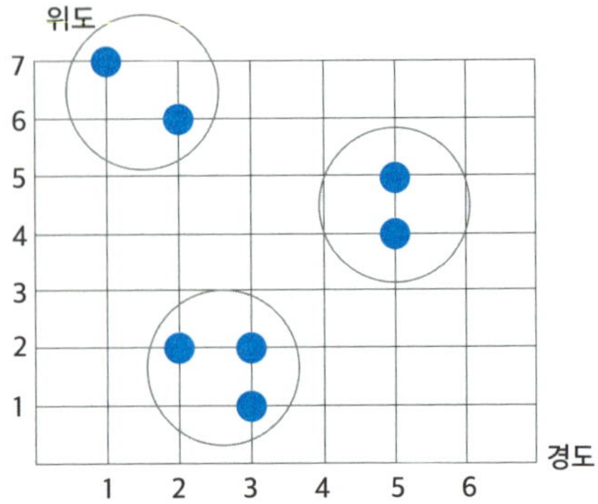

〈그림 2-9〉 비지도학습의 군집화(Clustering)

학습은 예측 등이 아닌 데이터가 어떻게 구성되어있는지 밝히는 데 주로 사용하고, 일종의 그룹핑 알고리즘으로 볼 수 있다.

또 다른 예로 만약 배달 서비스를 하려고 하는데, 서비스를 이용하는 사용자가 전국적으로 2,000만 명이 있다고 해 보자. 전국 각지에 배달 본부를 100개 정도 오픈하려고 할 때 어디에 배치하는 것이 가장 효율적일까? 이 질문을 해결하기 위해서는 2,000만 명의 위치 정보가 어떻게 분포되어 있는지 살펴보고 100개로 그룹핑해볼 수 있다. 이러한 그룹핑을 군집화(clustering)라고 한다.

연관 규칙 학습은 서로 연관된 특징을 찾아내는 것을 의미하며, 장바구니 분석이라고도 불린다. 예를 들어 온라인 쇼핑몰을 운영한다고 가정할 때, 더 많은 상품을 판매하기 위해 고민할 것이다. 이에 고객의 장바구니에 담긴 상품을 바탕으로 관심을 가질만한 상품을 추천하면 더 많은 상품을 판매할 수 있겠다는 생각을 하게 되었다. 어떻게 하면 좋을까? 고객의 구매 내역을 살펴보면 일종의 연관성을 찾을 수 있다. 아래 표와 같이 라면을 구매한 사용자가 계란을 구매하는 경우가 많다. 즉, 라면과 계란은 서로 연관성(Association)이 높다는 것을 알 수 있다. 이렇게 연관성을 파악할 수 있다면 고객이 미처 구입하지 못했지만, 구입할 가능성이 매우 높은 상품을 추천해줄 수 있다.

인공지능 기술 중 추천 기술은 이미 우리에게 익숙하다. 쇼핑 추천, 음악 추천, 영화 추천, 검색어 추천, 동영상 추천과 같이 '추천'이라는 이름 뒤에 붙은 것들은 대부분 연관규칙을 이용한 것이라고 볼 수 있다.

〈표 2-6〉 비지도학습의 연관규칙

주문번호	라면	계란	식빵	우유	햄
1	○	○	×	×	○
2	○	○	×	×	×
3	○	○	×	×	×
4	×	×	○	○	×

비지도형 머신러닝

'정답을 알려주지 않고 비슷한 데이터를 군집화하여 미래를 예측하는 학습방법'

- 비지도학습은 '탐험'(무언가에 대한 관찰)을 통해 학습
- 데이터의 성격 파악 및 비슷한 데이터 그룹핑에 목적
- 변수–변수–변수 간 관계 모색

○ 군집화(Clustering): 데이터의 관측치를 그룹핑 해주는 것

○ 연관규칙: 데이터의 특성을 그룹핑 해주는 것

지도형 머신러닝

'미리 정답 데이터를 제공한 후, 거기에서 규칙과 패턴을 스스로 학습하도록 하는 방법'

- 지도학습은 '과거 데이터'을 통해 학습
- 원인이 발생했을 때 어떤 결과가 발생할지 추측에 목적
- 과거 데이터에서 독립변수, 종속변수 구분하여 제공 필요

○ 회귀(Regression): 보유 데이터에 독립변수, 종속변수가 있고 종속변수가 숫자일 경우

○ 분류(Classification): 보유 데이터에 독립변수와 종속변수가 있고 종속변수가 이름(범주형) 일 경우

(4) 강화학습

강화학습은 학습을 통해 능력을 향상시킨다는 점에서 지도학습과 비슷하다. 차이점은 지도학습은 문제와 정답을 모두 알려주는 것이라면 강화학습은 기계 스스로 시행착오를 겪으며 어떤 것이 더 좋은 결과를 내는지 깨달으며 학습해 나가는 방법이다.

- 강화학습: 컴퓨터가 시도와 실패를 통해 반복적으로 역동적인 환경과 상호작용함으로써 과제를 수행하는 방법을 배우는 일종의 머신러닝

강화학습 원리는 게임과 유사하다. 게임 캐릭터는 특정 규칙에 따라 어떤 행동을 수행하다가 좋은 결과를 내면 상을 얻고 나쁜 결과를 내면 벌점을 얻어, 더 큰 상을 받기 위해 시행착오를 줄여 나가며 능력치가 향상된다. 즉 경험을 통해 스스로 고수로 성장하도록 고안된 방법이 강화학습이라 할 수 있다. 지도학습이 배움을 통해서 실력을 키우는 것이라면, 강화학습은 일단 해보면서 경험을 통해서 실력을 키워가는 것이다.

- 지도학습은 '배움'을 통해 학습
- 강화학습은 '경험'을 통해 학습

구체적으로 강화학습은 행동 심리학에서 나온 이론으로, 분류할 수 있는 데이터가 존재하는 것도 아니고 데이터가 있다 해도 정답이 따로 정해져 있지도 않다. 자신이 한 행동에 대해 보상(Reward)을 받으며 학습하는 것을 의미한다. 강화학습은 에이전트(Agent), 환경(Environment), 상태(State), 행동(Action), 보상(Reward)의 개념을 사용하여 이해할 수 있다. 다시 게임을 예로 들면 게임의 규칙을 따로 입력하지 않고 자신(Agent)이 게임 환경(Environment)에서 현재 상태(State)로부터 높은 점수(Reward)를 얻는 방법을 찾아가며 행동(Action)하며 학습하는 방법이다. 특정 학습 횟수를 초과하면 높은 점수(Reward)를 획득할 수 있는 전략이 형성되게 된다. 단, 행동(Action)을 위한 행동 목록 (방향키, 버

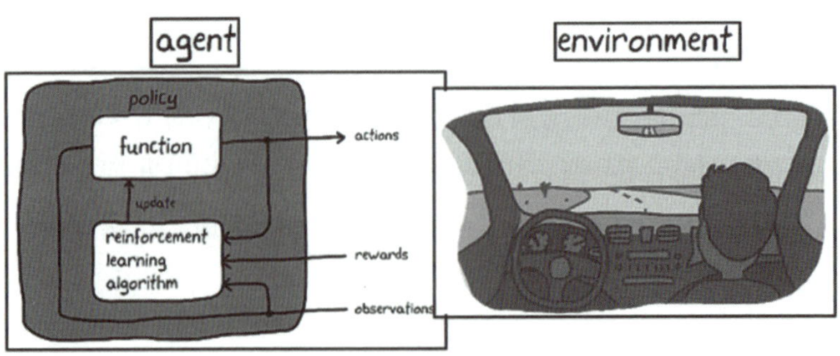

〈그림 2-10〉 강화학습 작동 원리

트) 등은 사전에 정의가 되어야 한다. 만약 이것을 지도 학습의 분류를 통해 학습한다고 가정하면 모든 상황에 대해 어떠한 행동을 해야 하는지 모든 상황을 예측하고 답을 설정해야 하므로 엄청난 예제가 필요하게 된다.

강화학습은 이전부터 존재했던 학습법이지만 이전 알고리즘은 실생활 적용할 수 있을 만큼 좋은 결과를 내지 못했다. 하지만 딥러닝의 등장 이후 강화학습에 신경망을 적용하면서부터 바둑이나 자율주행차와 같은 복잡한 문제에 적용할 수 있게 되었다.

강화학습을 이해하기 위한 예시 중 자율주행 시스템으로 자동차를 주차하는 사례를 살펴보자. 이 훈련의 목표는 차량 컴퓨터(Agent)가 정확한 주차 위치에 정확한 방향으로 자동차를 주차하는 것이다. 이때의 환경(Environment)은 에이전트를 제외한 모든 주변 조건이고 차량의 이동, 근처의 다른 차량, 날씨 조건 등이 포함될 수 있다. 컴퓨터(Agent)는 훈련하면서 카메라, GPS, LiDAR와 같은 센서의 수치(관찰)를 이용하여 조향, 제동, 가속 명령(Action)을 생성한다. 관찰로부터 정확한 행동을 생성하는 방법을 학습하기 위해(정책 튜닝) 컴퓨터(Agent)는 시도와 실패 과정을 활용하여 반복적으로 주차를 시도한다. 보상 신호(Reward)를 제공함으로써 적절한 시도인지 평가하고 학습 과정에 방향을 제시한다.

강화학습 사례 1 자동차의 자율 주차 능력을 향상

출처: https://www.youtube.com/watch?v=VMp6pq6_QjI

강화학습 사례 2 길 안내 로봇의 장애물 탐지 능력을 향상

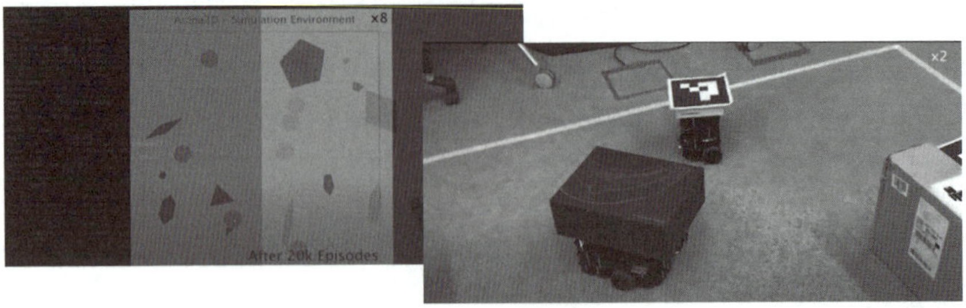

출처: https://www.youtube.com/watch?v=jkaaU2yG9LQ&feature=youtu.be

03 머신러닝과 딥러닝의 차이

인공지능의 하위 집합 개념인 머신러닝은 정확한 결정을 내리기 위해 제공된 데이터를 통하여 스스로 학습할 수 있다. 처리될 정보에 대해 더 많이 배울 수 있도록 많은 양의 데이터를 제공해야 한다. 즉, 빅데이터를 통한 학습 방법으로 머신러닝을 이용할 수 있다. 머신러닝은 기본적으로 알고리즘을 이용해 데이터를 분석하고, 분석을 통해 학습하며, 학습한 내용을 기반으로 판단이나 예측을

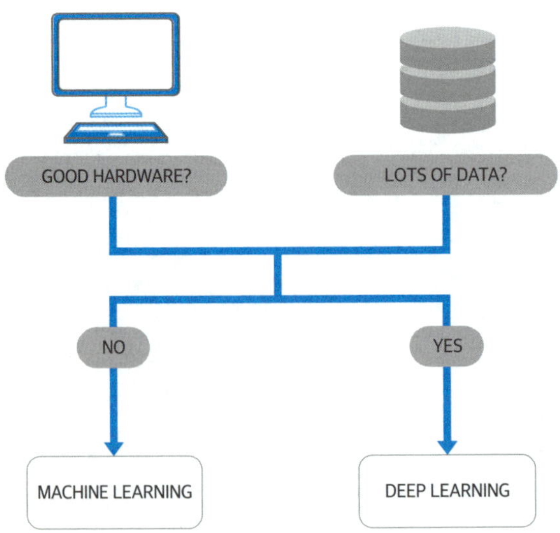

〈그림 2-11〉 머신러닝과 딥러닝의 차이

한다. 따라서 궁극적으로는 의사 결정 기준에 대한 구체적인 지침을 소프트웨어에 직접 코딩해 넣는 것이 아닌, 대량의 데이터와 알고리즘을 통해 컴퓨터 그 자체를 '학습'시켜 작업 수행 방법을 익히는 것을 목표로 한다.

딥러닝은 인공신경망에서 발전한 형태의 인공지능으로, 뇌의 뉴런과 유사한 정보 입출력 계층을 활용해 데이터를 학습한다. 그러나 기본적인 신경망조차 굉장한 양의 연산을 필요로 하므로 딥러닝의 상용화는 초기부터 난관에 부딪히기도 했다. 그럼에도 토론토대의 제프리 힌튼(Geoffrey Hinton) 교수 연구팀과 같은 일부 기관에서는 연구를 지속했고, 슈퍼컴퓨터를 기반으로 딥러닝 개념을 증명하는 알고리즘을 병렬화하는 데 성공했다. 그리고 병렬 연산에 최적화된 GPU의 등장은 신경망의 연산 속도를 획기적으로 가속하며 진정한 딥러닝 기반 인공지능의 등장을 불러왔다. 딥러닝으로 훈련된 시스템의 이미지 인식 능력은 이미 인간을 앞서고 있다. 이 밖에도 딥러닝의 영역에는 혈액의 암세포, MRI 스캔에서의 종양 식별 능력 등이 포함된다. 구글의 알파고는 바둑의 기초를 배우고, 자신과 같은 AI를 상대로 반복적으로 대국을 벌이는 과정에서 그 신경망을 더욱 강화해 나갔다.

머신러닝과 가장 큰 차이점은 딥러닝은 분류에 사용할 데이터를 스스로 학습할 수 있는 반면, 머신러닝은 학습 데이터를 수동으로 제공해야 한다는 점이 딥러닝과 머신러닝의 가장 큰 차이점이다.

04 딥러닝 활용 사례

최근 몇 년간 딥러닝을 활용하여 '컴퓨터 비전'부터 '자연어 처리'까지 수많은 문제들을 해결하였다. 아래 소개된 딥러닝 활용 사례들을 살펴보자. 그리고 이외에도 딥러닝 기술을 활용한 30가지 사례가 다음 웹사이트에 소개되어 있다. (출처: http://www. yaronhadad.com/deep-learning-most-amazing-applications/#future)

■ 네이버, 파파고 앱 '이미지 바로 번역' 기능

파파고 앱에서 찍은 이미지 속 번역문을 사진상에서 '바로 번역'하는 기능을 지원함 (6개 언어 지원)

출처: http://www.aitimes.com/news/articleView.html?idxno=133541

■ 실시간 행동 분석

사진 속 상황을 인지하고 설명할 수 있으며 사람들의 자세도 예상할 수 있음

출처: https://youtu.be/xhp47v5OBXQ

■ 정치인 재연해 보기

워싱턴 대학 한 그룹은 오디오를 이용해서 입술의 움직임을 합성한 결과물을 소개했음

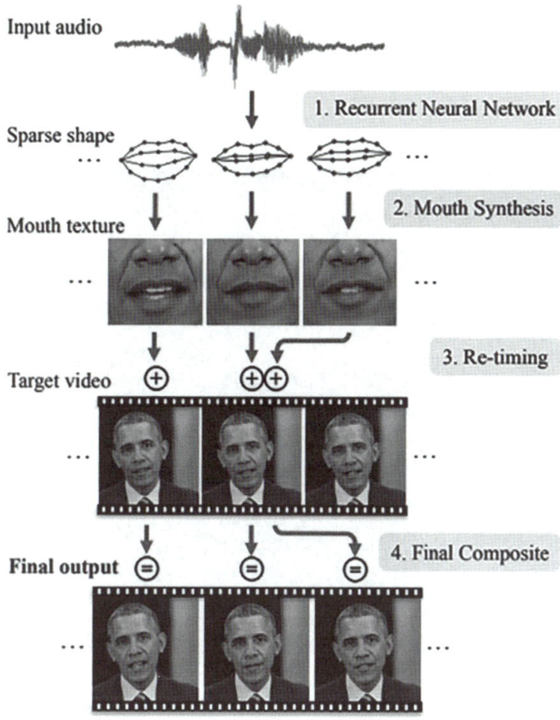

출처: https://youtu.be/MVBe6_o4cMI

■ 흑백사진과 영상에 색 복원하기

흑백사진을 색이 있는 사진으로 바꿔주는 시스템으로 흑백사진을 컬러사진으로 재복원함

출처: https://youtu.be/ys5nMO4Q0iY

■ 실시간으로 여러 사람의 움직임 추정하기

딥러닝 네트워크는 현재 사람의 자세를 잘 포착해 내며 최근에는 실시간으로 반영되기도 함

출처: https://youtu.be/pW6nZXeWlGM

■ 사진에 자동 설명글 추가하기

사진에서 보이는 흥미로운 영역들을 찾아내고 각 영역에서 무슨 일이 벌어지고 있는지 설명하는 딥러닝 네트워크를 훈련임

05 산업별 머신러닝 활용 사례

일반적으로 하나의 직업에 종사하는 근로자는 여러 직무를 수행하는데, 인공지능 기술이 도입되면 그 직무는 여러 가지 유형으로 변화를 맞이하게 될 것이다. 세부 영역에 해당하는 활용 사례를 살펴보고, 이외에도 최근 다양하게 활용되고 있는 머신러닝 활용 사례들을 찾아보자.

■ 인문계열

영역	세부 영역	응용 사례 및 방법
언론 · 방송	뉴스 작성	AI가 SNS 망에서 뉴스 소재를 검출한 뒤 우선순위를 매긴 다음 뉴스가 될 수 있다고 판단되면 진위 여부를 확인하고 기사 작성
	뉴스 앵커	AI 앵커가 방송을 진행
법률	법률 자문 AI	복잡한 법률 문제를 해석하여 판단을 내릴 수 있는 근거 조항 및 판례들을 찾아주는 서비스
교육	AI Tutor	AI가 개인 교수 역할
	적응적 학습	AI가 학생의 수준에 맞게 개별화 학습 진행
	평가	AI가 객관식, 서술형 평가를 채점
	성격 · 적성 검사	AI가 빅데이터 기반으로 개인의 성격, 적성 판별

[뉴스 작성] 가짜 뉴스 탐지, 판별 기술 개발

- 매사추세츠 공과 대학(MIT)과 카타르 대학은 정보 출처를 조사하고 분석해 뉴스의 진위를 가릴 수 있는 AI를 개발하고 있다. 최근 많은 소셜 미디어에는 편향되고 부정확한 정보가 유포되고 재생산되고 있다.
- MIT 연구소와 카타르 대학 연구소는 뉴스 출처 자체가 가짜 뉴스 판단의 기준이 될 수 있다고 생각한다. 이러한 방식 속에서 **'머신러닝'을 거쳐 원본의 정확성과 정치적 중립을 지킬 수 있는 시스템을 고안**하고 있다. 연구팀은 2천 개 이상의 미디어 소스의 편향을 직접 조사하고 파악한다. 그 후, 위의 정보와 판단들을 '머신러닝' 데이터에 등록하여 AI가 뉴스의 신뢰성과 정치적 편향을 파악하도록 한다. 신뢰성은 높음, 보통, 낮음 세 단계로 구분되고, 정치적 편향은 좌익, 우익, 중립 세 종류로 분류된다. AI를 분석한 결과, 가짜 뉴스는 주관적이 고 감정적인 언어를 주로 사용하며, 좌익에 치우친 뉴스들은 공정, 불안, 상호이익, 위험과 같은 단어를 많이 사용한다. AI 시스템은 추가적으로 '극단적', '음모론' 등의 가짜 뉴스가 될만한 키워드를 검색하고 페이지 소스에 위키피디아 등의 URL 텍스트 존재 여부를 확인한다. 이 때, 복잡한 디렉토리를 사용하고 특수 문자를 쓰는 뉴스 소스는 낮은 신뢰도를 지닌 것으로 판단한다.

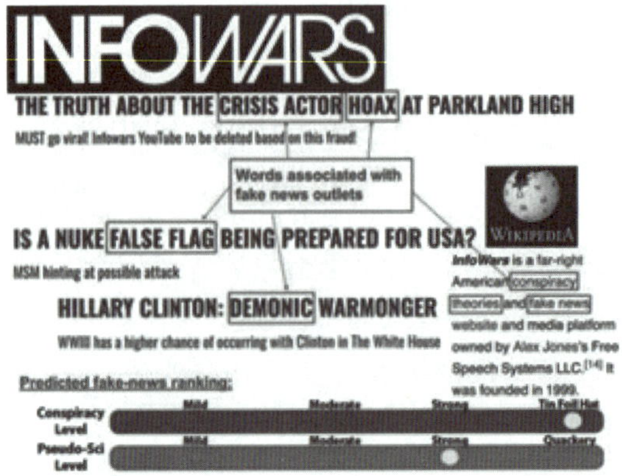

출처: ZDNet Korea, 페이스북, 가짜뉴스 잡는 기술 17개국으로 확대. 2018.09.14. https://zdnet.co.kr/view/?no=20180914095821

[법률] AI, 변호사 돕는 법률 비서로 활용

- 한국에서 처음으로 개최된 법률 인공지능(Legal AI) 경진대회에서 변호사와 AI가 협업한 '혼합팀'이 우승하면서 법조계가 들썩이고 있다. 대회 참가자들은 "제한된 시간 내 정확한 결과를 도출하는 데 AI가 우수한 법률비서 역할을 했다"고 분석했다. 전문가들은 "AI를 두려움의 대상이 아닌 법률서비스 질을 높일 도구로 바라봐야 할 시점"이라며 "인간과 기계가 각자의 능력을 잘 살리고, AI가 인간의 한계를 충분히 보완한다면 법률 서비스의 질이 대폭 향상될 것"이라고 전망했다.
- AI와의 협업은 신속하고 정확한 법률 서비스를 제공하는 데 강점으로 작용했다. 방대한 텍스트 분석과 복잡한 계산을 빠르게 진행해 시간을 단축할 수 있기 때문이다. 전문가들은 "사람과 AI의 협업이라는 새로운 융합영역에 대한 주목도가 높아져야 한다"며 AI를 운용·통제하는 법 전문가의 역할도 강조했다.

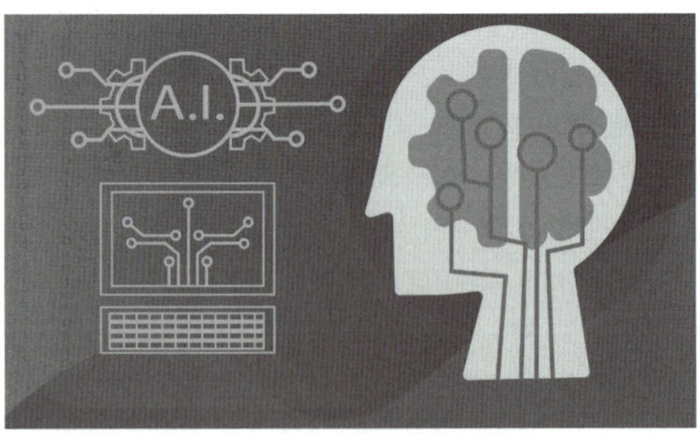

출처: 법률신문, "AI, 변호사 돕는 일등 법률비서로" 2019.08.30. https://m.lawtimes.co.kr/Content/Article?serial=155445

[교육] AI 선생님, 수업 중 딴짓 · 졸음 다 잡아낸다...수업 집중도 획기적 향상 기대

- 교육 분야에도 AI를 활용하는 시도가 늘고 있다. 임창환 한양대 생체공학과 교수는 학습 집중도 향상을 위한 AI 시스템에 대한 연구 성과를 발표했다. 이 연구에서 AI 시스템은 온라인 강의를 시청하는 의과대학생들의 뇌파 데이터를 통해 집중도를 파악하고 교수에게 전달했다. 교수는 학생들의 집중도가 떨어질 때 특정 내용을 다시 설명하거나 주위를 환기하는 이야기를 하는 등 즉각 대응하면서 강의를 진행했다. AI 시스템 효과를 확인하기 위해 강의 후에는 시험을 치렀다. 결과는 AI를 활용한 실험군 학생들의 시험 성적이 약 30점 높게 나타났다.
- 교육에 AI를 활용한 또 다른 예로 에이서(Acer)와 인텔도 시드니기술대학교(UTS)와 함께 개인 맞춤화 학습을 위한 AI 개발하고 있다. 연구에서는 GUI(Graphical user interface)로 손동작, 시선 움직임, 입 모양, 키보드 및 디지털 펜 사용 내역, 눈 움직임 데이터를 모은다. 수집한 데이터에 AI를 적용해 학생들의 행동 패턴을 알아내고 학습 성과를 향상시키는 것이 목표이다.

〈그림 2-12〉 얼굴 표정, 손 움직임, 시선으로 학생들의 감성을 분석하는 AI

출처: AI타임스, AI 선생님, 수업 중 딴짓 · 졸음 다 잡아낸다...수업 집중도 획기적 향상 기대. 2020.10.10. http://www.aitimes.com/news/articleView.html?idxno=132722

[활동 2-1] 인공지능, 머신러닝, 딥러닝 간 포함 관계를 그림으로 그려 보고 개념을 간단히 설명해 보자.

[활동 2-2] 뉴스기사, 보고서 등 자료를 참고하여 전공 관련 산업별 머신러닝 활용 사례를 찾아 정리해 보자. 그리고 이에 대한 의견을 자유롭게 적어 보자.

문제 해결을 위한 인공지능 활용 1: 도입 및 전개

프로젝트 기반 학습법(Project Based Learning)에 대해서 살펴보고 중간 프로젝트를 위한 세부 활동을 살펴본다. PBL은 실제적, 상황적인 문제 해결을 위해 효과적인 학습 방법이다. PBL은 크게 도입, 전개, 마무리 단계로 이루어지고 각 세부 영역의 활동이 있다. 이번 장에서는 중간 프로젝트 수행을 위해 도입 및 전개 단계의 활동에 대해 학습한다.

03

학습 목표

- 프로젝트 기반 학습 목적과 절차에 대해 이해한다.
- 프로젝트 주제를 선정하고 해결해야 할 문제를 확인한다.
- 현상 파악 및 해결방안 도출에 필요한 자료수집을 수행하고 자료 분석 결과를 정리한다.
- 프로젝트 기획안을 작성한다.

01 프로젝트 기반 학습(PBL)

본 교재는 융합적 문제 해결 능력 및 AI 리터러시 역량을 함양하는 데 목표를 둔다. 특히 전공 관련 문제 상황을 토대로 효과적인 해결책을 도출함으로써 전공 관련 지식과 AI를 융합할 줄 아는 AI 기반 융합 문제 해결 역량 함양에 중점을 둔다. 이에 본 교재에서는 문제 해결 역량 함양에 효과적이고 학습자의 주도적인 참여를 촉진하는 프로젝트 기반 학습(PBL) 방법을 접목하였다.

프로젝트 기반 학습(Project Based Learning, PBL)이란 실제 과제(문제)를 해결하기 위해 학습자가 스스로 문제를 도출하고 해결하는 데 필요한 학습 목표 및 수행 계획을 결정하는 학습 방법이다. PBL의 특징을 살펴보면 다음과 같다. 먼저, PBL은 실제적, 상황적인 문제를 탐구함으로써 아이디어를 적용하고 활용하는 데 효과적이다. PBL은 전통적인 수업 방식과 달리 과제 수행의 목표가 지식을 습득하는 데 있기보다 지식을 적용하여 실제 산출물을 생성하는 데 목표가 있다. 둘째, PBL의 수행 기간은 실제 산업체 과제와 수행 기간과 유사할 정도로 길다. 셋째, PBL은 주로 팀(협력) 학습 형태로 구성원들과의 협력을 통해 최적의 해결안을 도출하게 된다. 넷째, 학습자는 프로젝트를 계획하고 관리하는 데 주도적으로 참여함으로써 협력, 의사소통 및 자기 주도 학습 능력 등을 함양하는 데 효과적이다. 다만 이러한 PBL의 학습 효과를 얻기 위해서는 학습자의 적

PBL은 과제(문제)가 주어지면 팀으로 나누어져 각 팀 내에서 과제(문제)를 통해 학습하게 될 '학습 목표'를 스스로 결정함

학습자가 장기간에 걸쳐 복잡하고 실제적인 문제를 탐구하고 과제를 수행하는 과정을 통해 지식과 기술을 학습하는 체계적인 수업 형태 (Buck Institute for Education, 2003; Tseng et al., 2013)

〈그림 3-1〉 프로젝트 기반 학습(PBL) 개념

극적인 참여가 요구되며 비교적 장기간에 걸쳐 수행되므로 지속해서 문제를 해결하고자 하는 호기심 또한 필요하다.

프로젝트 기반 학습에서의 '문제(Problem)'의 특성은 '실제적'과 '비구조화'이다. '실제적'이라는 것은 실세계에서 다루어지는 진짜 문제를 말하며, 실제 문제는 맥락 안에서 이해되고 학습되므로 유의미한 경험을 구성하는 데 효과적이다. '비구조화'된 문제는 문제와 관련된 상황이나 요소가 정확하게 정의되어 있지 않고 하나의 문제에 여러 가지 요소가 포함되어 있어 다양한 해결 방안이 도출될 수 있으며 문제에 더 나은 해결책만 존재할 뿐 정답은 없다. 따라서 문제에 대한 대안적 해결책을 모색하기 위하여 가설을 설정하고 후속 논의 과정 등이 요구된다.

02 프로젝트 기반 학습(PBL) 단계

프로젝트 학습 방법은 크게 세 단계 도입, 전개, 마무리로 구분된다.

본 장에서는 PBL 단계 중 도입에 대한 전체 과정, 전개 과정에서는 관련 자원을 탐색하고 구체적인 수행 방법을 탐색하는 것을 중간 프로젝트의 산출물로 도출하는 것을 목표로 한다. 이후 4장부터 배우게 되는 데이터 분석 내용을 학습한 뒤 중간프로젝트에서 도출한 가설과 결과를 확증 및 수정 · 보완하여 최종 프로젝트 기획안을 도출할 수 있다. 먼저, 중간 프로젝트를 위해 수행해야 할 활동에 대해 살펴보자.

구분	PBL 도입	PBL 전개		PBL 마무리
세부 활동	· 팀 빌딩 · 주제 선정 · 문제 확인	· 관련 자원 탐색 · 수행 방법 탐색	· 데이터 분석을 통한 인사이트 도출	· 최종 결과물 제시 · 평가 및 피드백
산출물		· 프로젝트 기획안 (중간 프로젝트)	· 프로젝트 기획안(최종) 인공지능 활용 방안 포함 (기말 프로젝트)	· 성찰 일지

〈그림 3-2〉 프로젝트 기반 학습(PBL) 학습 단계

1) PBL 도입

PBL 도입 단계에서는 팀을 구성하고 해결할 문제 주제를 선정한다. 프로젝트 주제를 선정한 후에는 해당 문제를 확인하는 활동을 진행한다.

PBL 도입	PBL 전개	PBL 마무리
· 팀 빌딩 · 주제 선정 · 문제 확인	· 관련 자원 탐색 · 수집한 자료 분석 · 현상과 문제 도출 · 개선 방향 및 과제 · 실행 계획 · 예상 결과(가설)	· 최종 결과물 제시 · 결과물 발표 · 피드백 및 성찰

■ 문제 확인

PBL 도입 단계에서 팀 빌딩 및 주제 선정을 하였다면, 프로젝트를 구체화하는 과정으로 문제 확인 후 프로젝트 기획안 초안을 작성할 수 있다. 문제 확인 단계에는 가설/해결안(Ideas), 이미 알고 있는 사실들(Fact), 더 알아야 할 사항들, 필요한 자원을 확인하고 정리한다.

- 가설/해결안(Ideas): 어떤 방법으로 문제를 해결할 수 있을까?
- 이미 알고 있는 사실들(Fact): 문제와 관련해서 알고 있는 사실/정보는 무엇인가?
- 더 알아야 할 사항들(Learning Issues): 문제를 해결하기 위해 더 알아야 할 것들은 무엇일까? 그리고 이를 알기 위해 필요한 자원 (자료)는 무엇일까?

2) PBL 전개

PBL 전개 단계에서는 문제 해결을 위해 본격적으로 프로젝트를 수행하는 단계로 도입 단계에서 세운 계획을 수행해나가되 반복적인 피드백을 통해 팀의 목표에 대한 지속적인 점검이 요구된다.

PBL 도입	PBL 전개	PBL 마무리
· 팀 빌딩 · 주제 선정 · 문제 확인	· 관련 자원 탐색 · 수집한 자료 분석 · 현상과 문제 도출 · 개선 방향 및 과제 · 실행 계획 · 예상 결과(가설)	· 최종 결과물 제시 · 결과물 발표 · 피드백 및 성찰

PBL 전개 단계에서는 관련 자원 탐색과 수행 방법 탐색 과정이 요구된다. 세부 활동으로는 자료 수집 및 분석, 현상과 문제(원인) 도출, 개선 방향 및 과제, 실행계획 및 해결 방안이 실행될 경우 예상되는 결과(가설)를 탐색하는 과정이 포함된다.

■ 자료 수집 및 분석

주제 선정 후 문제를 확인했다면 이를 해결하기 위한 자료를 수집하고 분석해나가며 현상과 문제를 도출한다. 객관적인 자료는 뉴스 기사, 보고서, 도서 등을 활용할 수 있고, 이해관계자 인터뷰 및 직/간접 관찰을 통해서도 정보를 수집할 수 있다.

자료 수집 및 분석 단계는 팀 구성원들이 모두 다양한 자료를 찾아 공유하고 현상에 대한 객관적인 사실과 주관적인 의견 및 생각을 공유하도록 돕는다. 이는 팀원 간 문제에 대한 인식 정도를 서로 이해함으로써 최상의 합의점을 도출해나가는 데 중요한 역할을 한다. 수집되는 다양한 자료는 면대면과 온라인 공간을 통하여 항상 의사 교환이 가능하도록 공유 공간을 마련하는 것도 중요하다.

■ What/ Why 로직트리

자료 수집 후 분석 과정에서 현상과 문제(원인) 분석을 효과적으로 돕는 도구로 What/Why 로직트리를 사용할 수 있다. 로직트리는 주요 과제의 원인이나 해결책을 트리 모양으로 논리적으로 분해하여 정리하는 방법이다. 로직트리의 장점으로는 첫째, 누락이나 중복 없이 현상을 정확히 파악할 수 있다. 둘째, 원인이나 해결책을 구체적으로 찾아낼 수 있다. 셋째, 각 내용의 인과 관계를 분명히 할 수 있다는 것이다.

〈그림 3-3〉 로직트리

■ 해결 방안 탐색 및 가설 설정

문제에 대한 주요 현상과 원인 파악 후에는 해결 방안을 탐색해 볼 수 있다. 해결 방안을 구체화하기 위해서는 1차 분석 때 이루어진 문제-원인 분석에서 한 단계 나아가 기존에 시도된 방법의 실패 요인에 대해 추가 분석이 필요하다. 또한 명확한 실패 요인을 파악하기는 어렵지만 수집된 자료들을 통해 직관적으로 그 요인을 유추해볼 수도 있을 것이다. 수집된 자료들과 팀원 간 협의를 통해 문제 해결을 위한 방안에 대해 탐색해 보자. 그리고 실제 해결 방안으로 효과가 있는지에 대해 검증하기 위해 추가 확인이 필요한 가설을 설정해 보자.

- 문제 해결을 위해 현재까지 시도된 해결책 탐색
- 근본적 원인 해결을 하지 못한 원인 탐색
- 추론 가능한 원인을 토대로 가설 설정

■ 인공지능 활용 방안 탐색

기말 프로젝트에서는 중간 프로젝트 단계에서 도출한 해결 방안(예측 가설)이 얼마나 실효성 있는지 데이터 분석 결과를 토대로 검증해볼 것이다. 나아가 인공지능을 활용한 해결책으로 발전시켜볼 것이다.

이를 위한 준비 단계로 중간 프로젝트에서 인공지능 활용 가능성을 탐색해 보자. 먼저, 문제 해결 방안 중 현재까지 시도된 인공지능을 활용한 해결 방안을 찾아보자. 그리고 그 해결 방안이 설정한 주요 원인 및 변수를 반영한 해결책인지 검토해 보자. 검토 결과를 토대로 이후 데이터 분석을 활용한 현상 및 원인 간 모종의 관계를 보다 면밀하게 파악할 수 있을 것이다. 이러한 과정은 이후 데이터 분석에서 도출된 결과를 토대로 변수 간 관계성을 토대로 무언가를 예측하고 추천해 주는 시스템을 개발하는 데에도 유용하게 작용할 것이다.

- 인공지능을 활용한 해결 방안 현황 및 필요성
- 데이터 분석을 통한 추가 탐색하고 싶은 현상/개선 방향 설정(주요현상 및 원인이 되는 변수 간 관계)

■ 프로젝트 기획안

앞에서 수행한 활동을 토대로 프로젝트 기획안을 작성한다. 프로젝트 기획안은 프로젝트에 대한 전반적인 소개 및 해당 프로젝트가 추진되어야 하는 당위성이 명확히 드러나야 한다. 다음 표를 참고하여 프로젝트 기획안을 구체화해 보자.

〈표 3-1〉 프로젝트 기획안

구 분	내 용
배 경	• 전체 상황을 짧게 제시하고 세부적인 사항을 언급 • 현재 ~한 상황으로 세부적으로 보면 ~한 상황임
목 표	• 핵심 키워드 중심으로 제목 제시 • ~개선/증대/해결 방안/계획
문제점	• 현재 상황의 근본적인 원인을 중심으로 제시 • 문제점은 크게 세 가지로 첫째, 둘째, 셋째,
개선 방향 및 과제	• 문제점별 개선 방향(키워드) 및 세부 과제 제시 • 개선 방향은 "OO", "OO", "OO"임. 이를 위한 과제는 첫째, 둘째, 셋째,
실행 계획	• 과제 추진을 위한 세부 내용과 일정 제시 • OO 관련 데이터 수집 위해 OO사이트 검색(O월 OO일까지) • OO 관련 변수들 간 관계 파악(O월 OO일까지) • 인공지능 활용 가능성 탐색(O월 OO일까지)
예상 결과 (예측 가설)	• 분석 결과 및 가정된 결과(예측) 제시 • 현재까지 수집된 자료 분석 결과 요약 (독립변수 및 종속변수, 상관관계 및 인과관계, 추가 모색하고 싶은 변수 및 관계) • 데이터 분석 결과로 가정되는 결과 예측(가설 설정)

[활동 3-1] 팀 빌딩

1) 다음 표는 인문계열 전공 관련 산업 분야에서 AI를 활용하려는 시도가 늘고 있는 영역이다. 전공 산업별 키워드 중 관심 분야를 2개 골라 보자. 그리고 세부 영역별로 팀을 구성해 보자. 현재 AI 활용이 진전되지는 않았지만 필요하다고 생각되는 영역이 있거나 관심 영역이 아래 키워드 내에 없는 경우에는 영역 및 세부 영역을 새로 추가하여 팀을 구성해도 좋다.

영역	세부 영역
언론 · 방송	뉴스 작성
	뉴스 앵커
법률	법률 자문 AI
교육	AI Tutor
	적응적 학습
	평가
	성격 · 적성 검사

2) 팀원이 정해졌다면 간단한 자기소개 후 해당 관심 키워드를 선택한 이유를 얘기해 보자. 그리고 팀명과 한 학기 각오를 정해 보자.

이름	자신을 잘 표현하는 과일	요즘 삶을 즐겁게 하는 것

- 선정 영역 및 세부 영역:
- 팀명:
- 각오:
- 팀 내 규칙:

[활동 3-2] 주제 선정 및 문제 구체화

1) 관심 영역을 선택하였다면, 문제 해결을 위한 주제를 구체화해 보자. 다음은 여러분에게 놓인 문제 상황 시나리오이다. 아래 2) 문장 내 빈칸을 채우며 해결해 나가야 할 문제를 구체화해 보자.

〈문제 상황〉

최근 급속도로 인공지능 기술이 발전하면서 OO 기업 (연구소)는 이러한 변화에 대비하기 위하여 문제 해결을 위해 도입하던 기존 방법에서 개선 혹은 전면 개편해야 할 부분을 검토하고자 한다.

여러분은 OO 기업(연구소) 신입 사원으로 새로운 프로젝트에 합류하게 되었다. 여러분이 합류하게 된 프로젝트 주제는 해당 기업(연구소)에서 가장 중요하게 여기는 OO에 대한 개선점 도출과 AI 활용 방안에 관한 내용이다. 여러분은 이와 관련해서 3개월에 걸쳐 기획서를 작성하고 최종결과 보고서를 작성해야 한다. 다음은 프로젝트 기획안과 보고서에 필수로 포함되어야 할 내용이다.

■ 프로젝트 기획안

- 문제 구체화 및 목표 설정
- 현황 분석, 다양한 해결책 모색
- 해결 방안 선정, 예상 결과 도출
- 기술 접목 현황 및 기술 발전 가능성 파악

■ 최종 결과 보고서

- 데이터 분석을 통한 시사점 도출
- 최종 해결 방안 구체화
- AI 활용 방안 및 타부서(전문가) 요청 사항

2) 프로젝트명: OO 기업(연구소)의 프로젝트로 OO에 대한 개선점 도출과 AI 활용 방안 도출

- 기업(연구소)명:
- 상품(서비스)명:

[활동 3-3] 문제 확인

[활동 3-2]에서 설정한 프로젝트를 수행하기 위해 우선 문제와 관련된 다음 사항을 확인해 보자.

필요한 자원	
더 알아야 할 것	
사실(Fact)	
아이디어(Idea)	

[활동 3-4] 자료 수집 및 분석 계획

문제와 관련된 현상 파악 및 원인 도출을 위하여 자료수집 및 분석 계획을 수립해 보자. 객관적인 자료(뉴스 기사, 보고서, 책 등), 이해관계자 인터뷰 및 직간접 관찰 자료 등 다양하게 활용할 수 있다.

원인	예측 가설	수집 자료 데이터	자료 출처	조사 방법	담당자(기한)

[활동 3-5] 자료 수집 분석 결과

수집한 자료가 과제 해결에 어떠한 시사점을 주는지, 향후 필요한 행동이 무엇인지 팀원들과 논의하며 다음 표로 정리해 보자.

NO	조사 내용	출처	과제 해결을 위한 시사점	향후 필요한 행동

[활동 3-6] What/Why 트리

현상과 문제(원인) 간 관계를 What/Why 로직트리로 도식화해 보자. 현상에 대한 Why 관점의 질문을 통해 문제가 발생한 근본 원인을 찾아보자.

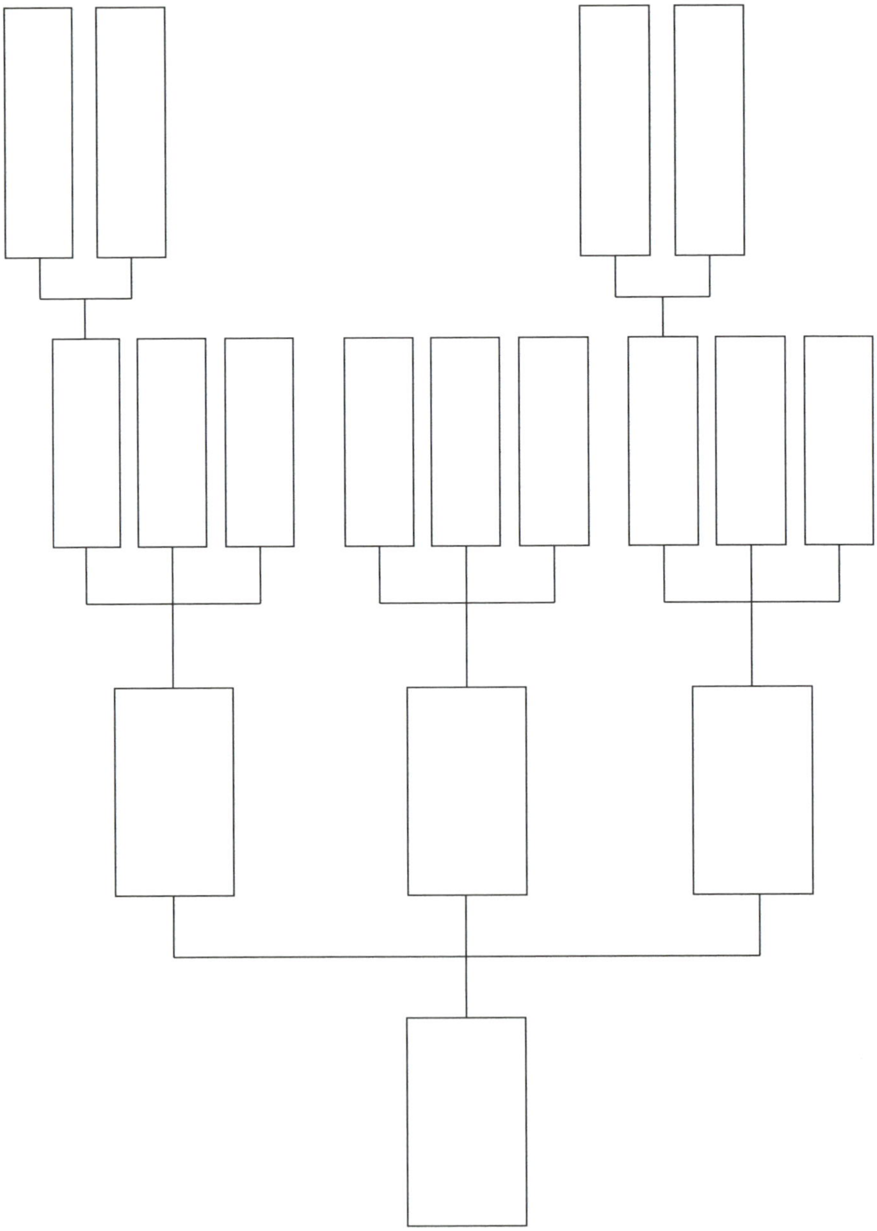

[활동 3-7] 원인 및 해결 방안

프로젝트 주제(문제) 관련하여 주요 현상과 주요 원인을 정리해 보고, 해결 방안을 탐색해 보자. 해결 방안은 1) 기존에 시도된 방법의 실패 요인으로부터 발전, 2) 새로운 해결 방안 탐색 등 다양하게 고려해 보자.

프로젝트(문제) 관련 주요 현상	주요 원인 (변수 간 관계 포함)	해결 방안 (예측 가설 포함)

[활동 3-8] 프로젝트 기획안

앞에서 수행한 활동들을 프로젝트 기획안으로 요약, 정리해 보자. (논리성, 정확성, 당위성, 실현 가능성 등을 고려)

구 분	내 용
배 경	
목 표	
문제점	
개선 방향 및 과제	
실행 계획	
예상 결과 (예측 가설)	

R 데이터 분석 환경 및 데이터 분석 기초

이제 우리는 데이터 분석을 위한 R의 특징 및 장단점에 대해 알아보고, R의 기본 환경 설정 및 도구 사용 방법을 알아본다. 이에 필요한 R 설치 및 R Studio 환경을 만든다. 이후 간단한 명령문을 사용하여 스크립트 생성 및 코드를 실행해 본다. 그리고 데이터 분석을 하기 위한 기초적인 개념들을 이해하고 예시를 통해 학습하도록 한다.

04

학습 목표

- R의 장단점을 설명할 수 있다.
- RStudio 설치 및 사용을 할 수 있다.
- RStudio 환경을 이용하여 간단한 명령문을 실행할 수 있다.
- RStudio 프로젝트 생성 및 유용한 환경 설정을 할 수 있다.
- 데이터 분석 기초 개념을 이해할 수 있다.

01 R 이란?

데이터를 효율적으로 수집하고 정리하여 분석하기 위해서는 데이터 분석 도구가 필요하다. 전통적으로 사용되었던 SAS, SPSS, Matlab과 같은 통계 도구들은 매우 비싸서 일반인들이 접하기 힘들었다. 하지만 최근에는 R과 파이썬과 같이 무료로 사용할 수 있는 데이터 분석 도구가 등장하여 인기를 얻고 있다. 이 두 가지 도구는 각각 고유한 특징이 있어서 어느 것이 더 좋다고 말할 수는 없으며, 모두 데이터 과학 분야에서 서로 경쟁적인 관계로써 데이터 분석에 많이 사용되고 있다. 본 교재에서는 이들 중 데이터 분석을 위해 R 도구를 사용한다. R은 데이터를 분석하는 데 사용되는 소프트웨어이다. 오클랜드 대학교(University of Auckland)의 로스 이하카(Ross Ihaka)와 로버트 젠틀맨(Robert Gentleman)에 의해 통계프로그래밍 언어인 S-PLUS의 무료 버전 형태로 1993년에 소개되었으며, 이후 발전하여 지금의 형태로 완성되었다. R은 다양한 패키지를 지원하고 미적인 그래프를 작성할 수 있도록 지원함으로써 어떤 형태의 데이터든 자유롭게 분석할 수 있다. 데이터의 특성을 살펴보는 기초 통계 분석부터 가설 검정에 사용되는 고급 통계 분석 기법까지 다양한 분석 기법을 활용할 수 있으며, 머신러닝 모델링, 텍스트 마이닝, 소셜 네트워크 분석, 지도 시각화, 주식 분석, 이미

Aug 2020	Aug 2019	Change	Programming Language	Ratings	Change
1	2	⌃	C	16.98%	+1.83%
2	1	⌄	Java	14.43%	-1.60%
3	3		Python	9.69%	-0.33%
4	4		C++	6.84%	+0.78%
5	5		C#	4.68%	+0.83%
6	6		Visual Basic	4.66%	+0.97%
7	7		JavaScript	2.87%	+0.62%
8	20	⌃⌃	R	2.79%	+1.97%
9	8	⌄	PHP	2.24%	+0.17%
10	10		SQL	1.46%	-0.17%

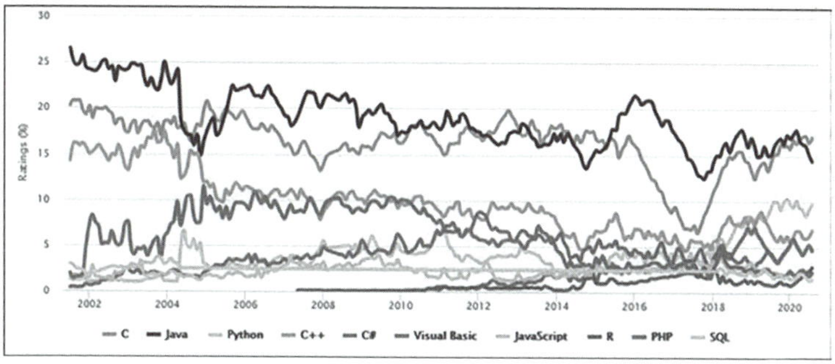

〈그림 4-1〉 TIOBE 프로그래밍 커뮤니티 색인

출처 : www.tiobe.com

지 분석, 사운드 분석, 데이터를 활용한 웹 애플리케이션을 쉽게 개발할 수 있다. R은 사용자 커뮤니티가 잘 형성되어 있어서 새로운 분석 기법이 발표되면 얼마 지나지 않아 패키지가 개발되고 R에 포함되기 때문에, 사용자들은 R을 통해 최신의 분석 기술을 이용할 수 있다.

〈그림 4-1〉에서의 상위 10개 프로그래밍 언어의 연도별 추이를 보면 c와 java의 경우 전반적으로 꾸준한 상태를 유지하며, R의 경우는 2019년 20위에서 2020년 8위까지 최근 급격하게 상승세를 타고 있다.

〈그림 4-2〉는 데이터 분석과 관련된 질문과 답변이 올라오는 포럼 사이트에 어떤 데이터 분석 도구에 관한 질문이 많은지를 나타내고 있다. R 질문이 다른 도구들에 비해 많이 올라오고 있다는 것을 알 수 있다. 또한 연구자들 사이에서 최신 기술에 대한 논의들이 R을 중심으로 이루어지고 있기 때문에 이를 도입하려는 기업들 역시 R을 선호하고 있다.

R은 데이터 분석 기술 분야를 선도하고 있는 구글, 페이스북, 마이크로소프트, 에어비앤비, 뉴욕타임즈 등 세계적인 기업에서 사용하고 있다. 또한 캐글

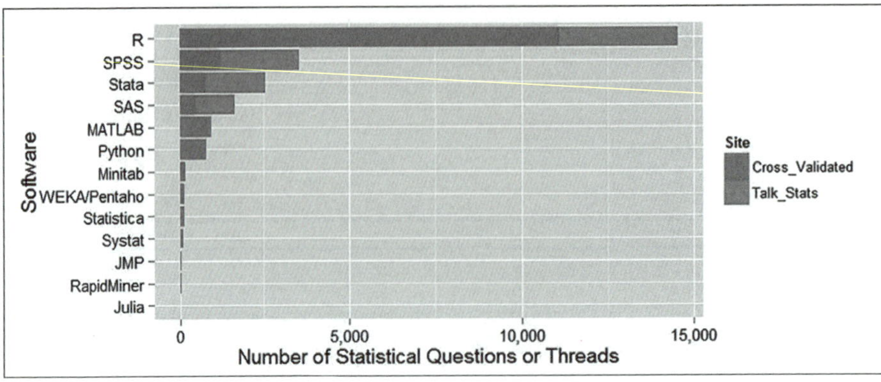

〈그림 4-2〉 포럼 사이트에 올라온 데이터 분석 도구별 질문 수

(출처 : http://bit.ly/2rvupy)

(www.kaggle.com)이라는 온라인 데이터 분석 대회를 통해 전 세계의 데이터 분석가들이 실력을 검증 받는 동시에 다양한 사람들의 아이디어가 모여 데이터 분석 기법을 발전시키고 있다. 세계적인 추세와 마찬가지로 한국에서도 데이터 관련 업무가 많은 넥슨, 엔씨소프트와 같은 게임회사, SKT와 KT와 같은 통신회사에서도 R을 활용하며, 카카오, 롯데카드, 신한은행, SBS, 한국철도공사 등 데이터 분석 담당자 채용시에 R 사용 경험을 중요시하고 있다.

■ R의 장점

- 무료로 사용할 수 있는 오픈 소스이다.
- 프로그래밍에 익숙하지 않아도 설치와 사용 환경 구축이 간편하다.
- 윈도우, 맥, 리눅스 등 다양한 운영 체제에서 동작한다.
- 다른 프로그래밍 언어에 비해 한글 처리가 쉽다.
- 현재 저장된 데이터가 무엇인지 쉽게 알 수 있다.
- 다른 프로그래밍 언어 속에 섞여 코드화되는 임베디드 기능이 있으며, 기존 라이브러리를 활용해서 여러 기능으로 쉽게 확장할 수 있다.
- 풍부한 실습용 데이터 세트가 제공되기 때문에 학습하기에 용이하다.
- 사용자 커뮤니티가 활성화되어 있어 다양한 패키지, 최신 분석 기법을 빠른 속도로 활용할 수 있다.
- 데이터를 시각화하는 부분에서 다양하고 화려한 그래프를 구현할 수 있다.

■ R의 단점

- 범용 프로그래밍 언어(C, 파이썬, 자바 등)에 비해 처리 속도가 느리다.
- 데이터 분석에만 특화되어 있다 보니 대규모 IT 서비스 개발에 접목하기가 어렵다.
- 사용자들에게 개방형 환경을 지원하므로 해당 함수 및 패키지에 고유한 사용법을 따로 익혀야 한다.
- 문제가 발생했을 시 스스로 해결해야 한다.

02 R 설치와 시작

1) R 설치하기

R을 사용하려면 R을 먼저 설치해야 한다. R 설치 파일은 R 공식 웹 사이트(https://www.r-project.org/)에서 왼쪽 메뉴에 보이는 Download의 CRAN 링크를 이용하여 다운로드할 수 있다. 한국에서 서버를 두고 있는 CRAN 미러 사이트를 이용하면 빠르고 안정적으로 다운로드가 가능하다.

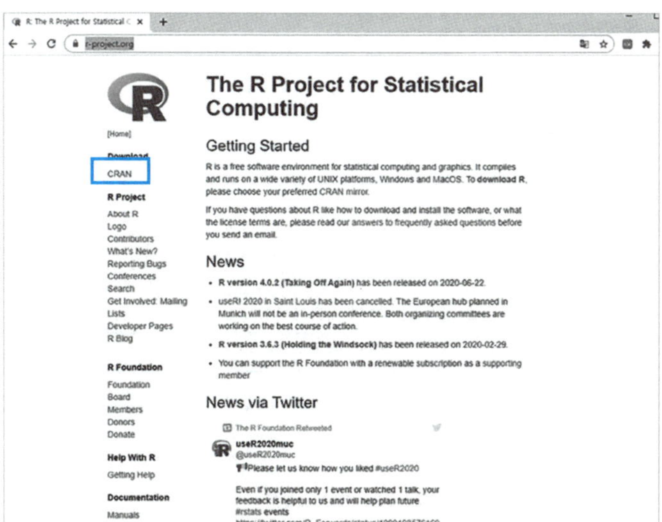

〈그림 4-3〉 R 공식 웹 사이트

사이트에 접속한 후 스크롤을 내리면 'Korea'의 한국 서버 링크를 볼 수 있으며, 이 중 어떤 것을 클릭해도 같은 내용의 사이트에 접속된다.

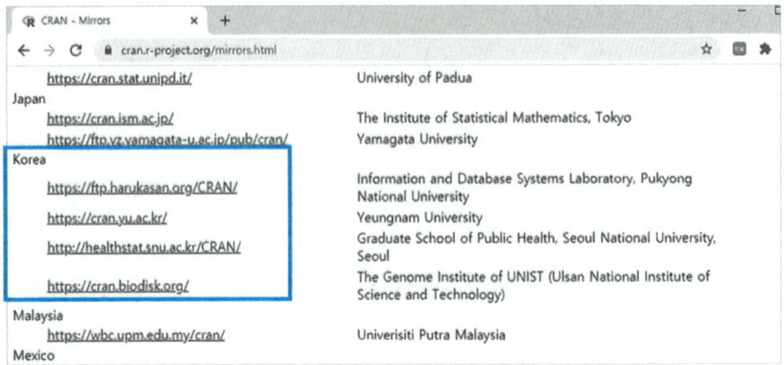

〈그림 4-4〉 CRAN 미러 사이트 페이지

선택한 국가의 미러 웹 페이지가 열리면 사용자의 운영 체제에 맞는 링크를 클릭한다. 교재에서는 윈도우 운영 체제를 기본으로 설명하므로 [Download R for Windows]을 클릭한다.

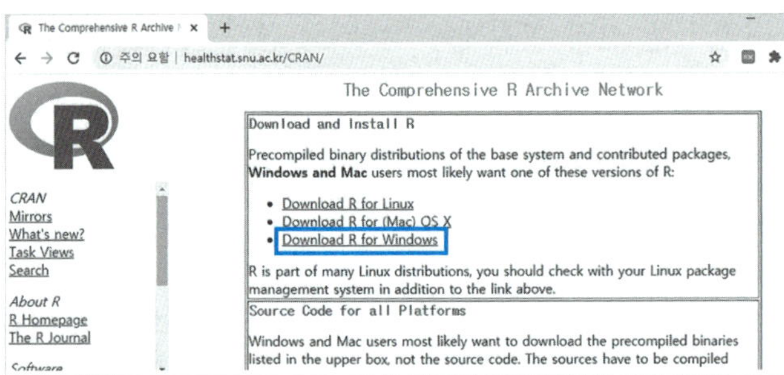

〈그림 4-5〉 운영 체제별 설치 파일 다운로드 선택

R for Windows 페이지가 열리면 [install R for the first time]을 클릭한다.

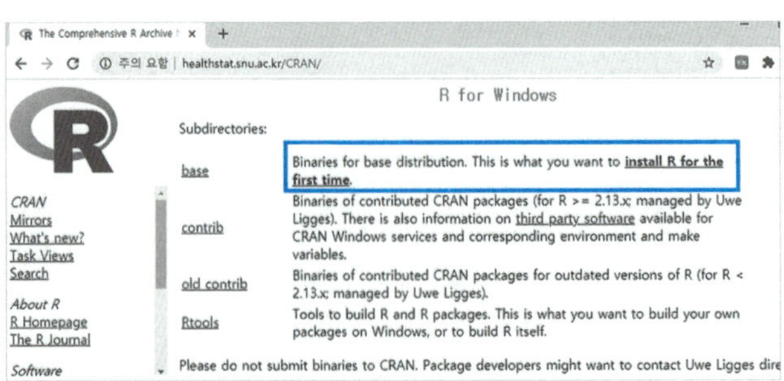

〈그림 4-6〉 R for Windows 페이지

R 버전과 함께 다운로드 링크가 표시되며, [Download R x.x.x for Windows] 링크를 클릭하면 설치 파일이 다운로드된다. 윈도우(32/64비트)는 구별하지 않으며, 계속 업데이트되므로 최신 버전을 다운받아 설치하면 된다.

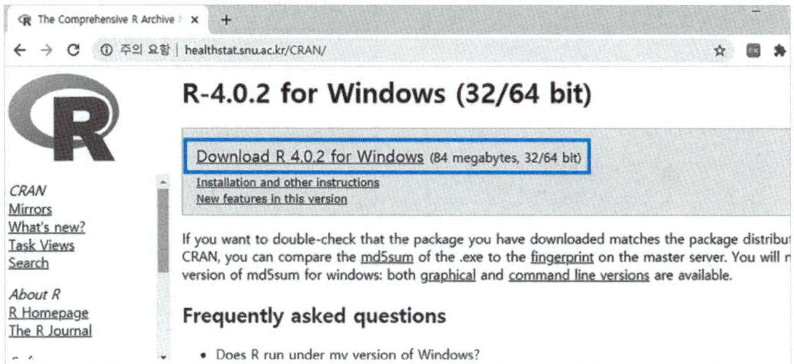

〈그림 4-7〉 R 최신 버전 다운로드

다운로드가 끝나면 설치 파일 [R x.x.x-win.exe]를 더블 클릭하여 설치한다.

설치 파일을 실행하면 언어 선택 창이 나타나는데 [한국어]를 선택하고 [확인]을 클릭한다. 이후 정보가 나타나면 내용을 확인하고 [다음]을 클릭한다.

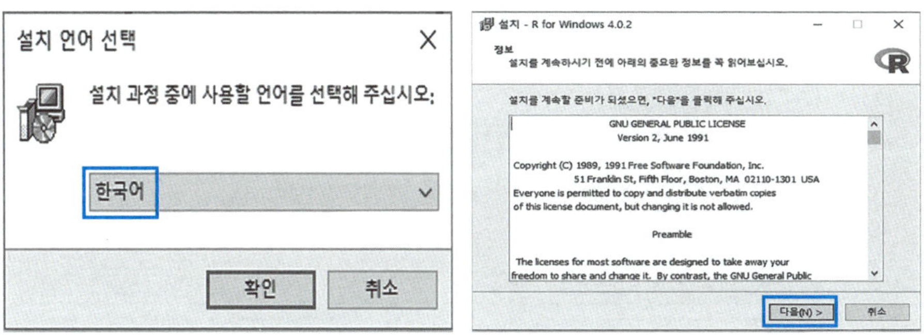

〈그림 4-8〉 언어 선택 및 정보 내용 확인

설치할 위치 선택에서 경로를 변경하거나 유지한 채로 [다음]을 클릭한다. 구성 요소 설치에서는 사용자에 따라 필요한 항목만 체크하고 [다음]을 클릭한다. 일반적으로 기본 설정을 유지하나 현재 사용자 운영 체제는 Windows 10 64bit를 사용하고 있어 [32bit Files]를 해제하고 설치하였다.

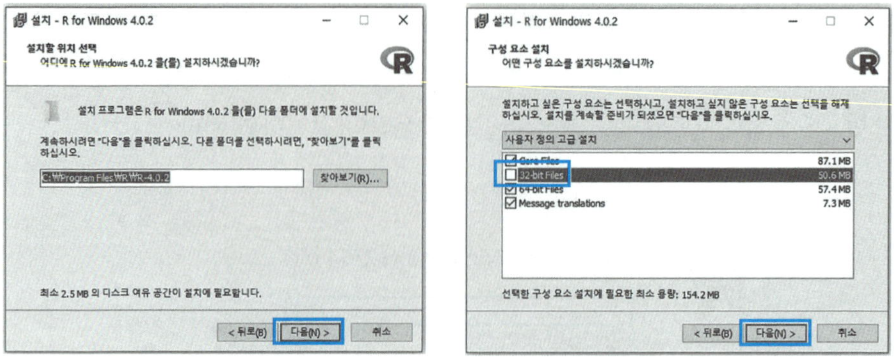

〈그림 4-9〉 설치 경로 선택 및 구성 요소 설치

스타트업 옵션은 R 환경에서 help() 함수를 사용할 수 있도록 하는 옵션으로 주로 RStudio를 사용하므로 [No](기본값 사용)으로 두고 [다음]을 클릭한다. 시작 메뉴 폴더 선택과 아이콘 생성 등에서도 기본 값을 유지한 채로 [다음]을 클릭하면 설치가 끝나며 [완료] 버튼을 클릭한다.

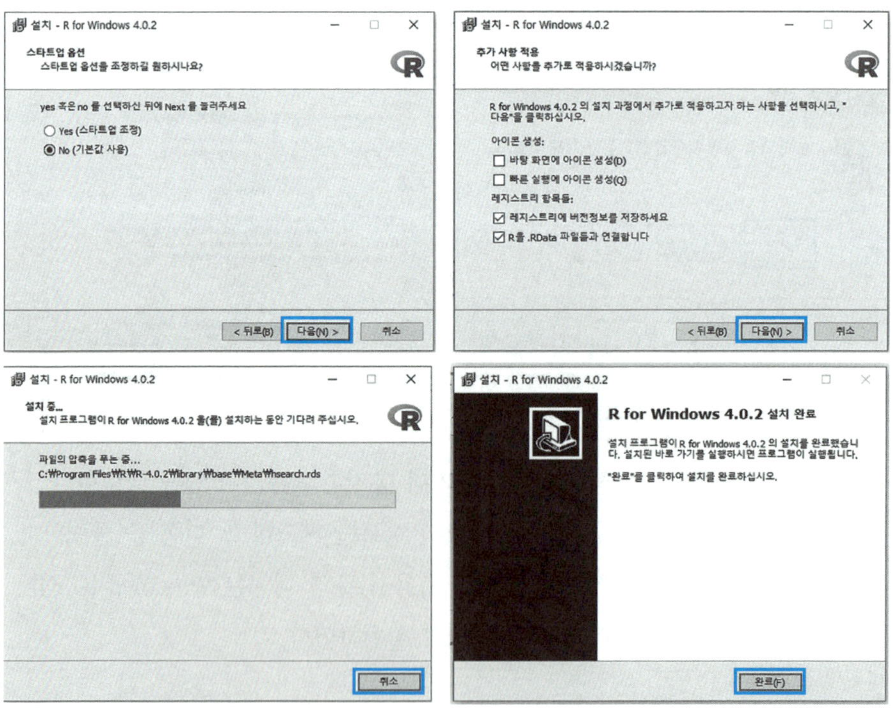

〈그림 4-10〉 스타트업 옵션 및 추가 사항 적용 선택 후 최종 설치 완료

2) R 시작하기

R을 실행하기 위해서는 [시작] 메뉴에서 [R] 폴더를 찾아 'R x64 버전' 아이콘을 클릭하거나 바탕화면의 R 아이콘을 더블 클릭해도 된다.

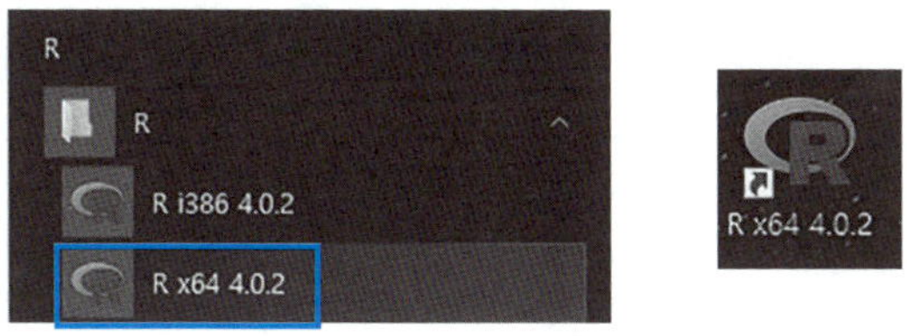

〈그림 4-11〉 〈시작〉 메뉴와 바탕화면의 R 아이콘을 이용한 R 실행

RGui 프로그램이 실행되면서 R Console 창이 열린다. 정상적으로 설치되었는지 확인을 하기 위해 프롬프트(>) 뒤에 print("Hello World!")를 입력하고 Enter를 눌러본다. print() 함수는 괄호 안에 있는 값을 출력하는 함수이므로 화면에 "Hello World!"가 출력된다.

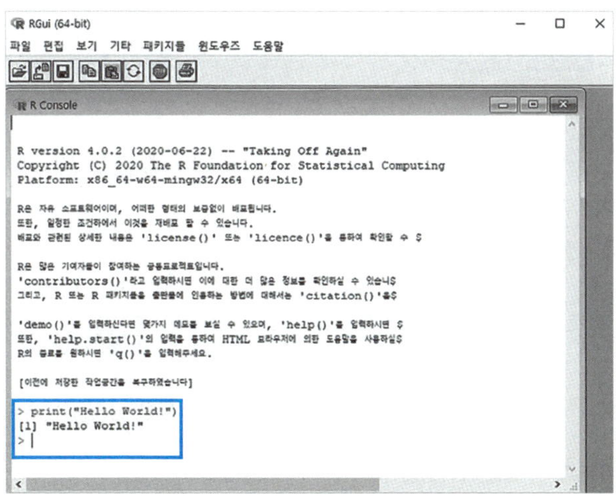

〈그림 4-12〉 Hello World! 출력 예

다음은 스크립트 창을 이용하는 예로 [파일]-[새 스크립트] 메뉴를 선택해서 스크립트 창을 열고 간단한 총합을 구하도록 한다. 2개의 데이터를 c() 함수로 벡터를 만들고 x변수에 저장한 뒤 sum() 함수를 이용하여 총합을 구하도록 한

다. 실행할 때는 영역을 마우스로 블록을 지정하고 [Ctrl + R]을 입력하면 콘솔에 실행 결과가 나온다.

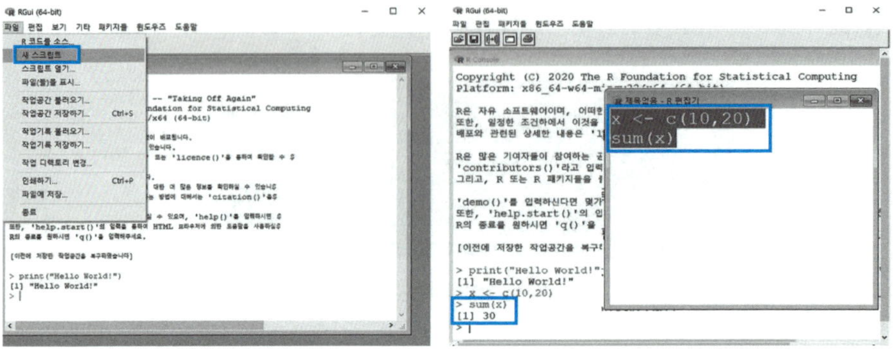

〈그림 4-13〉 새 스크립트를 열어 2개의 데이터 총합을 구하는 예

스크립트를 저장하면 재사용이 가능하며 [파일]-[저장하기] 메뉴를 선택해서 원하는 위치에 저장하면 된다. 이때, 스크립트 파일명은 ".R"로 저장한다.

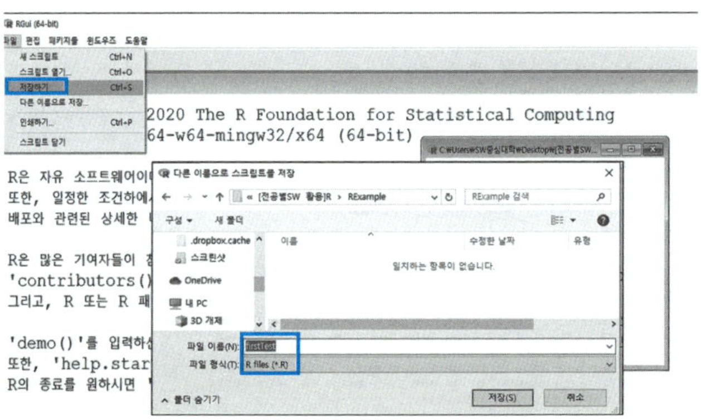

〈그림 4-14〉 〈저장하기〉 실행 예

[파일]-[스크립트 열기] 메뉴를 선택하면 윈도우 탐색기를 통해 임의 폴더에 있는 파일을 재사용할 수 있으며, R의 종료는 화면의 오른쪽 상단에 [닫기]를 클릭하거나 콘솔에서 종료를 의미하는 q() 또는 quit() 함수를 사용한다.

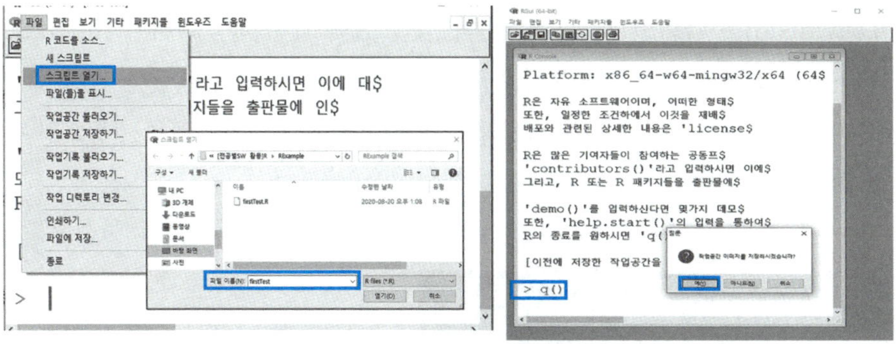

〈그림 4-15〉〈스크립트 열기〉 및 종료

RGui는 R을 설치하면 기본으로 사용할 수 있지만 명령을 한 줄씩 입력하고 실행해야 하는 불편함이 있으므로 앞으로 우리는 RStudio를 설치하여 실습하도록 한다.

03 RStudio 설치와 시작

RStudio는 R을 사용하기 편리하게 만들어 주는 IDE(Integrated Development Environment : 통합 개발 환경) 소프트웨어로 다양한 부가 기능을 활용해 데이터를 효율적으로 분석할 수 있다. 따라서 R이 익숙해지면 RStudio의 사용을 권장한다.

RStudio 버전에는 무료로 사용할 수 있는 Open Source License와 매년 일정 비용을 지불해야 하는 Commercial License가 있다. 이 두 버전은 문제가 발생했을 시 지원을 받을 수 있는지에 대한 여부의 차이가 있을 뿐 커뮤니티가 활성화되어 있으므로 무료 버전을 사용해도 충분하다.

1) RStudio 설치하기

RStudio 설치는 공식 웹사이트(https://www.rstudio.com/)에 접속하여

[Download]를 클릭한 후 RStudio의 버전 선택 페이지가 열리면 [RStudio Desktop Open Source License]의 [DOWNLOAD] 버튼을 클릭한다. 참고로 R을 먼저 설치한 후 RStudio를 설치해야 컴퓨터에 미리 설치된 R을 자동으로 찾아 연결할 수 있다.

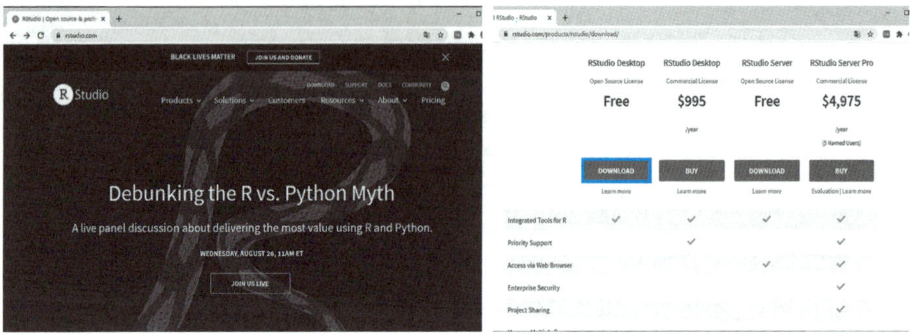

〈그림 4-16〉 RStudio Desktop Open Source License 다운로드

운영 체제별 설치 파일 다운로드 목록이 나타나면 사용자 환경에 맞는 링크를 클릭하여 설치 파일을 다운로드한다. 교재에는 수업 시에 사용하는 윈도우용으로 설치를 진행한다.

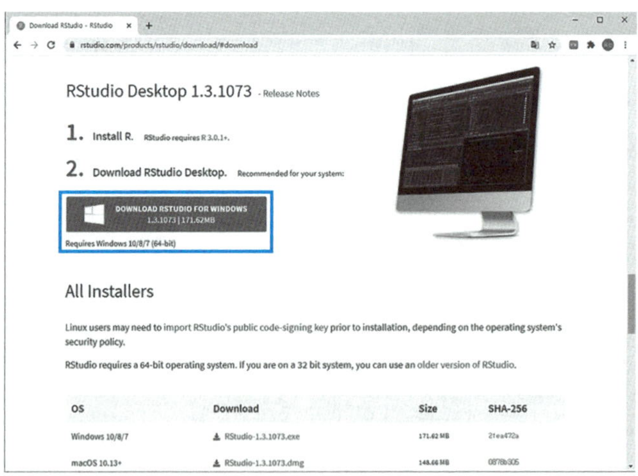

〈그림 4-17〉 윈도우용 RStudio Desktop 다운로드

다운로드가 끝나면 설치 파일 [RStudio x.x.x.exe]를 더블 클릭해 실행하고, 특별한 옵션이 없기 때문에 계속해서 [다음]을 클릭하여 진행하고, RStudio 설

치가 완료되면 [마침]을 클릭한다.

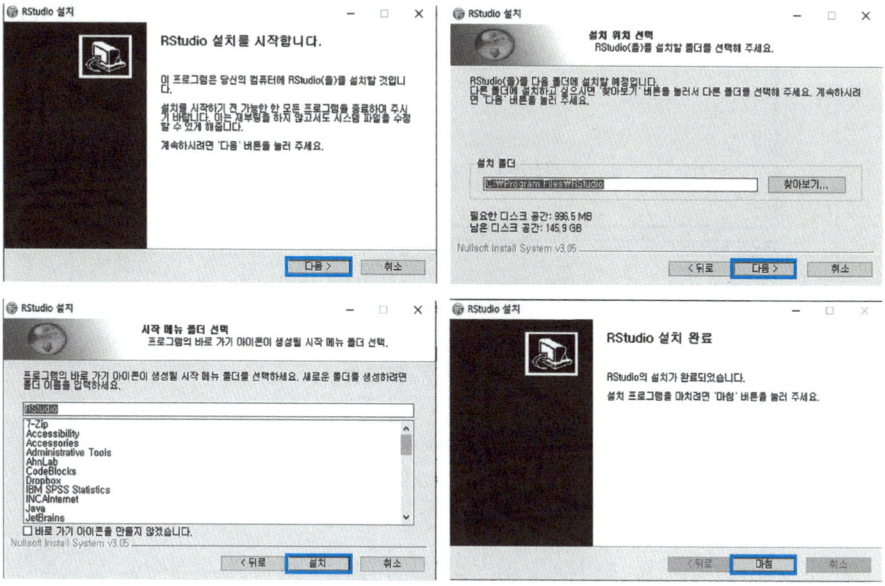

〈그림 4-18〉 RStudio 설치 단계

2) RStudio 시작하기

설치가 완료되면 윈도우 시작 메뉴에서 [RStudio]-[RStudio]을 찾아 클릭하거나 바탕 화면에 있는 아이콘을 더블 클릭하여 실행한다.

〈그림 4-19〉 〈시작〉 메뉴와 바탕 화면의 RStudio 아이콘을 이용한 RStudio 실행

RStudio가 실행되면 다양한 창을 확인할 수 있다. RStudio는 데이터 분석 작업을 위해 매우 편리한 작업 환경을 제공하며, 일반적으로 왼쪽 상단에 편집(Script) 창, 왼쪽 하단에 콘솔(Console) 창, 오른쪽 상단에 환경(Environment) 창, 오른쪽 하단에 파일(File) 창이 나타난다.

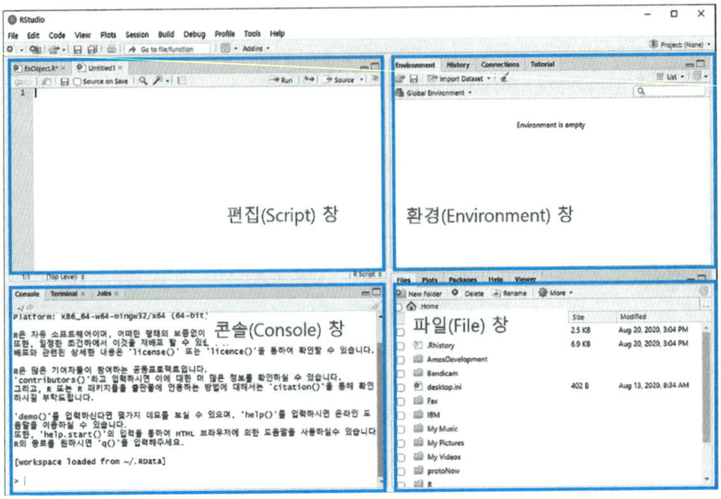

〈그림 4-20〉 RStudio 실행 화면

편집(Script) 창은 R 명령문을 작성하고 실행하는 영역으로 실행할 코드를 모두 입력한 다음 필요한 코드만 선택적으로 실행시킬 수 있다. 편집 창에서는 명령어를 편집, 저장 또는 외부에 저장된 스크립트의 불러오기를 할 수 있으며, 편집 창 상단에 명령 실행 버튼(Run)을 이용하여 코드를 실행한다.

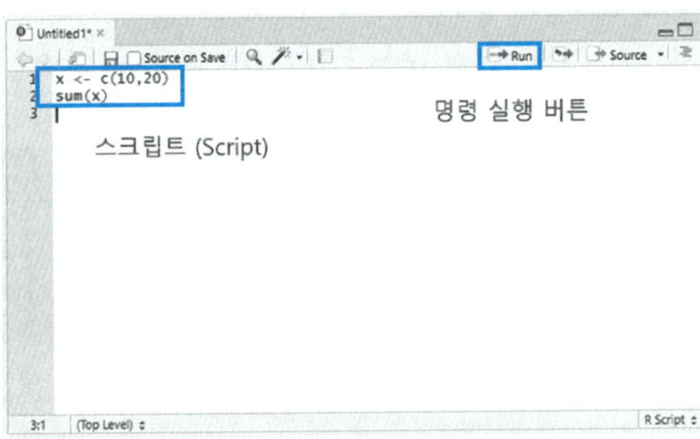

〈그림 4-21〉 편집(Script) 창

콘솔(Console) 창은 편집 창에서 R 명령문을 편집하고 실행 버튼을 클릭했을 때 명령문의 실행 과정 및 결과, 실행한 코드의 오류나 오류 메시지 등을 표시하는 영역이다. 물론 콘솔 창에서 RGui와 같이 직접 명령문을 입력하고 실행하는 것도 가능하다.

Terminal 창은 콘솔(Console) 창과 같은 그룹으로 묶여 있으며, 함수를 입력하여 윈도우와 같은 운영 체제를 직접 다룰 수 있는 창이다. 하지만 실제 사용할 일은 많지 않다. 탭 이름 오른쪽에 있는 아이콘을 클릭하면 창이 닫힌다. 다시 표시하려면 RStudio의 메뉴 바에서 [Tools]–[Terminal]–[New Terminal]을 선택하거나 단축키 [Alt]+[Shift]+[R]을 누른다.

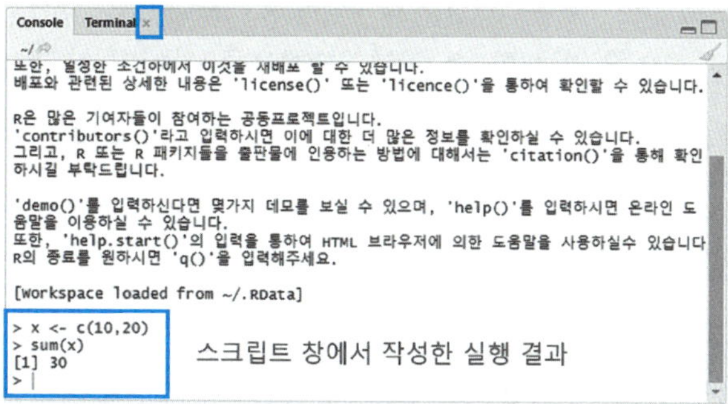

〈그림 4-22〉 콘솔(Console) 창

환경(Environment) 창은 R 명령문이 실행하는 동안 만들어지는 각종 변수나 자료 구조의 내용을 보여주는 영역이다. 환경 창에서는 데이터를 처리할 때 하나의 단위로 취급하는 데이터 집합인 데이터 세트(Data Set)을 볼 수 있으며, 사용한 데이터 세트의 이름과 데이터 값을 확인할 수 있다.

환경 창은 히스토리(History) 창, 커넥션(Connections) 창과 함께 같은 그룹으로 묶여 있다. 히스토리 창에서는 RStudio에서 실행한 코드, 결과, 패키지 설치, 오류 등 거의 모든 작업 과정을 확인할 수 있다. 커넥션 창에서는 R과 데이터 관리를 위한 서버를 연결하는 창이다.

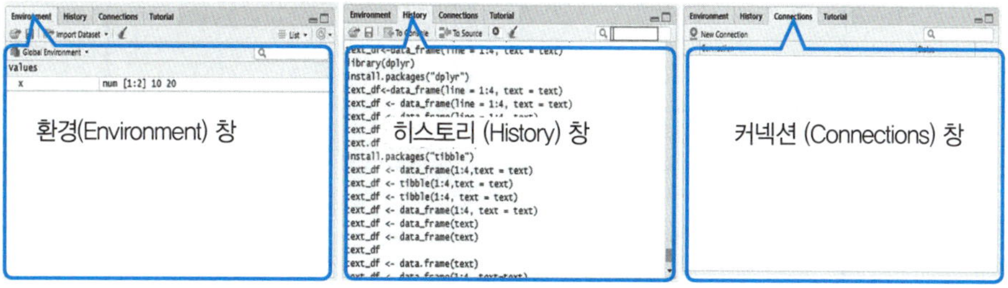

〈그림 4-23〉 환경(Environment) 창

파일(File) 창은 도움말, 패키지 설치 및 조회, 그래프 실행 내용 조회 등 유용한 기능을 제공하는 영역이다. 파일 창은 5개의 탭으로 세부 창으로 나뉘며 각각의 기능은 다음과 같다.

① 파일(File) 창 – 현재 작업 폴더의 내용을 탐색기처럼 보여준다. 윈도우에 있는 파일 탐색기와 비슷하며, 용도와 사용 방법 또한 유사하다.

② 플롯(Plots) 창 – 코드로 작성한 그래프가 표시되는 영역이며, zoom 기능을 이용해 화면을 확대할 수 있고, 그래프를 이미지 파일이나 PDF 파일로 내보낼(Export) 수도 있다.

③ 패키지(Packages) 창 – 내 컴퓨터에 현재까지 설치된 R 패키지들의 목록을 볼 수 있고, 필요 시 새로운 패키지를 다운로드하여 설치하거나 업데이트할 수 있다. 또한, 각 패키지에 대한 매뉴얼도 볼 수 있다.

④ 도움말(Help) 창 – 사용하는 도중에 특정 함수에 대한 도움말을 확인할 수 있다. R 설치 시 스타트업 옵션에서 [No]를 설정한 이유가 바로 R 스튜디오의 Help 창 때문이다. Help 창 오른쪽 위에 있는 검색 필드에 궁금한 함수를 입력해서 결과를 확인하면 된다. 이때, 도움말 지원이 가능하려면 그 함수가 포함된 패키지가 설치되어 있어야 한다.

⑤ 뷰어(Viewer) 창 – 분석의 결과가 숫자가 아닌 이미지 형태이면 웹 브라우저상에 결과를 출력하는 경우가 있는데, 그런 경우 뷰어 창에 표시가 된다. 참고로 이 교재에서는 사용하지 않으므로 〈그림 4–24〉에서 생략하였다.

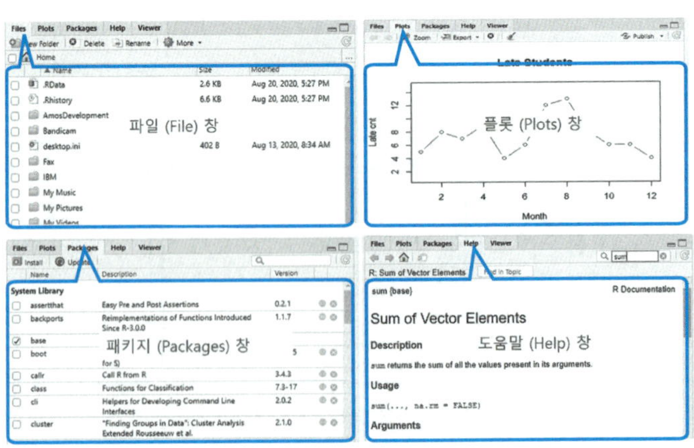

〈그림 4–24〉 파일(File)/플롯(Plots)/패키지(Packages)/도움말(Help) 창

새로운 스크립트를 작성하기 위해 새로운 Script 창을 생성하고 저장하는 방법을 알아본다. 새로운 Script 창을 생성하려면 메뉴 바에서 [File]-[New File]-[R Script]를 선택하거나 단축키 [Ctrl + Shift + N]을 누른다.

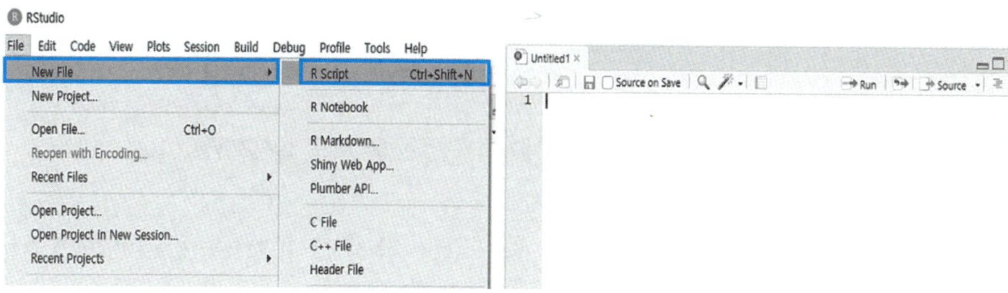

〈그림 4-25〉 RStudio의 스크립트 생성하기

새로운 스크립트를 추가하면 다음과 같이 Script 창에 탭이 추가된다. 스크립트 여러 개를 동시에 열고 사용할 수도 있다. 탭에 보이는 "Untitled"라는 문구는 해당 스크립트가 아직 저장되지 않았다는 것이며, * 표시는 해당 스크립트에 변동 사항이 있다는 것을 나타낸다.

코드 실행은 Script 창에서 코드 작성 후 Enter를 누르면 Console 창에서 코드가 실행되는 것이 아니라 행 번호가 추가되고 입력 커서가 다음 행으로 이동한다. 코드를 실행하는 여러 방법은 다음과 표와 같다.

〈표 4-1〉 코드를 실행하는 다양한 방법

명령어 실행	단축키
한 줄만 실행할 때	실행할 코드 맨 뒤에 입력 커서를 배치하고 [Ctrl+Enter]
여러 줄을 실행할 때	실행할 코드를 드래그해서 블록으로 지정한 후 [Ctrl+Enter]
현재 스크립트 창의 모든 명령을 실행할 때	[Ctrl+Alt+R]
마지막에 실행한 명령을 다시 실행할 때	[Ctrl+Shift+P]

새로운 Script 창에다 "Hello World! DKU!"를 출력해 보자. Script 창에 print("Hello World! DKU!")를 입력하고 [Ctrl + Enter]를 눌러 실행한다.

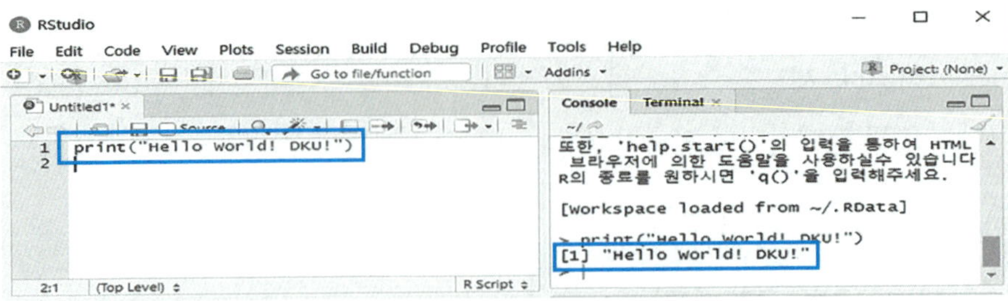

〈그림 4-26〉 〈Ctrl + Enter〉를 이용한 한 줄 코드 실행화면

이렇듯 코드를 한 줄만 작성했을 시에는 코드 작성 후 [Ctrl + Enter]하면 되며 여러 줄일 경우 실행할 코드를 드래그해서 블록으로 지정한 후 [Ctrl + Enter]를 눌러야 실행된다.

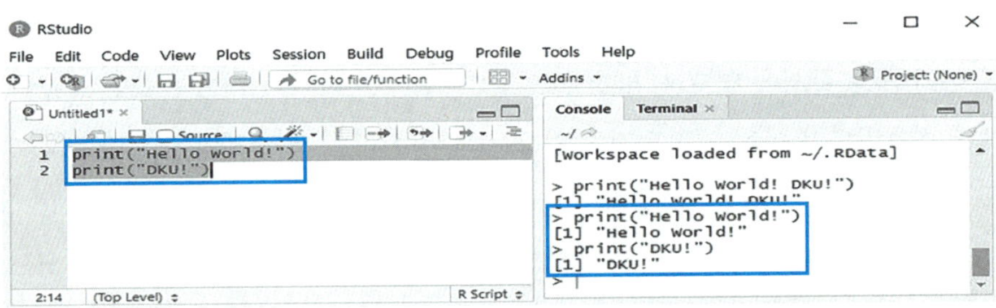

〈그림 4-27〉 〈Ctrl + Enter〉를 이용한 여러 줄 코드 실행화면

메뉴 바에서 [File]-[Save]를 선택하거나 단축키 [Ctrl + S]를 누르면 확장자가 R인 R 스크립트 파일로 저장된다. RStudio는 기본적으로 자동 저장 기능을 갖추고 있다.

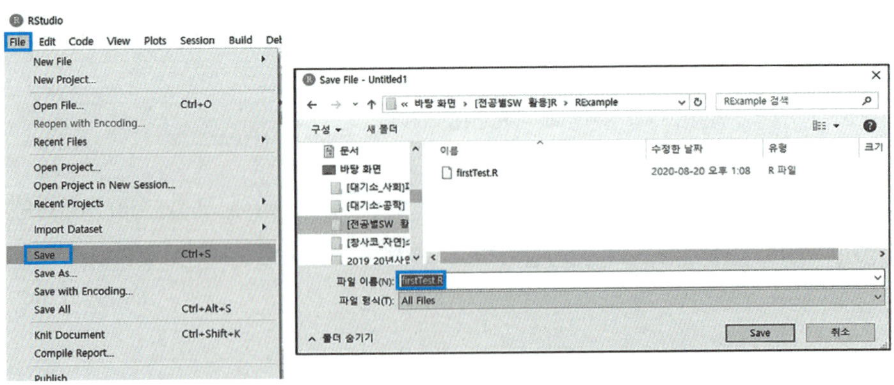

〈그림 4-28〉 RStudio의 스크립트 저장하기

RStudio의 종료는 R의 종료와 같이 화면의 오른쪽 상단에 [닫기]를 클릭하거나 콘솔에서 종료를 의미하는 q() 또는 quit() 함수를 사용하면 된다. 단축키 [Alt + F4]를 눌러도 된다. RStudio를 다시 실행하면 최근에 사용된 프로젝트와 데이터를 자동으로 불러온다.

04 RStudio 다루기

1) RStudio 사용 전 유용한 환경 설정

RStudio에는 글로벌 옵션(Global Options)과 프로젝트 옵션(Project Options) 두 종류의 환경 설정 메뉴가 있다. 글로벌 옵션에서 설정한 사항은 RStudio 사용 전반에 영향을 미치는 반면, 프로젝트 옵션에서 설정한 사항은 해당 프로젝트에만 영향을 준다. 따라서 프로젝트마다 서로 다른 방식으로 프로젝트 옵션을 설정할 수 있다.

이제 RStudio의 환경 중 미리 설정해 두면 좋은 옵션들에 대해 알아보자.

(1) 화면 재구성하기

RStudio의 4개의 창은 사용자가 배치 위치를 자유롭게 변경할 수 있다. 좌측 상단에 편집 창, 우측 상단에 콘솔 창을 배치하여 작업하는 것이 일반적이다. 콘솔 창의 위치를 변경하려면 메뉴 바에서 [View]-[Panes]-[Console on Right]를 선택한다.

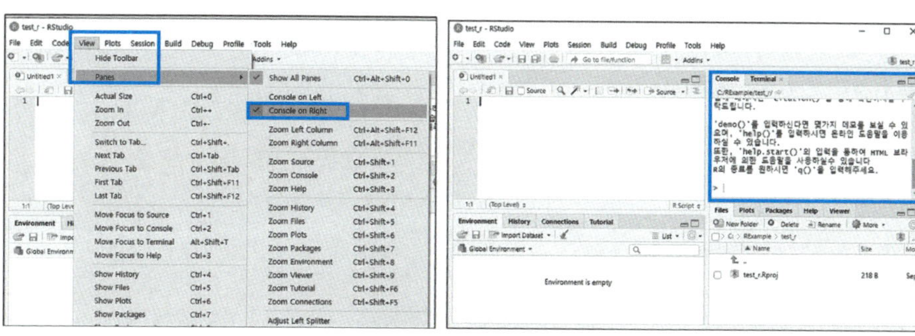

〈그림 4-29〉 콘솔 창 재배치 후 RStudio

(2) 자동 줄 바꿈 옵션 설정하기

Soft-wrap 기능을 설정해두면 소스 창에서 코드가 화면을 벗어날 정도로 길어질 경우 자동으로 줄이 바뀐다. 이 기능을 기본적으로 설정해두면 편리하다.

[Tools]-[Global Options] 클릭한 후 [Code] 탭을 클릭하여 [Soft-wrap R source files] 항목을 체크하고 [OK]를 선택한다.

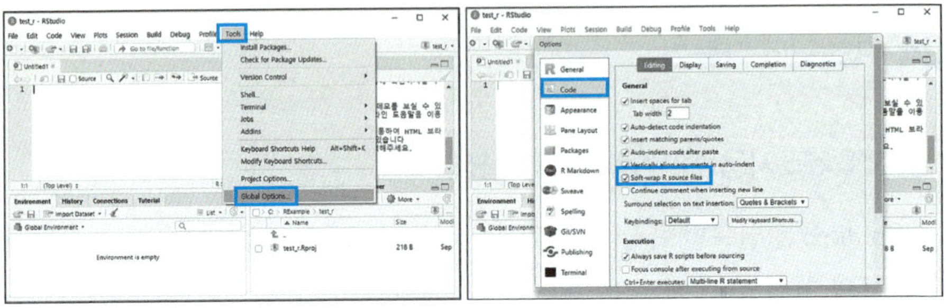

〈그림 4-30〉 자동 줄 바꿈 옵션 설정 화면

(3) 인코딩 방식 설정하기

RStudio에서 작성한 스크립트에 한글이 제대로 표시되지 않는 경우가 있다. 한글은 영문과 달리 ASCII 방식으로 저장되지 않으므로 인코딩 설정을 UTF-8 방식으로 변경해야 한다. 인코딩(Encoding)은 컴퓨터가 문자를 표현하는 방식을 의미하며 문서 파일에 따라 인코딩 방식이 다르기 때문에 문서 파일과 프로그램의 인코딩이 맞지 않으면 문자가 깨지는 문제가 생긴다.

메뉴 바에서 [Tools]-[Global Options] 선택을 하면 Options 창이 열린다. [Code] 대분류에서 [Saving] 탭을 클릭하고 Default text encoding 항목의 [Change] 버튼을 클릭한다. Choose Encoding 창이 열리면 [UTF-8]을 선택하고 [OK] 버튼을 클릭한다.

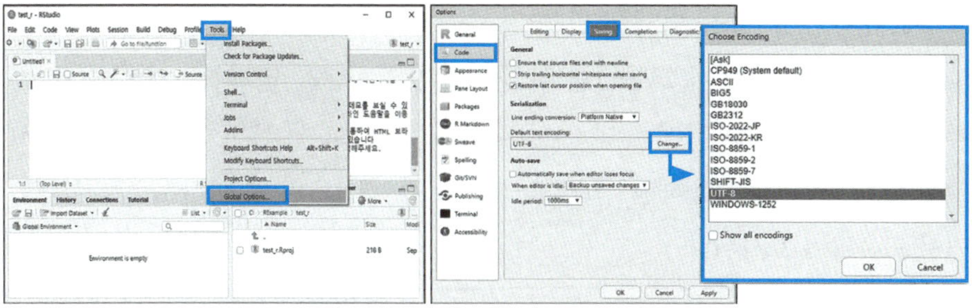

〈그림 4-31〉 인코딩 UTF-8 설정 화면

(4) 글꼴 및 테마 설정하기

글꼴과 테마는 취향에 따라 자유롭게 변경할 수 있다. 사용할 글꼴 및 배경 화면을 선택할 수 있는 Options 창의 [Appearance] 클릭 후 세부 옵션을 설정하면 된다. Editor font는 사용할 글꼴 종류, Editor font size는 글자 크기, Editor theme는 배경화면의 테마이다. [OK]버튼을 클릭하면 변경한 설정이 저장되면서 창이 닫힌다. 창을 닫지 않고 설정만 저장하려면 [Apply] 버튼을 클릭한다.

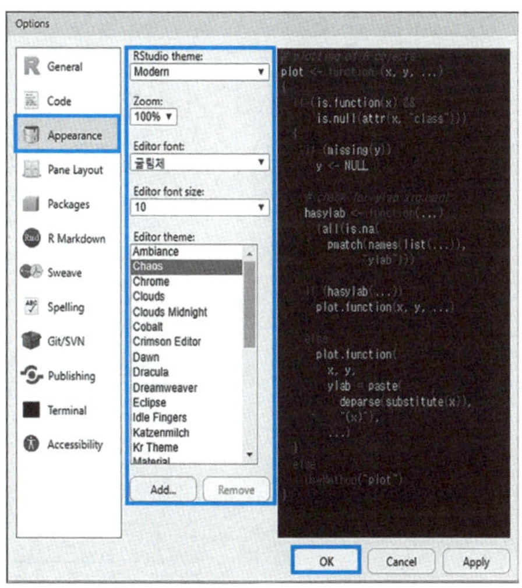

〈그림 4-32〉 글꼴 및 테마 설정 화면

(5) 도움말 사용하기

R의 Console 창과 RStudio의 Console 창에서 도움말을 각각 확인해보면

RStudio의 Help 창이 더 편리함을 알 수 있다. 도움말 실행은 Script 창에서 help() 함수의 괄호 안에 도움말을 확인하고 싶은 함수를 입력하면 된다. print() 함수를 이용하여 R과 RStudio에서 각각 확인해 보자. R의 Console 창에서 help(print) 함수를 사용하면 〈그림 4-33〉과 같이 별도의 웹 브라우저가 실행되면서 도움말이 표시된다.

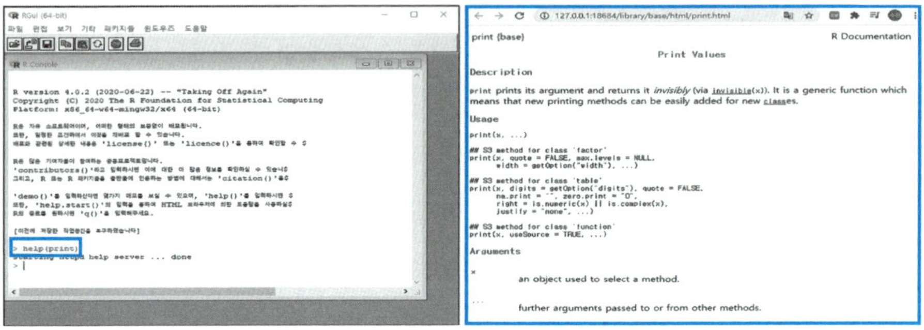

〈그림 4-33〉 R의 Console 창에서의 help(print) 코드 실행 시 나타나는 별도의 웹 브라우저

RStudio에서는 〈그림 4-34〉과 같이 바로 오른쪽에 있는 help 창에 도움말이 표시된다. 표시되는 도움말은 동일하지만 별도의 창으로 보는 것과 동일한 프로그램에서 바로 보는 것의 차이가 난다. 그리고 Help 창에서는 help() 함수를 이용하지 않더라도 바로 오른쪽 위에 있는 검색 필드를 이용해 궁금한 내용을 찾아볼 수도 있다.

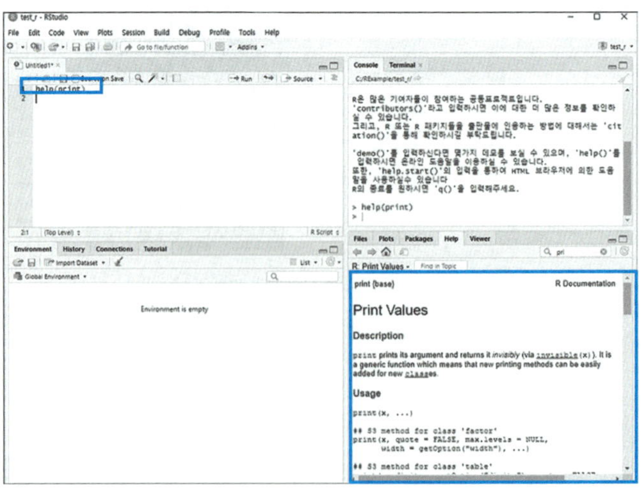

〈그림 4-34〉 RStudio의 Console 창에서의 help(print) 코드 실행 화면

만약 사용할 함수를 정확히 모를 때에는 RStudio에서 Help 창의 검색 필드에 알고 있는 일부분만 입력하면 확인하고자는 함수이름 전체를 다 몰라도 간단하게 동일한 정보를 얻을 수 있다. 〈그림 4-35〉에서는 print 함수의 일부인 ??pri을 검색한 결과를 보이고 있다.

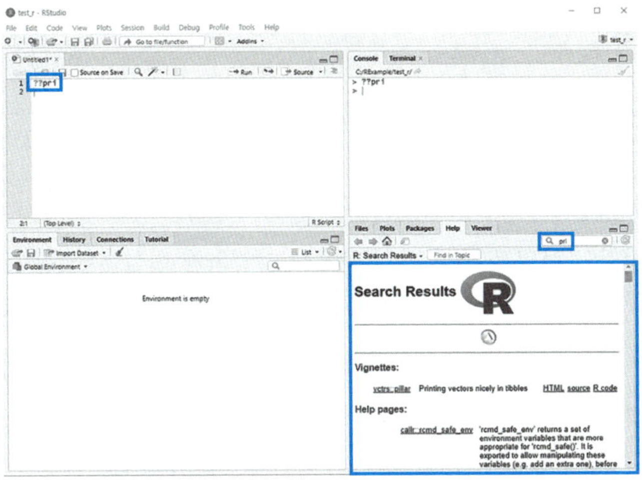

〈그림 4-35〉 RStudio의 Console 창에서의 ??pri 입력 및 Help 창에서의 pri을 검색한 결과 화면

05 데이터 분석 기초

이제 RStudio를 이용하여 데이터 분석을 위한 기본 개념에는 변수, 함수, 패키지가 있다. 먼저, 예시를 통하여 변수, 함수, 패키지의 개념을 이해하고, 이들을 어떻게 지정하고 사용하는지에 대해 알아보도록 한다.

1) 변수

데이터 분석 업무에 있어서 주로 수집한 데이터를 어딘가에 저장한 후 이를 이용하여 분석을 시행한다. 이러한 작업을 하는데 필요한 개념이 변수(variable)이다. 변수가 무엇인지 예시를 통해 더 자세히 알아보자.

[코드 4-1]

```
a <- 100
b <- 200
c <- a+b
print(c)
```

[실행 결과 4-1]

```
[1] 300
```

(1) 변수의 개념

변수는 사전적인 정의로 특정 범위 안에서 다양하게 변할 수 있는 값을 의미한다. 말 그대로 "변하는 수" 또는 "변하는 공간"의 의미를 가지며, "어떤 값을 저장해 놓을 수 있는 저장소나 보관 박스"라고 이해하면 된다. 위의 예를 가지고 그림으로 이해해 보자면 a와 b라는 박스가 있다. 박스에 이름을 붙인 이유는 이들 박스를 구분하기 위한 것이며, 여기서 표현한 박스는 결국 변수가 되며, a, b와 같이 박스의 이름은 변수명이 된다. 그리고 a 박스에 100을 넣고 b 박스에 200을 넣는데 이들이 값이라 한다. 정리하면 변수 a, b에 값 100과 200을 저장하는 것이다. 여기서 〈- 는 할당 연산자(Assignment Operators)라고 하며, 〈와 - 를 결합해서 입력한다.

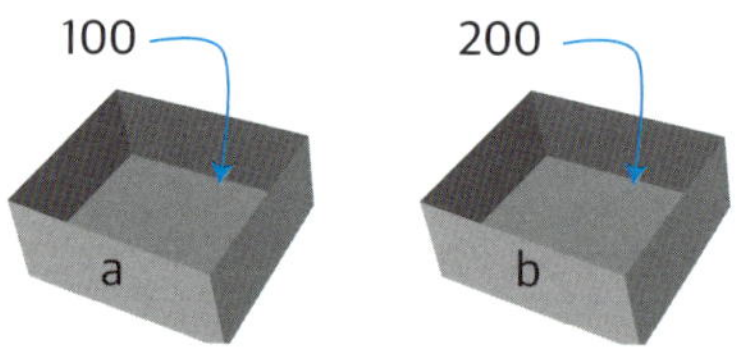

〈그림 4-36〉 변수의 개념(변수, 변수명, 값)

따라서, 위의 [코드 4-1]의 나머지 변수 c에 대해 설명하면 변수 a에 저장되어 있는 값과 변수 b에 저장되어 있는 값을 더하여 변수 c에 저장한다. 여기서 알 수 있는 것은 변수와 변수의 연산은 변수에 저장된 값들의 연산으로 바뀌어 실행된다는 것이다. 따라서 c에 저장된 값은 300이며, print()를 이용하여 c값을 출력하면 300의 결과가 나오는 것을 알 수 있다.

변수에 숫자를 할당할 때는 특별한 규칙 없이 할당할 숫자를 그대로 입력한다. 하지만 문자를 할당할 때는 할당할 문자를 큰따옴표(" ") 또는 작은따옴표(' ')로 감싸서 입력해야 한다. 이러한 변수가 모여 데이터 세트가 되고, 분석의 대상이 되므로 변수의 개념을 명확하게 알고 있어야 한다.

(2) 변수명 지정

변수는 사용자가 변수명을 지정하고, 그곳에 값을 저장하는 순간 만들어지며 컴퓨터는 이것을 기억하게 된다. 변수명이란 변수의 이름을 의미하며, 사용자가 임의로 정할 수도 있지만 다음 규칙에 따라 지어야 한다.

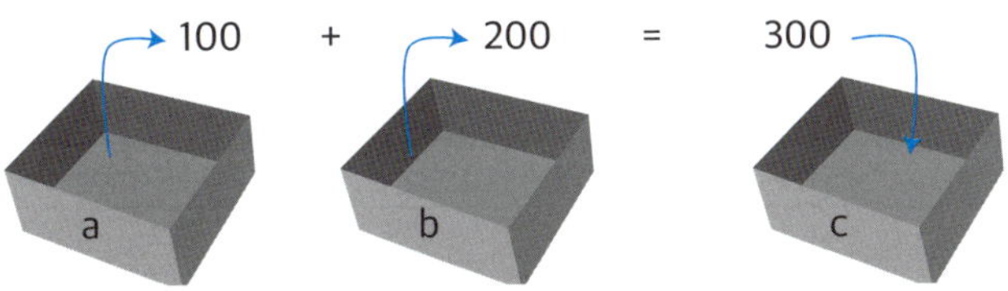

〈그림 4-37〉 c 〈– a + b 의 실행 과정

---

① 첫 글자는 영문자(알파벳) 또는 마침표(.)로 시작하는데, 일반적으로 영문자로 시작한다. 마침표를 첫 글자로 사용하는 경우는 드물다.
  예) total, .total (사용 가능)
  예) 10th (숫자로 시작– 사용 불가)

② 두 번째 글자부터는 영문자, 숫자, 마침표(.), 밑줄(_)을 사용할 수 있다.
  예) t.1, t_sum, t10
  예) this–total, this@total (특수문자 – 사용 불가)

③ 대소문자와 소문자를 구분한다.
  예) total과 Total (서로 다른 변수)

④ 변수명 중간에 빈칸을 넣을 수 없다.
  예) this total (빈칸 – 사용 불가)

변수명은 위의 규칙을 지키면서 기억하기 쉽고 일정한 규칙을 갖도록 짓는 것이 좋다. 또한, 저장될 값이 무엇인지 알 수 있도록 의미 있는 단어를 사용하는 것이 좋다. R은 대문자와 소문자를 구별하므로 가급적이면 소문자로 작성

하는 것이 좋다.

(3) 변수에 값 저장 및 확인

변수를 생성하는 방법은 변수명을 정하고, 변수에 어떤 값을 저장하는 것이다. 즉, 변수명에 어떤 값을 넣어주는 순간 변수가 만들어진다. 변수의 값을 '<-'을 대신 '='을 사용하는 경우가 있는데, 결과는 같으나 R에서는 '<-' 사용을 권장한다. 변수에 어떤 값이 저장되어 있는지 알고 싶다면 단순히 변수명을 입력하거나 print() 함수를 사용하여 변수를 출력한다.

[코드 4-2]

```
a <- 123
a
print(a)
```

[실행 결과 4-2]

```
[1] 123
```

```
[1] 123
```

RStudio에서의 환경창을 보면 위에서 만들어진 변수와 저장된 값을 확인할 수 있다.

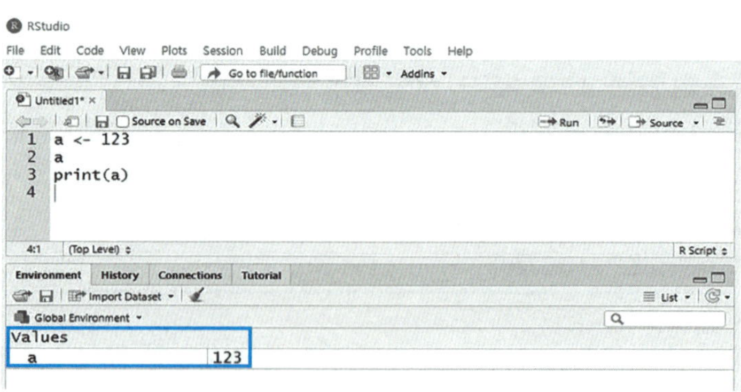

〈그림 4-38〉 RStudio의 환경 창에서 변수 내용 확인하기

(4) 변수의 자료형

데이터 분석을 위해 R에서는 다양한 종류의 값들을 사용할 수 있도록 지원하며, 이러한 값들은 모두 변수에 저장할 수 있다. 변수에 저장할 수 있는 값들의 종류를 자료형(data type)이라고 한다. 〈표 4-2〉는 R에서 사용할 수 있는 값들의 자료형을 정리한 것이다.

〈표 4-2〉 R에서 사용할 수 있는 값들의 자료형

자료형	사용 예	설 명
숫자형	1, 2, -3, 13.4	정수와 실수 모두 가능함
문자형	'Total', "Test"	작은따옴표(' ')나 큰 따옴표(" ")로 묶어서 표현
논리형	TRUE, FALSE	반드시 따옴표가 없는 대문자로 표기, T나 F로 줄여서 사용하는 것 가능함
특수값	NULL	정의되어 있지 않음을 의미, 자료형도 없고 길이도 0임
	NA	결측값
	NaN	수학적으로 정의가 불가능한 값
	Inf, -Inf	양의 무한대, 음의 무한대

위의 내용에서 특수한 값 중 NA는 'Not Applicable'의 약자로 결측값 또는 누락값을 나타낼 때 사용한다. 설문 조사 예를 들면 문항 중 응답자가 응답을 하지 않는 경우 이들 항목에 대해 (1, 3, 2, NA, 3, NA)와 같이 NA를 표시한다. 이렇게 하면 문항에 대한 응답은 알 수 없지만 전체 설문 문항이 6개라는 사실은 알 수 있다.

변수를 생성하기 위해서 변수명에 반드시 어떤 값을 넣어주어야 하는데 NULL은 변수 정의 시 초기값을 어떤 것으로 해야 할지 애매할 때 사용한다. 이 NULL은 프로그램의 실행 결과가 아무것도 없는 경우에도 사용한다. Nan, Inf, -Inf는 데이터 분석 작업에서 접하기 어려운 값으로 수학 연산을 할 시에 사용된다.

(5) 변수의 값 변경

변수는 저장된 값을 바꿀 수 있다. 변수에 저장된 값은 언제든지 바뀔 수 있다. 숫자이든 문자이든 데이터의 종류에 상관없이 값을 넣는 대로 그 값이 저장된다. 그러나, 이들 데이터끼리 산술연산 시 변수에 어떤 데이터 종류가 들어있는지에 따라 계산 여부가 달라진다. 변수에 숫자와 숫자가 들어있다면 계산이 되지만, 다음 코드와 같이 문자 'A' 가 들어있는 변수와 숫자는 산술연산이 불가능하다.

[코드 4-3]

```
a <- 100
b <- 200
a+b
c <- 'A'
a+c
```

[실행 결과 4-3]

```
[1] 300
Error in a + c : 이항연산자에 수치가 아닌 인수입니다
```

따라서 변수의 값 변경이 매우 편리하기도 하지만 변수에 어떤 종류의 값을 유지할지에 대한 책임은 사용자에게 있으므로 변수에 어떤 값을 저장할 때는 올바른 값을 넣을 수 있도록 해야한다. 그렇지 않으면 예기치 않은 에러가 발생될 수 있다.

2) 함수

R은 데이터 분석에 특화된 언어이다. 따라서, R이 제공하는 다양한 함수들의 사용하기 위해서는 함수의 개념과 기본적인 사용법에 대해 이해할 필요가 있다. 변수에 이어 함수는 데이터를 분석하는 데 꼭 필요한 요소이자 중요한 요소이다. 함수를 잘 알면 그만큼 데이터 분석이 수월해진다. 함수는 수학 시간에 배운 함수와 동일한 개념으로 어떤 데이터값을 미리 정해 둔 공식에 따라 처리하여 특정한 결과로 도출해주는 기능을 한다. 즉, 함수에 어떤 입력값(input)을 주면

일련의 과정을 거쳐서 계산된 결괏값(output)을 내보내는 구조를 가지고 있다. 예를 들어, 숫자 10, 20, 30, 40, 50으로 이루어진 변수 x에서 최솟값을 구하려면 최솟값을 구하는 min() 함수를 사용하면 된다. 괄호 안에 결과를 얻기 위해 필요한 요소인 인수를 min(x) 형식으로 입력한다.

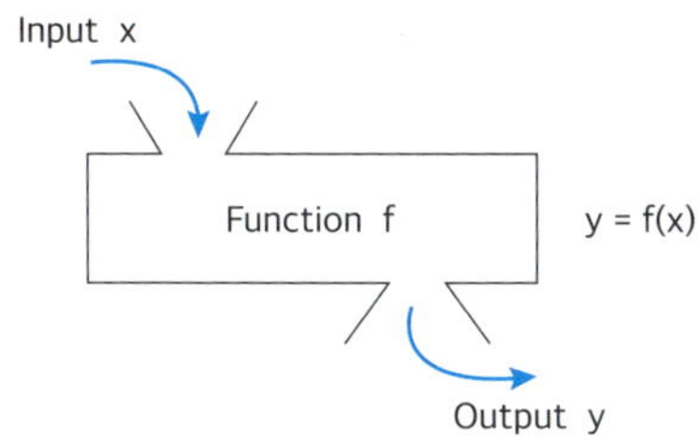

〈그림 4-39〉 함수의 개념

여기서 입력값을 다른 말로 매개변수(parameter)라고 한다. 하나의 함수는 여러 개의 매개변수를 가질 수 있다. 어떤 함수가 어떤 종료의 매개변수값을 받아들일지에 대해서는 그 함수가 만들어질 때 정의된다. 함수의 정의에 맞춰 매개변수를 입력하면 정의된 결괏값을 얻을 수 있다.

[코드 4-4]

```
x <- c(10,20,30,40,50)
min(x)
```

[실행 결과 4-4]

```
[1] 10
```

여기서 min은 함수 이름이고, 함수 이름 옆의 괄호() 안에 매개변수값을 지정한다. c() 함수는 combine의 약어로 데이터 값 여러 개를 변수로 구성할 때 사용한다. 이때, c는 반드시 소문자여야 한다. 이것을 실행하면 최솟값인 10이 출력된다.

어떤 함수의 기능이 무엇이고, 매개변수를 어떻게 지정해야 하는지 모두 외우는 것은 사실상 불가능하다. 따라서 R에서는 함수 사용 매뉴얼을 사용자에게 제공하는데, RStudio에서는 도움말(Help) 창을 이용하여 내용을 확인할 수 있다.

3) 패키지

데이터 분석을 수월하게 하려면 원시 데이터를 가공하거나 결과를 시각화하는 등 다양한 기능을 가진 함수가 필요하다. 그렇다고 모든 함수를 직접 만들어 사용하기에는 시간과 노력이 너무 많이 든다. 다행히 다른 사용자가 만들어서 무료로 배포하는 패키지가 많이 있으므로 우리는 필요한 패키지를 찾아 설치하여 사용하면 된다. 원하는 기능의 함수를 사용하려면 우선 어떤 패키지가 있고, 사용하려는 함수가 어느 패키지에 포함되어 있는지 파악해야 한다. 처음 R을 설치하려고 접속한 CRAN 웹 사이트에 패키지 목록을 정리한 페이지가 있다. 이 페이지에는 현재 R에서 사용할 수 있는 거의 모든 패키지가 알파벳순으로 정리되어 있다. 상단에 있는 알파벳 링크를 클릭하면 선택한 알파벳으로 시작하는 패키지 목록으로 빠르게 이동할 수 있다. 사용할 패키지명을 알고 있다면 이 방법으로 쉽게 찾을 수 있다. 패키지명을 클릭하여 상세한 사용 방법과 버전 등의 정보를 확인할 수 있다.

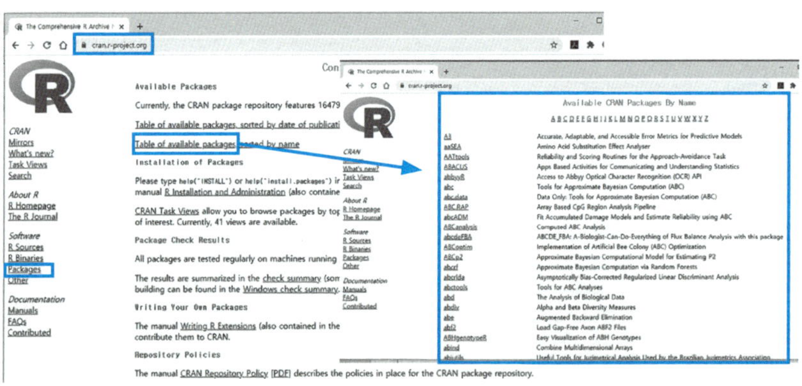

〈그림 4-40〉 R 패키지 목록(https://cran.r-project.org/)

하지만 어떤 기능을 수행해야 하는데 어떤 패키지를 써야할지 모를 때는 CRAN 웹 사이트의 분야별로 패키지를 정리해 놓은 페이지를 참고하면 된다. 분야별로 구분되어 있으므로 실행하려는 기능에 따라 Topics 목록에서 분야를 선택한 후 상세 페이지에서 사용할 패키지를 확인하면 된다.

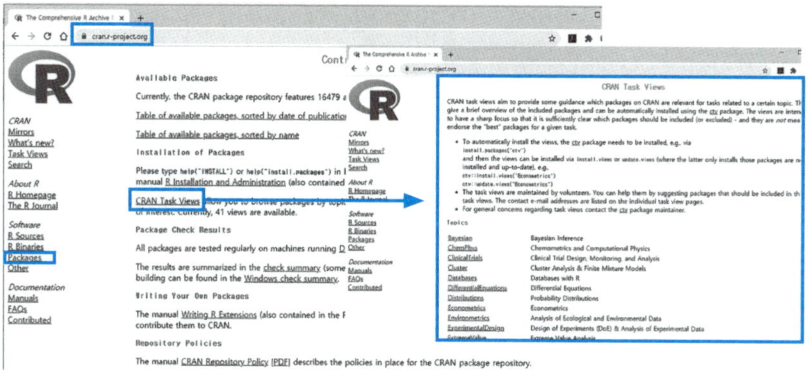

〈그림 4-41〉 분야별 패키지 목록(https://cran.r-project.org/)

패키지는 여러 함수를 상자 하나에 담아 둔 것으로 생각하면 된다. 패키지를 사용하려면 먼저 설치를 해야 하고, 그 안에 포함된 함수를 사용하려면 상자를 열고 꺼내야 한다. 즉, 상자를 여는 패키지 로드 과정을 먼저 실행해야 한다.

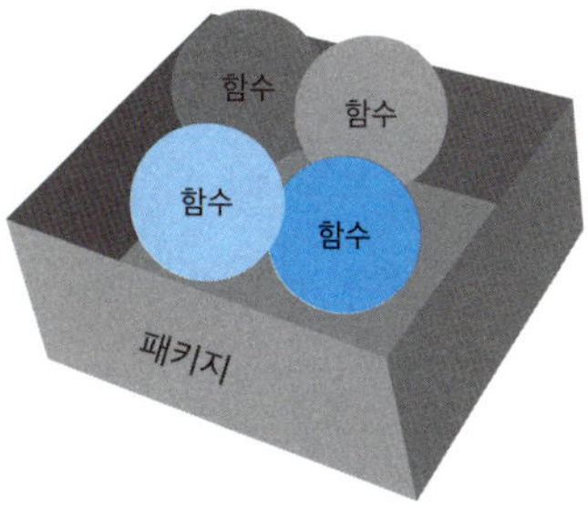

〈그림 4-42〉 패키지와 함수 관계

패키지를 설치하는 데는 install.package() 함수를 사용하고, 패키지를 로드하는 데는 library() 함수를 사용한다. 사용하는 형식은 다음과 같다. 자주 사용하는 함수이므로 반드시 기억하자.

```
install.packages("설치할 패키지명")
library(로드할 패키지명)
```

이제, RStudio를 이용하여 데이터 시각화에서 널리 사용되고 있는 "ggplot2"를 설치해 보자. 먼저 R의 기본 Console창이나 RStudio의 Script 창 또는

Console 창 어디서나 동일하게 실행할 수 있는데 install.packages("ggplot2")로 코드를 작성한 후 실행하여 패키지를 설치한다.

[코드 4-5]

```
install.packages("ggplot2")
```

[실행 결과 4-5]

```
https://cran.rstudio.com/bin/windows/Rtools/
Installing package into 'C:/Users/SWCU/Documents/R/win-library/4.0'
                              …중간 생략…
package 'ggplot2' successfully unpacked and MD5 sums checked

The downloaded binary packages are in
        C:\Users\SWCU\AppData\Local\Temp\RtmpqmF76D\downloaded_
packages
```

RStudio 오른쪽 아래에 있는 packages 창을 이용한 방법이다. [Packages] 탭을 클릭하고 창을 열면 현재까지 설치된 패키지 목록이 표시된다. Pakages 창 오른쪽 위에 있는 검색 필드를 이용하거나 알파벳순으로 정렬된 목록에서 필요한 패키지를 찾아본다. 원하는 패키지가 보이지 않으면 설치를 진행해야 한다. Packages 창 왼쪽 위에 있는 [Install] 버튼을 클릭한다.

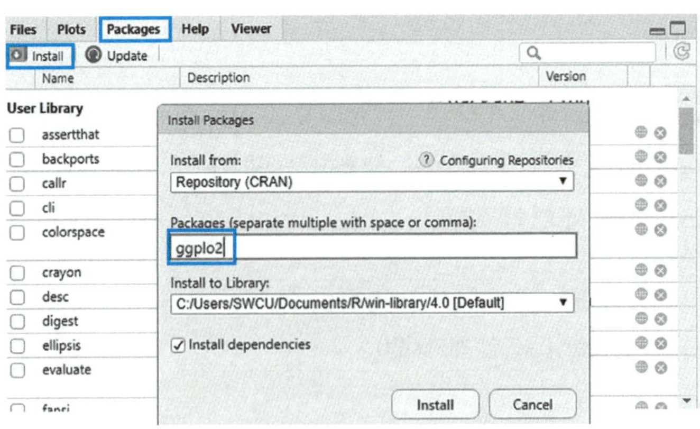

〈그림 4-43〉 Package 창에서의 install

패키지를 설치했다면 사용할 수 있도록 불러오는 과정을 진행해야 한다. 패키지를 로드하려면 library() 함수를 사용한다. 한 번 설치한 패키지는 삭제하기 전까지는 계속 불러와 사용할 수 있다. 다만, RStudio를 다시 실행하면 사용할 패키지를 다시 불러와야 한다. library() 함수를 이용하여 코드를 작성한 후 실행하면 불러온 패키지를 사용할 준비가 되었다는 의미로 Console 창에 프롬프트(>)가 표시된다. 간혹 설치한 R 버전보다 불러온 패키지 버전이 높다는 경고 메시지가 나타나기도 한다. 이 문제는 R 프로그램을 업데이트하면 해결되므로 큰 문제는 아니다. 이때, R을 업데이트하려면 R 설치 방법을 참고하여 최신 버전으로 다시 설치하면 된다.

[코드 4-6]

```
library(ggplot2)
```

[실행 결과 4-6]

```
Learn more about the underlying theory at
https://ggplot2-book.org/
경고 메시지(들):
패키지 'ggplot2'는 R 버전 4.0.3에서 작성되었습니다
```

패키지를 로드하고 나면 패키지에 들어 있는 다양한 함수를 이용할 수 있다. "ggplot2"를 로드했으니 이제 그래프를 만드는 함수들을 이용할 수 있는 상태가 되었다. "ggplot2" 패키지에 들어 있는 qplot() 함수를 이용해 간단한 빈도 막대 그래프를 만들어보자. 빈도 막대 그래프는 값의 개수(빈도)를 막대의 길이로 표현한 그래프이다. 먼저, 혈액형 예로 여러 개의 문자(A, B, O, AB)로 구성된 변수를 만든 후 이 변수를 qplot() 함수에 넣어 실행해 보자. RStudio의 오른쪽 아래 플롯창에 그래프가 출력된 것을 볼 수 있다.

[코드 4-7]

```
library(ggplot2)
x <- c("A", "B", "O", "A", "B", "AB")
x
qplot(x)  #빈도 막대 그래프 출력
```

[실행 결과 4-7]

```
[1] "A"  "B"  "O"  "A"  "B"  "AB"
```

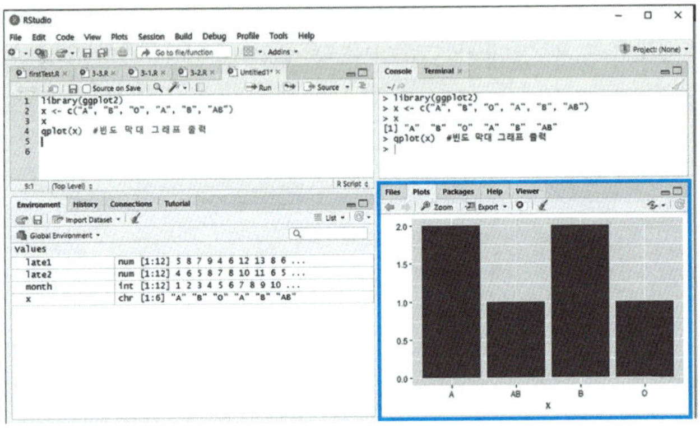

[활동 4-1] R과 RStudio를 구축하고 "본인의 정보(예: 학과, 학번, 이름)"를 간단히 출력해 보자.

[활동 4-2] 10의 값을 갖는 반지름 변수(radius)와 3.14 값을 갖는 원주율 변수(pi)를 이용하여 원의 둘레(length)와 면적(area)을 구하여 출력해 보자.

데이터 구조의 이해

데이터는 형태에 따라 벡터, 리스트, 팩터, 매트릭스, 배열, 데이터 프레임으로 구분할 수 있다. 이러한 데이터 구조는 비슷해도 속성이 다르므로 데이터의 각 구조를 살펴보고, 직접 데이터 세트를 생성해 보면서 데이터의 종류와 특징을 파악해 본다. 그리고 저장된 데이터를 다루는 기초적인 방법들에 대해서도 학습하도록 한다.

05

학습 목표

- 데이터 구조 간 관계를 파악할 수 있다.
- 벡터의 개념을 이해하고 벡터 생성 및 저장된 데이터를 다룰 수 있다.
- 리스트와 문자형 데이터가 저장된 벡터의 일종인 팩터에 대해 이해할 수 있다.
- 매트릭스와 배열, 데이터 프레임의 개념을 이해하고, 데이터 생성 및 다양한 함수를 이용할 수 있다.

01 데이터 구조 간 관계 파악하기

데이터의 각 구조를 살펴보기 전에 데이터 구조 간 관계를 파악하면 좀 더 쉽게 이해할 수 있다. 구체적인 설명을 하기 전에 데이터 구조에 어떤 것이 있는지 살펴보도록 한다.

차원은 데이터 내에서 특정 데이터 값을 찾을 때 필요한 정보의 개수라고 생각하면 된다. 즉, 1차원 데이터는 직선 위에 데이터 값이 나열되어 있으므로 찾고자 하는 값이 기준점을 중심으로 얼마만큼 떨어져 있는지만 알면 된다. 반면, 2차원은 두 가지 정보, n차원은 n가지 정보를 알아야 원하는 값을 찾을 수 있다.

구분	1차원	2차원	N차원
단일형	벡터	매트릭스	배열
다중형	리스트	데이터프레임	

〈그림 5-1〉 구조 및 형태에 따른 분류

좀 더 쉽게 표현하면 1차원에서는 x값, 2차원에서는 x값, y값, 3차원에서는 x값, y값, z값을 알아야 원하는 값을 찾을 수 있다.

데이터는 형태에 따라 크게 단일형과 다중형으로 나눠진다. 데이터 형태가 한 가지인 경우는 단일형 데이터, 여러 가지인 경우는 다중형 데이터이다.

- 단일형: 숫자형 또는 문자형과 같이 한 가지 데이터 형태로만 구성된 데이터로 벡터, 매트릭스, 배열이 단일형 데이터 구조에 포함된다.
- 다중형: 숫자 데이터 또는 문자 데이터 등 여러 가지 데이터 형태로 구성된 데이터로, 리스트와 데이터 프레임이 다중 데이터에 포함된다.

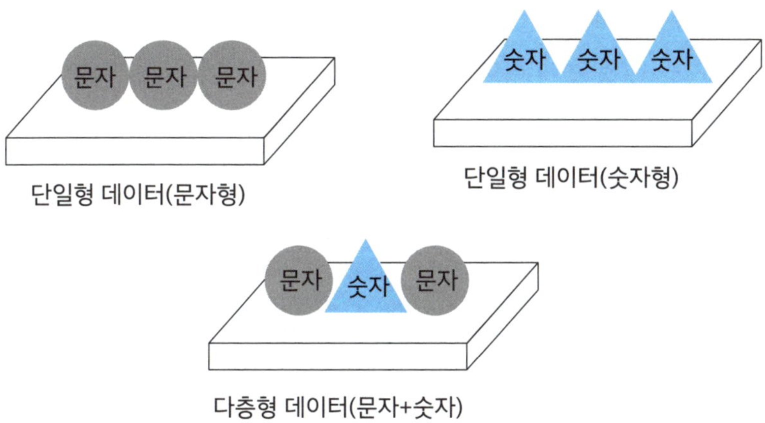

〈그림 5-2〉 단일형, 다중형 데이터

위의 데이터 형태와 차원에 따라 정리하자면, 벡터는 하나의 순서화된 동일한 데이터 유형(숫자 또는 문자 등)으로 하나 이상의 값으로 구성된다. 리스트는 각 원소들이 이름을 가질 수 있으며 서로 다른 데이터 유형으로 구성될 수 있는데, 각 원소는 벡터, 배열 또는 리스트가 될 수 있다. 배열은 동일한 데이터 유형을 갖는 1차원 이상의 데이터 구조이다. 1차원 배열은 벡터에 해당되며, 매트릭스는 행과 열로 구성되는 2차원 배열이다. 데이터 프레임은 2차원 테이블 형태로 각 열의 데이터는 동일한 데이터 유형이다. 그 외에도 〈그림 5-1〉에서는 언급하지 않았지만 문자 벡터에 데이터의 레벨이 추가된 데이터 구조인 팩터가 있다.

02 벡터

데이터 구조의 가장 기본적인 형태로 벡터는 1차원이며, 동일한 데이터 형태로 구성된 데이터이다. 데이터 형으로는 숫자형(Numeric), 정수형(Integer), 문자형(Charater), 논리형(Logical)을 가질 수 있다.

1) 벡터의 개념

데이터 분석 작업에서 접하게 되든 데이터는 대부분 1차원 배열 형태의 데이터이거나 2차원 배열 형태의 데이터이다. 1차원 배열 데이터는 단일 주제에 대해 여러 값을 모아놓은 데이터를 말한다. 예를 들면, 1학년 학생들의 수학 성적 자료, 2학년 학생들의 선호하는 요일 자료, 3학년 학생들의 몸무게 자료, 4학년 학생들의 선호하는 계절 자료와 같다. 1차원 배열 데이터는 데이터가 일직선상에 저장된다.

벡터(Vector)는 데이터 구조의 가장 기본적인 형태로, 1차원 형태의 데이터를 저장할 수 있는 저장소이다. 앞장에서 배운 변수에는 하나의 값이 저장되는데, 벡터에는 성격이 같은 여러 개의 값도 저장할 수 있다. 〈그림 5-3〉에서와 같이 total 변수에는 1개의 값이 저장되며, score 변수에는 벡터가 저장됨을 알 수 있다.

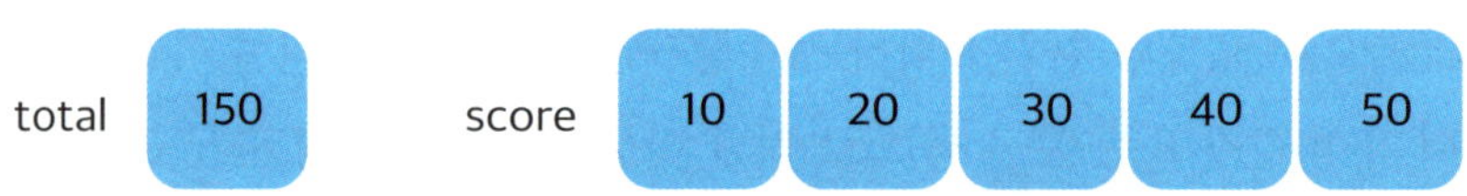

〈그림 5-3〉 변수(좌)와 벡터(우)

2) 숫자형 벡터

숫자형 벡터(Numeric Vector)는 실수 범위에 해당하는 모든 숫자를 말한다. 즉, 정수(양수, 0, 음수), 유리수, 무리수를 모두 포함하는 숫자를 데이터화하면 숫자형 벡터가 된다. 숫자형 벡터는 연산이 가능하다.

정수형 벡터(Integer Vector)는 정수만으로 구성된 데이터이다. 숫자형 벡터는 정수형 벡터를 포함하므로 정수형 벡터보다 숫자형 벡터를 더 많이 활용한다.

다음과 같이 숫자형 벡터를 생성하는 코드를 작성한 후 실행해 보자.

[코드 5-1]

```
x <- c(-1, 0, 1, -1, 0, 1, -1, 0, 1, -1, 0, 1, -1, 0, 1, -1, 0, 1)
x
```

[실행 결과 5-1]

```
 [1] -1  0  1 -1  0  1 -1  0  1 -1  0  1 -1  0  1
[16] -1  0  1
```

실행 결과에 표시되는 [1]은 데이터 위치를 알려준다. 즉, [1]은 출력한 벡터 중 첫 번째 요소부터 표시했다는 의미이다. 출력 값이 많을 때는 어떤 값이 전체에서 몇 번째에 있는지 알기 어렵기 때문에 중간 중간의 값들에 대해 몇 번째 인지를 표시해 놓는다. 만약 [16]이 출력된다면 [16] 뒤에 오는 수가 열여섯 번째라는 것을 의미한다.

str() 함수와 length() 함수를 이용하여 생성한 숫자 벡터 변수의 속성과 길이를 확인해 보자. 변수의 속성이 num 즉, 숫자형 벡터라는 것과 포함된 데이터 값들을 확인할 수 있다. length는 데이터 길이를 알려주는 함수로 총 18개라는 것도 알 수 있다.

[코드 5-2]

```
x <- c(-1, 0, 1, -1, 0, 1, -1, 0, 1, -1, 0, 1, -1, 0, 1, -1, 0, 1)
x
str(x)        # 변수 속성 확인
length(x)  # 벡터 x의 길이
```

[실행 결과 5-2]

```
 [1] -1  0  1 -1  0  1 -1  0  1 -1  0  1 -1  0  1
 [16] -1  0  1
-------------------------------------------------
 num [1:18] -1 0 1 -1 0 1 -1 0 1 -1 ...
```

```
[1] 18
```

연속된 정수로 이루어진 벡터를 생성하기 위해서는 콜론(:)을 이용하면 된다. 이 기능은 c() 함수 안에서 사용하는 것도 가능하다. 다음은 [코드 5-3]은 1부터 10까지의 수를 출력한 예이다.

[코드 5-3]

```
x1 <- 1:10
x1
x2 <- c(1,2,3, 4:10)
x2
```

[실행 결과 5-3]

```
[1]  1  2  3  4  5  6  7  8  9 10
```

```
[1]  1  2  3  4  5  6  7  8  9 10
```

일정한 간격의 숫자로 이루어진 벡터를 생성하기 위해서는 'seq(시작값, 종료값, 간격)' 함수를 이용하여 작성한다. 간격은 0.1과 같이 소수도 가능하다. x1의 변수에는 1부터 10까지 2만큼씩 간격에 해당하는 값을 저장한 후 출력하였고, x2의 변수에는 0.1부터 1.0까지의 0.2만큼씩 간격에 해당하는 값을 저장한 후 출력하였다.

[코드 5-4]

```
x1 <- seq(1,10,2)
x1
x2 <- seq(0.1, 1.0, 0.2)
x2
```

[실행 결과 5-4]

```
[1] 1 3 5 7 9
```

```
[1] 0.1 0.3 0.5 0.7 0.9
```

반복된 숫자로 이루어진 벡터를 생성하기 위해서는 'rep(반복대상값, 반복횟수)' 함수를 이용하여 작성할 수 있다. 반복대상값은 하나의 값일 수도 있고, 여러 개의 값일 수도 있다. 이들 rep() 괄호안의 매개변수 times 대신에 each를 쓰면 반복 대상값 하나하나를 각각 정해진 횟수만큼 반복할 수 있다.

[코드 5-5]

```
x1 <- rep(1,times=10)  # 1을 10번 반복
x1
x2 <- rep(1:3, times=3) # 1~3까지 3번 반복
x2
x3 <- rep(c(1,3,5), times=3) # 1,2,3을 3번 반복
x3
x4 <- rep(1:3, each=3)  # 1,2,3을 각각 3번 반복
x4
```

[실행 결과 5-5]

```
[1] 1 1 1 1 1 1 1 1 1 1
[1] 1 2 3 1 2 3 1 2 3
[1] 1 3 5 1 3 5 1 3 5
[1] 1 1 1 2 2 2 3 3 3
```

3) 문자형 벡터

문자형 벡터(Character Vector)는 문자로 이루어진 데이터이다. 변수를 생성할 때와 마찬가지로 할당할 문자 데이터를 작은따옴표(' ') 또는 큰따옴표(" ")로 감싼 형식으로 구성한다.

[코드 5-6]

```
x1 <- c("Hello", "R~")  # 문자 데이터 Hello, R~ 를 x1 변수 에 저장
x1
x2 <- c("1", "2")  # 문자 데이터 1, 2 를 x2 변수에 저장
x2
```

[실행 결과 5-6]

```
[1] "Hello" "R~"
[1] "1" "2"
```

위 코드에서 숫자를 큰따옴표를 이용하여 출력했더니 문자형 데이터로 변환된 것을 볼 수 있다. 변수 속성을 확인해 보면 두 데이터 모두 문자형(chr) 데이터임을 알 수 있다.

[코드 5-7]

```
x1 <- c("Hello", "R~") # 문자 데이터 Hello, R~ 를 x1 변수 에 저장
x1
x2 <- c("1", "2") # 문자 데이터 1, 2 를 x2 변수에 저장
x2
str(x1)  # 변수 속성 확인
str(x2)  # 변수 속성 확인
```

[실행 결과 5-7]

```
[1] "Hello" "R~"
[1] "1" "2"
 chr [1:2] "Hello" "R~"
 chr [1:2] "1" "2"
```

벡터를 생성할 때 주의할 점은 하나의 벡터에는 동일한 종류의 자료형이 저장되어야 한다. 만약 문자와 숫자를 섞어서 벡터에 저장하면 숫자가 모두 문자로 바뀌게 된다.

[코드 5-8]

```
x1 <- c("A","B","C", 1, 2, 3) # 문자와 숫자를 함께 저장
x1
```

[실행 결과 5-8]

```
[1] "A" "B" "C" "1" "2" "3"
```

4) 논리형 벡터

논리형 벡터(Logical Vector)는 TRUE와 FALSE라는 논리값으로 이루어진 데이터이다. 논리형 벡터는 주로 데이터 값을 비교할 때 사용한다. 논리형 벡터를 생성하고 변수의 속성을 확인해 보자.

[코드 5-9]

```
x1 <- c(TRUE, TRUE, FALSE, FALSE, TRUE)
x1
str(x1)
```

[실행 결과 5-9]

```
[1]  TRUE  TRUE FALSE FALSE  TRUE
```

```
 logi [1:5] TRUE TRUE FALSE FALSE TRUE
```

5) 벡터의 원소값에 이름 지정

벡터에 저장된 값들에 이름을 붙이면 데이터를 이해하기 쉬워진다. 벡터의 값에 이름을 지정하기 위해서 names() 함수를 사용한다.

[코드 5-10]

```
score <- c(70, 80, 90, 100)      # 성적
score
names(score)                     # score에 저장된 값들의 이름을 출력
names(score) <- c("Math", "English", "Science","Programming") # 값들에 이름 부여
names(score)                     # score에 저장된 값들의 이름을 출력
score                            # 이름과 함께 값들이 출력
```

[실행 결과 5-10]

```
[1]  70  80  90 100
```

```
NULL
```

```
[1] "Math"        "English"     "Science"
[4] "Programming"
```

```
     Math     English     Science Programming
      70         80          90         100
```

먼저 벡터 score에 4개의 값인 70, 80, 90, 100을 저장한다. 벡터의 이름으로 미루어 성적임을 알 수 있지만 어떤 과목의 성적인지 알 수가 없다.

names() 함수는 score에 저장된 값들의 이름을 출력하는 함수이다. 처음 결과는 NULL인데 이것은 아무것도 없다는 의미이다.

```
names(score) <- c("Math", "English", "Science","Programming")
```

위의 코드는 names() 함수를 이용하여 score의 값들에 이름을 부여한다. 값의 이름은 따옴표로 묶여진 문자열이여야 하고 이름의 개수는 값의 개수와 일치해야 한다. 또한, 값들의 이름은 서로 달라야 한다. 같아도 에러는 발생하지 않지만 나중에 문제가 된다.

최종적으로 벡터 score에 저장된 값을 출력한다. 이번에는 score의 값들 위에 이름이 붙어서 나오는 것을 확인할 수 있다. 이렇게 벡터의 값들에 이름이 붙어 있으면 값들을 이해하는 것이 쉬워지고 나중에 데이터 분석 결과를 이해할 때도 도움이 된다. 여기서 주목해야 할 것은 벡터의 값들에 지정한 이름은 산술연산 과정에 아무 영향을 미치지 않는다는 것이다. R은 벡터에 대한 연산을 할 때 값들에 붙어 있는 이름은 무시하고 작업한다.

6) 벡터에서 원소값 추출

벡터는 여러 개의 값을 저장하고 있는데, 벡터의 특정 위치에 저장된 값들을 하나 또는 여러 개 추출하여 계산에 이용하는 방법에 대해 알아보자. R에서는 벡터에 저장된 각각의 값들을 구별하기 위해 앞쪽의 값부터 시작하여 순서값을 부여하는데, 이를 인덱스(index)라고 한다. 벡터를 생성하면 자동으로 인덱스도 생성된다.

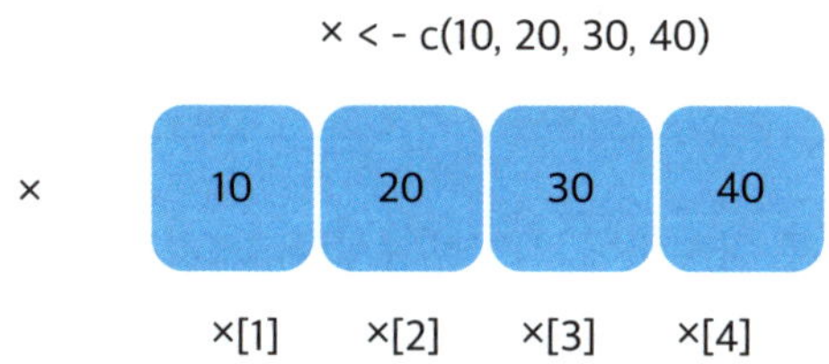

〈그림 5-4〉 벡터의 인덱스

x[1]은 벡터 x에 저장된 값 중 첫 번째 값을 지칭하며, R에서 x[1]을 실행하면 10이 출력된다. x에 저장된 값들을 인덱스를 이용하여 하나하나 출력해 보고 d[5]에는 대응되는 값이 없으므로 결측값을 의미하는 NA가 출력된다. 그리고 인덱스를 이용하여 벡터 내의 특정 위치의 값을 알 수 있는데 하나의 값도 가능하지만 여러 개의 값도 가능하다.

[코드 5-11]

```
x <- c(1, 3, 5, 7)
x[1]
x[2]
x[5]
x[c(1,3)]          # 1, 3 번째 값 출력
x[1:2]             # 1부터 2번째까지의 값 출력
x[seq(1,4,2)]      # 1부터 4번째까지 값을 가져오되 2씩 건너뛰어서 출력
x[-2]              # 2번째 값을 제외하고 출력
x[-c(3:4)]         # 3부터 4번째 값은 제외하고 출력
```

[실행 결과 5-11]

```
[1] 1
[1] 3
[1] NA
[1] 1 5
[1] 1 3
[1] 1 5
[1] 1 5 7
```

```
[1] 1 3
```

여러 개의 인덱스를 한꺼번에 지정하여 값을 가져오는 가장 일반적인 방법은 인덱스를 c()로 묶어서 [ ] 안에 입력하면 해당 인덱스에 대응하는 값인 첫 번째, 세 번째의 값인 1과 5를 출력할 수 있다. 그 다음 코드는 콜론(:)을 이용하여 연속된 값을 출력하는 방법으로 첫 번째부터 두 번째 값인 1과 3을 출력한다. seq(1,4,2)는 첫 번째부터 네 번째 값을 가져오되 2씩 건너뛰어서 가져오기 때문에 1과 5를 출력한다.

```
x[-2]
x[-c(3:4)]
```

인덱스 부분에 '-'를 사용하면 그 의미는 '제외하고' 이므로 여기서 -2라는 것은 '두 번째 값을 제외하고' 나머지 값인 1, 5, 7을 출력한다. 그리고 -c(3:4)는 세 번째에서 네 번째 값을 제외한 1과 3이 출력된다.

7) 벡터에서 이름으로 값을 추출하기

벡터에서 저장된 값들 중 원하는 값을 가져오는 것은 대응하는 인덱스를 지정하는 것으로 가능하다. 그런데 인덱스를 이용하지 않고 값에 붙여진 이름을 이용하여 원하는 값을 추출할 수 있다.

[코드 5-12]

```
age <- c(20, 25, 30)
age
names(age) <- c("Tom", "Jane", "John")
age
age[1]
age["Tom"]
age[c("Tom", "John")]
```

[실행 결과 5-12]

```
[1] 20 25 30
```

```
Tom Jane John
20   25   30
```

```
Tom
20
```

```
Tom
20
```

```
Tom John
 20   30
```

먼저, age 벡터에 3개의 값이 20, 25, 30을 저장한다. 이 값들은 3명의 나이를 저장한 것인데 누구의 나이인지 알 수 없는 상태이므로 각 값에 대한 학생 이름을 지정해주는 것이 바람직하다. 따라서 이 세 개의 값에 학생 이름을 지정한 후 age의 내용을 출력하면 각각의 값에 해당하는 학생 이름을 확인할 수 있다.

```
age[1]
age["Tom"]
age[c("Tom", "John")]
```

인덱스를 이용해서 age 벡터의 첫 번째 값을 가져온다. 결괏값 위에도 이름이 붙어 있는 것을 확인할 수 있다. 그리고 'Tom'이라는 이름이 붙은 값을 가져오는 명령을 실행하면 이를 통해서도 벡터 안의 값을 추출할 수 있다. 또한, 벡터값의 이름으로 값을 가져오는 경우에도 c() 함수를 이용하여 한꺼번에 여러 개의 이름을 지정하여 값을 가져올 수 있다. 이와 같이 벡터의 값들에 이름을 붙여 놓으면 값의 의미를 잘 이해할 수 있을 뿐만 아니라, 이름을 이용하여 값을 추출할 수 있는 장점이 있다.

8) 벡터에 적용 가능한 함수

벡터를 입력값으로 해서 결과를 도출하는 많은 함수들이 있다. 벡터에 포함되어 있는 값들의 합계를 계산해 주는 sum() 함수를 포함하여 다양한 함수가 있는데, 데이터 분석에 많이 사용하는 함수에 대해 알아보자.

〈표 5-1〉 벡터에 적용 가능한 함수

함수명	설 명
sum()	벡터에 포함된 값들의 합
mean()	벡터에 포함된 값들의 평균
median()	벡터에 포함된 값들의 중앙값
max()	벡터에 포함된 값들의 최댓값
min()	벡터에 포함된 값들의 최솟값
var()	벡터에 포함된 값들의 분산
sd()	벡터에 포함된 값들의 표준편차
sort()	벡터에 포함된 값들을 정렬(오름차순이 기본)
range()	벡터에 포함된 값들의 범위(최솟값~최댓값)

위의 〈표 5-1〉을 참고하여 벡터에 적용할 수 있는 다양한 함수들의 실행 결과를 확인해 보자.

[코드 5-13]

```
x <- c(1,2,3,4,5,6,7,8,9,10)
sum(x)                          # x에 포함된 값들의 합
mean(x[1:5])                    # x의 1~5번째 값들의 평균
max(x)                          # x에 포함된 값들의 최댓값
min(x)                          # x에 포함된 값들의 최솟값
sort(x)                         # 오름차순 정렬
sort(x, decreasing = FALSE)     # 오름차순 정렬
sort(x, decreasing = TRUE)      # 내림차순 정렬
y <- median(x)                  # x에 포함된 값들의 중앙값
y
z <- sum(x)/length(x)           # x의 합계를 x의 길이(값의 개수)로 나누어 저장
z
```

[실행 결과 5-13]

```
[1] 55
[1] 3
[1] 10
[1] 1
[1]  1  2  3  4  5  6  7  8  9 10
[1]  1  2  3  4  5  6  7  8  9 10
[1] 10  9  8  7  6  5  4  3  2  1
[1] 5.5
[1] 5.5
```

벡터 x에 10개의 값을 저장한 후 그 다음 명령문에서 벡터에 적용할 수 있는 함수를 실행하였다. sort() 함수를 제외하고 나머지 함수들은 모두 입력 매개변수가 하나이다.

```
sort(x, decreasing = FALSE)    # 오름차순 정렬
sort(x, decreasing = TRUE)     # 내림차순 정렬
```

sort() 함수의 경우는 두 개의 매개변수('정렬대상 벡터'와 '오름차순/내림차순 여부')를 필요로 한다. 여기서 decreasing을 '매개변수명'이라고 하고, FALSE, TRUE를 '매개변수값'이라고 한다.

```
y <- median(x)
z <- sum(x)/length(x)
```

벡터 x의 중앙값을 구하여 변수 y에 저장하는 명령문과 벡터 x의 합계를 x의 길이(값의 개수)로 나누어 z에 저장하는 명령문을 실행하였다. 그 결과 z에 5.5가 저장된다. 이와 같이, R에서는 벡터와 숫자값, 벡터와 벡터 사이의 연산을 매

우 손쉽게 할 수 있을 뿐만 아니라 다양한 함수를 활용하여 효율적으로 데이터를 다루고 분석할 수 있다.

03 리스트와 팩터

벡터는 1차원 형태의 자료를 저장하는 수단으로 동일한 자료형의 값들만 저장할 수 있다. 우리가 분석해야 할 데이터 중에는 특별한 형태를 갖는 것들이 있다. R에서 제공하는 자료 구조 중 리스트와 팩터를 학습하면서 특별한 형태의 데이터들을 이해하고 사용 방법에 대해 알아보자.

1) 리스트

벡터가 동일한 자료형의 값들을 1차원 형태로 저장하는 수단이라면 리스트(list)는 서로 다른 자료형의 값들을 저장하고 다룰 수 있도록 해주는 수단이다. 즉, 숫자형과 문자형 등 여러 가지 데이터 형을 동시에 포함할 수 있는 다중형 데이터이다. 리스트는 list() 함수를 사용하여 생성한다.

[코드 5-14]

```
x <- list("Tom", 20, c(80,100))
x
x[1]
x[[1]]
```

[실행 결과 5-14]

```
[[1]]
[1] "Tom"

[[2]]
[1] 20

[[3]]
[1]  80 100
```

```
[[1]]
[1] "Tom"
```

```
[1] "Tom"
```

list() 함수를 이용하여 괄호 안에 각 원소 "Tom", 20, c(80,100)의 값만 있는 리스트를 저장한다. 저장되는 값들의 자료형을 보면 문자형, 숫자형, 벡터이 섞여 저장되어 있음을 알 수 있다. 이들의 결과는 벡터와 달리 저장된 값들이 세로 방향으로 하나하나 출력된다. 리스트에 저장된 값을 추출하는 방법은 벡터와 비슷하나 다른 점은 인덱스 지정 부분에 [] 가 아닌 [[]]를 사용한다는 것이다. 따라서, x[1]은 첫 번째 원소(인덱스와 원소 값)를 출력하고, x[[1]]은 첫 번째 원소의 원소 값을 출력한다. 리스트는 1차원 자료 구조이면서 다양한 자료형의 값을 저장할 수 있다.

이번에는 각 원소 값에 대한 항목명이 있는 경우를 실행해 보자.

[코드 5-15]

```
x <- list(name="Tom", age=20, score=c(80,100))
x
x[1]
x[[1]]
x$name
x$score
str(x)
```

[실행 결과 5-15]

```
$name
[1] "Tom"

$age
[1] 20

$score
[1]  80 100
```

```
$name
[1] "Tom"
```

```
[1] "Tom"
```

```
[1] "Tom"
```

```
[1] 80 100
```

```
List of 3
 $ name : chr "Tom"
 $ age  : num 20
 $ score: num [1:2] 80 100
```

여기서의 name, age, score는 리스트에 저장될 값의 이름이다. 리스트에 저장된 값을 추출하는 다른 방법으로는 값의 이름을 이용하는 것이다. '리스트이름$값의이름'의 형태로 값을 지정하면 된다. 따라서, x$name을 실행하면 "Tom"이 출력되며, x$score는 80,100이 된다. 그리고, 리스트 변수 속성을 확인해보면 세 가지 데이터형으로 구성된 리스트라는 결과가 출력된다.

2) 팩터

팩터(factor)는 문자형 데이터가 저장된 벡터의 일종이다. 문자 벡터에 그룹으로 분류한 범주 정보인 레벨(level)이 추가된 데이터 구조이다. 예를 들어 성별, 혈액형, 학점 등 저장할 문자값들이 몇 종류로 정해져 있을 때 사용한다. 팩터는 문자형 벡터를 만든 뒤 factor() 함수를 이용하고 범주 즉, 팩터의 레벨은 levels 인수로 지정한다. 팩터로 저장하면 팩터의 데이터는 levels 인수에 없는 값으로 수정할 수 없으며, 데이터들을 범주별로 집계하는 등 유용하게 사용할 수 있는 장점이 있다. 그러나, 범주 변수의 데이터를 팩터로 설정하지 않더라도 R은 내부적인 팩터으로 처리하기 때문에 반드시 팩터로 설정할 필요는 없다.

[코드 5-16]

```
gender <- c("남","여","남","여","남")
gender
```

```
gender.new <- factor(gender)
gender.new
levels(gender.new)
as.integer(gender.new)
gender.new[6] <- "여"
gender.new[7] <- "A"
gender.new
```

[실행 결과 5-16]

```
[1] "남" "여" "남" "여" "남"
```

```
[1] 남 여 남 여 남
Levels: 남 여
```

```
[1] "남" "여"
```

```
[1] 1 2 1 2 1
```

```
경고메시지(들):
In `[<-.factor`(`*tmp*`, 7, value = "A") :
  invalid factor level, NA generated
```

```
[1] 남   여   남   여   남   여   <NA>
Levels: 남 여
```

5명의 성별 데이터가 저장된 문자형 벡터 gender를 생성하고, factor() 함수를 이용하여 팩터 gender.new를 생성한다. 팩터도 벡터의 일종이기 때문에 값을 추출하는 방법은 벡터와 같다. 인덱스를 이용하거나 값에 이름이 있다면 이름을 통해 값을 추출할 수 있다. 팩터는 하나의 값을 추출하여 출력하더라도 전체 팩터에 저장된 값들의 종류에 대한 정보를 함께 표시한다.

```
levels(gender.new)
as.integer(gender.new)
```

levels() 함수는 팩터에 저장된 값들의 종류를 알아내는 함수이다. 팩터의 특징 중 하나는 저장된 문자값을 숫자로 바꾸어 분석 작업에 활용할 수 있다. as.

integer() 함수를 이용하여 문자값을 숫자로 바꾸었는데, 바꾸는 방법에는 정해진 규칙이 있다. levels() 함수를 통해 출력된 문자값들의 순서가 바로 변환될 숫자가 된다. 따라서 levels : 남 여로 남은 1, 여는 2로 변환된다.

```
gender.new[6] <- "여"
gender.new[7] <- "A"
```

팩터의 역할 중 하나는 이미 지정된 값의 종류 외에 다른 값이 들어오는 것을 막는 것이다. 위의 gender.new[6] <- "여"는 정상적으로 실행되는데 그 이유는 "여"가 levels에 정해져 있는 값이기 때문이다. 그러나 gender.new[7] <- "A"는 실행하면 경고 메시지가 뜬다. 그 이유는 "A"가 levels에 없는 값이기 때문이다. gender.new의 내용을 출력하면 "A"가 아닌 <NA>로 표시되는 것을 알 수 있다. 이와 같이 팩터는 사전에 정의된 값 외에 다른 값들은 입력하지 못하는 효과가 있다.

04 매트릭스

데이터 분석에서 앞에서 설명한 벡터와 같은 1차원 데이터보다 2차원 데이터를 더 많이 접하게 된다. R에서 2차원 데이터는 매트릭스(matrix)와 데이터 프레임(dataframe)이라는 형태의 변수에 저장한 후 분석하게 된다. 이들 중 매트릭스를 만드는 방법과 여기에 저장된 데이터를 다루는 기초적인 방법에 대해 알아보자.

1) 매트릭스의 개념

2차원 배열 데이터는 여러 주제에 대해 값을 모아 놓은 데이터를 말한다. 예를 들면, 4학년 학생들의 전 과목 성적 자료, 1학년 학생들의 키, 몸무게, 나이에 대한 모든 자료과 같다. 2차원 데이터는 테이블 형태로 표현할 수 있다. 데이터는 행과 열로 구성되며, 가로줄 방향은 행(row) 또는 관측값(observation)이라고 부르고, 세로줄 방향은 열(column) 또는 변수(variable)라고 부른다. 또한 행과 열의 상호 교차에 의해 만들어지는 영역은 셀(cell)이라고 한다.

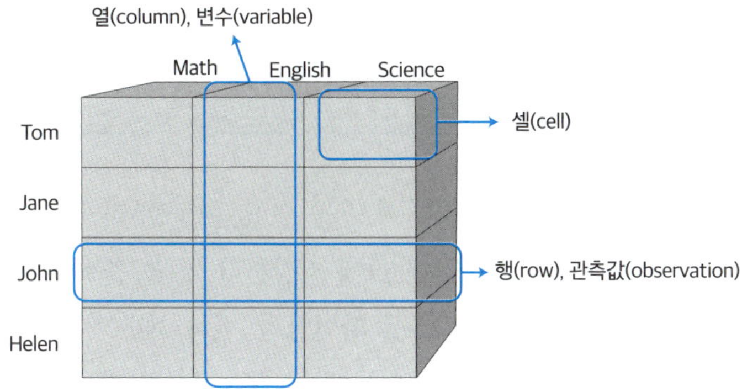

〈그림 5-5〉 2차원 데이터 테이블에 사용하는 용어

2) 매트릭스 생성하기

매트릭스(matrix)는 행과 열로 구성된 2차원 테이블 형태의 자료 구조로 매트릭스의 모든 셀에 저장되는 값은 동일한 자료형이어야 한다. 매트릭스 데이터는 matrix() 함수를 이용하여 생성할 수 있다. matrix(변수명, nrow=행 개수, ncol=열 개수) 함수의 괄호 안에 행렬로 배치할 데이터 값인 벡터를 입력하고, nrow 인수와 ncol 인수를 사용하여 행과 열의 개수를 지정한다. 실습을 통해 인수에 따라 벡터가 어떻게 구성되는지 살펴보자.

[코드 5-17]

```
x1 <- matrix(1:20, nrow=4, ncol=5)
x1
x2 <- matrix(1:20, nrow=4, ncol=5, byrow=T)
x2
```

[실행 결과 5-17]

```
     [,1] [,2] [,3] [,4] [,5]
[1,]    1    5    9   13   17
[2,]    2    6   10   14   18
[3,]    3    7   11   15   19
[4,]    4    8   12   16   20
```

```
     [,1] [,2] [,3] [,4] [,5]
[1,]    1    2    3    4    5
[2,]    6    7    8    9   10
[3,]   11   12   13   14   15
[4,]   16   17   18   19   20
```

매트릭스는 matrix() 함수를 이용하여 만들 수 있는데 1부터 20까지 숫자값을 가지고 4행 5열로 매트릭스를 만들어 x1에 저장한다. x1을 출력하면 1~20까지의 값이 열 방향으로 채워진 매트릭스를 확인할 수 있다. 매트릭스 x1과 x2의 차이는 매개변수에 'byrow=T'가 추가되었는데 이것은 저장될 값들을 행 방향으로 채우는 방법이다.

2차원 데이터를 저장하는 매트릭스는 벡터들을 여러 개 모아놓은 형태라는 것을 알 수 있을 것이다. 실제로 벡터들을 여러 개 묶어서 매트릭스를 만들 수 있고 기존 매트릭스에 벡터를 추가하여 새로운 매트릭스를 만들 수도 있다.

[코드 5-18]

```
x <- 1:4
y <- 5:8
z <- matrix(21:40, nrow=4, ncol=5)
n1 <- cbind(x,y)    #x와 y를 열 방향으로 결합하여 매트릭스 생성
n1
n2 <- rbind(x,y)    #x와 y를 행 방향으로 결합하여 매트릭스 생성
n2
m1 <- rbind(n2,x)   #매트릭스 n2와 벡터 x를 행 방향으로 결합
m1
m2 <- cbind(z,x)    #매트릭스 z와 벡터 x를 열 방향으로 결합
m2
```

[실행 결과 5-18]

```
     x y
[1,] 1 5
[2,] 2 6
[3,] 3 7
```

```
[4,] 4 8
```

```
  [,1] [,2] [,3] [,4]
x    1    2    3    4
y    5    6    7    8
```

```
  [,1] [,2] [,3] [,4]
x    1    2    3    4
y    5    6    7    8
x    1    2    3    4
```

```
                  x
[1,] 21 25 29 33 37 1
[2,] 22 26 30 34 38 2
[3,] 23 27 31 35 39 3
[4,] 24 28 32 36 40 4
```

벡터 x, 벡터 y, 매트릭스 z를 생성한 후 두 개의 벡터를 열 방향으로 묶어 주는 함수인 cbind() 함수를 사용하여 벡터x와 벡터y를 열 방향으로 묶어 매트릭스 n1을 만든다. rbind() 함수는 두 개의 벡터를 행 방향으로 묶어 주는 함수로 벡터x와 벡터y가 행 방향으로 묶인 2차원 매트릭스 n2를 만든다. 그리고 rbind() 함수를 이용하여 매트릭스 n2와 벡터 x를 행 방향으로 결합하여 매트릭스 m1를 만든다. cbind() 함수를 이용하여 매트릭스 z와 벡터 x를 열 방향으로 결합하여 매트릭스 m2를 만들고 출력하였다. 이와 같이, cbind() 함수와 rbind() 함수를 이용하면 벡터와 벡터를 묶어줄 수 있을 뿐만 아니라 벡터와 매트릭스, 매트릭스와 매트릭스도 묶어서 새로운 매트릭스를 생성할 수 있다.

3) 매트릭스에서 값 추출

매트릭스에는 2차원 형태로 값들이 저장되므로 특정 위치에 있는 값을 추출하는 방법은 벡터와 유사하게 값들의 위치를 나타내는 인덱스를 사용한다. 2차원 상에서 위치를 지정하려면 인덱스가 2개 필요하다. 즉, "몇 번째 행, 몇 번째 열"을 지정하는 2개의 인덱스값이 필요하다.

[코드 5-19]

```
x <- matrix(1:20, nrow=4, ncol=5)
x
x[2,3]        # 2행 3열에 있는 값

x[1,]         # 1행에 있는 모든 값
x[,4]         # 4열에 있는 모든 값
x[2,1:3]      # 2행의 값 중 1~3열에 있는 값
x[1,c(1,3,5)] # 1행의 값 중 1,3,5 열에 있는 값
x[,c(1,4)]    # 1, 4열에 있는 모든 값
```

[실행 결과 5-19]

```
     [,1] [,2] [,3] [,4] [,5]
[1,]    1    5    9   13   17
[2,]    2    6   10   14   18
[3,]    3    7   11   15   19
[4,]    4    8   12   16   20
-----------------------------
[1] 10
-----------------------------
[1]  1  5  9 13 17
-----------------------------
[1] 13 14 15 16
-----------------------------
[1]  2  6 10
-----------------------------
[1]  1  9 17
-----------------------------
     [,1] [,2]
[1,]    1   13
[2,]    2   14
[3,]    3   15
[4,]    4   16
```

먼저 매트릭스 x를 생성하고 x의 내용을 출력한다. 매트릭스 안에 있는 값을 지정하려면 먼저 행의 위치를 지정하는 인덱스값과 열의 위치를 지정하는 인덱스값을 주면 된다. x[2,3]에서 2가 행의 위치, 3이 열의 위치를 나타내는 인덱스 값이다. x[1,]는 열의 위치가 생략된 것을 볼 수 있다. 열의 위치를 지정하지 않으면 "모든 열의 값"을 의미하기 때문에 1행에 있는 모든 열의 값을 출력하게 된

다. 마찬가지로 x[,4]는 행의 위치가 생략되어 있으므로 4열에 있는 모든 행의 값을 출력하게 된다. 또한, 매트릭스에 있는 값들을 지정할 때 여러 개의 값을 동시에 지정할 수도 있다. x[2,1:3]은 2행의 값 중 1~3열에 있는 값을 출력하며, x[1,c(1,3,5)]는 1행의 값들 중 1,3,5열에 있는 값들만 출력된다. 마지막으로, x[,c(1,4)]는 행의 인덱스가 생략되어 있으므로 모든 행의 1, 4열에 있는 값들이 출력된다.

4) 매트릭스의 행과 열 이름 지정

벡터와 마찬가지로 매트릭스의 데이터에 대해서 행과 열에 이름을 지정하면 데이터를 이해하는 데 도움이 되고, 이름을 가지고 값을 추출할 수도 있다.

[코드 5-20]

```
score <- matrix(c(100,80,75,77,83,90,70,60,95,88,98,82), nrow=4, ncol=3)
score
rownames(score) <- c("Tom", "Jane", "John", "Helen")
colnames(score) <- c("Math", "English", "Science")
score
```

[실행 결과 5-20]

```
     [,1] [,2] [,3]
[1,]  100   83   95
[2,]   80   90   88
[3,]   75   70   98
[4,]   77   60   82
```

```
      Math English Science
Tom    100      83      95
Jane    80      90      88
John    75      70      98
Helen   77      60      82
```

score라는 매트릭스를 생성한 후 score의 내용을 출력한다. rownames() 함수는 행에 이름을 지정하거나 행의 이름을 출력할 때 사용하고, colnames() 함수는 열에 이름을 지정하거나 열의 이름을 출력할 때 사용한다. 출력 결과를 보면 행에는 학생들의 이름이, 열에는 과목명이 지정된 것을 확인할 수 있으므로 데이터의 내용을 잘 이해할 수 있다.

05 배열

배열(Array)은 행렬을 n차원으로 확대한 구조로 단일형 데이터이다. 배열은 array() 함수를 이용하여 array(변수명, dim=c(행 수, 열 수, 차원 수)) 형식으로 생성한다.

[코드 5-21]

```
x <- c(1,2,3,4,5,6)          # 벡터 x 생성
array(x, dim=c(2,2,3))      # 변수 x를 2*2 행렬, 3차원 배열로 구성
```

[실행 결과 5-21]

```
, , 1

     [,1] [,2]
[1,]    1    3
[2,]    2    4

, , 2

     [,1] [,2]
[1,]    5    1
[2,]    6    2

, , 3
     [,1] [,2]
[1,]    3    5
[2,]    4    6
```

행렬을 생성했을 때, 중간에 ,,1, ,,2, ,,3이 출력되는데 차원을 의미하는 표시

로 순서대로 1차원, 2차원, 3차원 데이터를 행과 열로 구분하여 표현한다.

06 데이터 프레임

1) 데이터 프레임의 개념

데이터 프레임은 실습뿐만 아니라 실제 업무에서 가장 많이 사용하는 데이터 세트이다. 데이터 프레임(data frame)은 숫자형 벡터, 문자형 벡터 등 서로 다른 형태의 데이터를 2차원 데이터 테이블 형태로 묶을 수 있는 자료 구조이다. 매트릭스 데이터와 비슷해 보이지만 데이터 프레임의 각 열에는 변수명이 있어야 한다. 또한, 매트릭스에 저장되는 모든 값들이 동일한 자료형인 것과는 달리 데이터 프레임에는 서로 다른 자료형의 값들이 함께 저장될 수 있다. 엑셀의 데이터 구조와 매우 유사하다. 변수명을 이용하면 데이터를 가공할 때 용이하다.

〈그림 5-6〉에서의 매트릭스 예를 보면 모든 값들의 자료형이 숫자로 동일하지만 데이터 프레임의 예는 id와 age는 숫자형이고, sex, area는 문자형으로 저장되어 있다. 따라서, 동일한 자료형을 갖는 2차원 형태의 데이터는 매트릭스에, 서로 다른 자료형을 갖는 2차원 형태의 데이터는 데이터 프레임에 저장하여 분석하면 된다. 여기서 주의해야 할 점은 데이터 프레임의 경우 특정 열을 잘라서 보았을 때는 값들의 자료형이 동일해야 한다. 즉, 〈그림 5-6〉에서의 예를 들어 설명하자면 sex 열에 M, F라는 문자형 데이터와 id의 1, 2, 3와 같은 숫자형 데이터가 함께 저장될 수는 없다는 의미이다.

매트릭스

id	age
1	30
2	25
3	40
4	28

데이터프레임

id	age	sex	area
1	30	M	경기
2	25	F	제주
3	40	F	서울
4	28	M	강원

〈그림 5-6〉 매트릭스(좌)와 데이터 프레임(우)의 예

2) 데이터 프레임의 생성하기

데이터 프레임은 data.frame() 함수를 이용하여 data.frame(변수명1, 변수명2, ..., 변수명 n) 형식으로 생성할 수 있다. 보통은 여러 개의 벡터를 결합하는 형태로 생성한다.

[코드 5-22]

```
id <- c(1,2,3,4)
age <- c(30, 25, 40, 28)
sex <- c("M", "F", "F", "M")
area <- c("경기", "제주", "서울", "강원")

# id, age, sex, area 변수를 포함한 데이터 프레임 구조로 df1 데이터 세트에 저장
df1 <- data.frame(id, age, sex, area)
df1

str(df1)             # 데이터 프레임 변수 속성 확인
```

[실행 결과 5-22]

```
  id age sex area
1  1  30   M 경기
2  2  25   F 제주
3  3  40   F 서울
4  4  28   M 강원
```

```
'data.frame':    4 obs. of  4 variables:
 $ id  : num  1 2 3 4
 $ age : num  30 25 40 28
 $ sex : chr  "M" "F" "F" "M"
 $ area: chr  "경기" "제주" "서울" "강원"
```

숫자형으로 이루어진 id, age 벡터, 문자형으로 이루어진 sex, area 벡터를 만들고 4개의 벡터를 data.frame() 함수로 묶어서 df1라는 데이터 프레임을 생성하였다. 그리고 df1을 출력하면 벡터들이 열 방향으로 결합된다는 것을 알 수 있다. 하나의 벡터는 데이터 프레임 상에서 하나의 열이 되는 것이다. str() 함수를

이용해 좀 더 정확하게 변수 속성을 파악해보면 변수 4개이고 관측치가 4개인 데이터 프레임이라는 것을 알 수 있으며, 변수별로 구체적인 정보도 함께 파악할 수 있다. id와 age는 숫자형, sex와 area는 문자형으로 각 데이터들을 포함하고 있다. 여기서 주의해야 할 점은 데이터 프레임으로 데이터 세트를 구성할 때는 각 변수에 들어 있는 관측치의 개수가 동일해야만 data.frame() 함수를 적용할 수 있다.

3) 데이터 프레임의 열 추출

매트릭스와 데이터 프레임은 모두 2차원 형태의 데이터를 저장하기 때문에 다루는 방법이 거의 동일하나 열의 데이터를 추출하는 방법 중 데이터 프레임에서만 적용되는 방법이 있다.

[코드 5-23]

```
id <- c(1,2,3,4)
age <- c(30, 25, 40, 28)
sex <- c("M", "F", "F", "M")
area <- c("경기", "제주", "서울", "강원")
df1 <- data.frame(id, age, sex, area)
df1

df1[ ,"area"]
df1[ ,4]
df1["area"]
df1[4]
df1$area
```

[실행 결과 5-23]

```
  id age sex area
1  1  30   M 경기
2  2  25   F 제주
3  3  40   F 서울
4  4  28   M 강원
```

```
[1] "경기" "제주" "서울" "강원"
```

```
[1] "경기" "제주" "서울" "강원"
```

```
  area
1 경기
2 제주
3 서울
4 강원
```

```
  area
1 경기
2 제주
3 서울
4 강원
```

```
[1] "경기" "제주" "서울" "강원"
```

위의 코드를 살펴보면 일반적으로 특정 열의 데이터를 추출하는 방법은 열의 이름을 지정하거나 인덱스 번호를 지정한다. 이 방법은 매트릭스와 데이터 프레임 모두가 적용 가능한 방법이다. 이렇듯 2차원 형태 자료 구조의 경우 행과 열의 위치를 지정해야 특정 데이터를 추출할 수 있다.

```
df1["area"]
df1[4]
```

그러나 위의 코드들은 인덱스 부분에 2개의 값(행, 열)이 아닌 1개의 값만을 지정하였다. 이러한 형태는 데이터 프레임에만 적용할 수 있으며, 1개의 값은 열을 의미한다. 이런 방식으로 열을 추출하면 결과가 벡터가 아닌 열의 개수가 1개인 데이터 프레임이 된다. 따라서, 데이터들이 가로 방향이 아닌 세로 방향으로 나열되어 출력된다. 즉, df1[,4]의 결과는 데이터값의 개수가 4개인 벡터이고, df1[4]의 결과는 데이터 크기가 4×1인 데이터 프레임이다.

마지막 코드(df1$area)는 데이터 세트 이름 다음에 $를 붙인 후 열의 이름을 따옴표 없이 붙이는 방법은 데이터 프레임에서만 적용되며, 실행 결과는 벡터이다. df1$area의 결과는 결국 df1[,"area"]와 동일하다.

4) 매트릭스와 데이터 프레임에서 사용하는 함수

데이터 프레임을 만든 후에는 매트릭스와 동일한 방법으로 행의 이름, 열의 이름을 지정할 수 있고, 데이터 프레임 안에 있는 값을 추출하는 방법도 매트릭스에서 다루는 방법과 동일하게 처리할 수 있다. 매트릭스와 데이터 프레임에서 자주 사용하는 함수들에 대해 알아보자.

매트릭스나 데이터 프레임에서 행별이나 열별로 합계와 평균을 계산할 수 있는 함수를 제공한다. 또한, 2차원 형태로 저장된 데이터에 대해 특정한 조건에 다른 값들을 추출하는 경우가 많음으로 이에 따른 함수도 제공한다.

[코드 5-24]

```
x1 <- c(1,2,3,4)
x2 <- c(10,20,30,40)
df1 <- data.frame(x1,x2)
df1

colSums(df1)            # 열별 합계
colMeans(df1)           # 열별 평균
rowSums(df1)            # 행별 합계
rowMeans(df1)           # 행별 평균
df2 <- subset(df1, x2==20)    # x2 열 값이 20만 추출
df2
# x1 열의 값이 1보다 크고, x2 열의 값이 30과 크거나 같은 것만 추출
df3 <- subset(df1, x1>1 & x2>=30)
df3
```

[실행 결과 5-24]

```
  x1 x2
1  1 10
2  2 20
```

```
3  3 30
4  4 40
```

```
 x1  x2
 10 100
```

```
  x1   x2
 2.5 25.0
```

```
[1] 11 22 33 44
```

```
[1]  5.5 11.0 16.5 22.0
```

```
  x1 x2
2  2 20
```

```
  x1 x2
3  3 30
4  4 40
```

위의 코드는 x1, x2를 이용하여 데이터 프레임 df1을 생성한 후 열별 합계, 열별 평균, 행별 합계, 행별 평균을 각각 구한다. subset() 함수는 전체 데이터에서 조건에 맞는 행들만 추출하는 기능을 제공한다. 따라서, subset(df1, x2==20)은 df1 데이터 프레임에서 전체 4개 행 중 x2열의 값이 20과 같은 조건에 맞는 1개의 2행만 추출하여 df2에 저장이 된다. subset(df1, x1>1 & x2>=30)은 2개의 조건을 &(and)로 연결하였는데 전체 4개의 행 중 x1이 1보다 크고 x2가 30과 크거나 같은 조건에 맞는 2개의 3행,4행을 추출하여 df3에 저장된다. 여기서 언급된 비교 · 논리연산자에 대해서는 7장에서 더 자세히 설명하도록 한다.

5) 매트릭스와 데이터 프레임의 자료 구조 확인 및 변환

매트릭스와 데이터 프레임은 모두 2차원 형태의 자료 구조로 외관상으로는 어떤 것이 매트릭스이고 어떤 것이 데이터 프레임인지 알 수 없는 경우가 많다. 따라서 이를 확인할 수 있어야 하고, 필요할 시 매트릭스를 데이터 프레임으로, 데이터 프레임을 매트릭스로 변환할 수 있어야 한다.

[코드 5-25]

```
x1 <- c(1,2,3,4)
x2 <- c(10,20,30,40)
x3 <- matrix(1:8, nrow=4, ncol=2)   # 매트릭스 x3
x3
df1 <- data.frame(x1,x2)            # 데이터 프레임 df1
df1

class(x3)                           # x3 자료 구조 확인(매트릭스)
class(df1)                          # df1 자료 구조 확인(데이터 프레임)
is.matrix(x3)                       # 데이터 세트가 매트릭스인지를 확인하는 함수
is.matrix(df1)
is.data.frame(x3)                   # 데이터 세트가 데이터 프레임인지를 확인하는 함수
is.data.frame(df1)

df2 <- data.frame(x3)               # x3 매트릭스를 데이터 프레임 df2로 변환
head(df2)                           # 데이터 세트의 앞부분 일부 출력
class(df2)                          # df2 자료 구조 확인(매트릭스 -> 데이터 프레임)

df3 <- as.matrix(df1)               # df1 데이터 프레임를 매트릭스 df3로 변환
head(df3)
class(df3)                          # df3 자료 구조 확인(데이터 프레임->매트릭스)
```

[실행 결과 5-25]

```
     [,1] [,2]
[1,]    1    5
[2,]    2    6
[3,]    3    7
[4,]    4    8
```

```
  x1 x2
1  1 10
2  2 20
```

```
3  3 30
4  4 40
```

```
[1] "matrix" "array"
```

```
[1] "data.frame"
```

```
[1] TRUE
```

```
[1] FALSE
```

```
[1] FALSE
```

```
[1] TRUE
```

```
  X1 X2
1  1  5
2  2  6
3  3  7
4  4  8
```

```
[1] "data.frame"
```

```
     x1 x2
[1,]  1 10
[2,]  2 20
[3,]  3 30
[4,]  4 40
```

```
[1] "matrix" "array"
```

class() 함수를 이용하여 x3과 df1에 대해 자료 구조의 종류를 확인하는 명령문이다. 결과를 보면 x3은 매트릭스이고, df1은 데이터 프레임을 알 수 있다. is.matrix()와 is.data.frame()을 이용하면 자료 구조가 매트릭스인지, 데이터 프레임인지 여부를 각각 확인할 수 있다. 이들 값은 TRUE 또는 FALSE 값으로 출력된다.

매트릭스를 데이터 프레임으로 변환하고 싶으면 data.frame() 함수에 매트릭스 x3를 입력값으로 넣으면 된다. class() 함수로 자료 구조를 확인해 보면 데이터 프레임으로 자료 구조가 변환된 것을 알 수 있다. as.matrix() 함수는 데이터 프레임 df1을 매트릭스로 변환하여 df3에 저장한다. class() 함수로 자료 구조를 확인해 보면 매트릭스로 자료 구조가 변환한 것을 알 수 있다. 데이터 프레임을 매트릭스로 변환할 때에는 매트릭스에 저장되는 모든 값들의 자료형이 동일해야 한다는 것을 주의해야 한다. 만일, 변환 대상이 되는 데이터 프레임에서로 다른 자료형의 값들이 섞여 있으면 자료 구조의 변환이 제대로 이루어지지 않는다.

[활동 5-1] Id 변수(문자형으로 이루어진 데이터 1,2,3,4,5)와 Score 변수(숫자형으로 이루어진 데이터 100, 70, 60, 80, 50), Grade 변수(문자형으로 이루어진 A, C, D, B, F)를 코드로 작성하시오.

[활동 5-2] 활동 5-1에서 작성한 Id, Score, Grade 변수를 사용하여 Student_total 데이터 프레임 구조로 저장하고 이를 출력하시오.

데이터 종류와 데이터 파일 처리

분석의 대상이 되는 데이터는 그 특징에 따라 다양하게 분류될 수 있다. 데이터의 종류에 따라 적용할 수 있는 분석 방법이 다르기 때문에 우리는 분석할 데이터가 어떤 분류에 포함되는지 먼저 파악해야 한다. 분석할 데이터가 대부분 외부 파일 형태로 존재함에 따라 R에서 제공하는 내장 데이터를 활용하여 데이터를 읽고 쓰는 방법을 이해하고, 외부 파일을 활용하여 데이터를 불러오거나 작업한 결과를 파일로 저장하는 방법에 대해 알아보자.

06

학습 목표

- 데이터의 특성에 따라 범주형 데이터와 연속형 데이터를 분류하고 이해할 수 있다.
- 변수의 개수에 따른 단일 변수 데이터와 다중 변수 데이터를 이해할 수 있다.
- R에서 제공하는 내장된 데이터 세트들을 활용할 수 있다.
- 외부 파일 형태로 존재하는 데이터를 R로 불러와서 사용할 수 있다.

01 데이터의 종류

분석 대상이 되는 데이터의 특성에 따라 범주형 데이터와 연속형 데이터로 분류할 수 있다. 범주형 데이터(categorical data)는 질적 자료(qualitative data)라고도 부르며, 성별, 혈액행 등 범주 또는 그룹으로 구분할 수 있는 값으로 구성된 자료를 말한다. 범주형 데이터의 값들은 기본적으로 숫자로는 표현할 수 없고, 크기 비교나 산술연산이 적용되지 않는다. 범주형 데이터는 대체로 문자형을 갖는다.

〈표 6-1〉 범주형 데이터

범주형 데이터	범주형 데이터의 표현
혈액형	A, B, O, AB, O, A, O, A, AB, A
성별	M, F, F, M, M, M, F, F, F, M
학점	A, B, C, D, F, A, C, B, D, F

그런데 어떤 경우에는 범주형 자료를 숫자로 표현하는 경우가 있다. 성별을 나타낼 때 남성 M을 0, 여성 F를 1로 표현하기도 하는데 0과 1이 숫자라고 해서 산술연산을 적용할 수 있는 것은 아니다. 이들끼리 계산한 평균, 합계의 값이 있다하더라도 이 값은 아무 의도 없는 값이다. 따라서, 범주형 데이터를 숫자로 표

기했다고 해서 계산이 가능한 연속형 자료가 되는 것은 아니다.

〈표 6-2〉 연속형 데이터

연속형 데이터	연속형 데이터의 표현
학번	1, 2, 3, 4, 5, 6, 7, 8, 9, 10
나이	20, 30, 40, 25, 22, 35, 40, 50, 60, 33
키	162.0, 170.4, 180.0, 150.5, 130.5, 167.0, 120.1, 174.2, 163.5, 168.0

연속형 데이터(numerical data)는 양적 자료(quantitaive data)라고도 부르며, 크기가 있는 숫자들로 구성된 자료를 말한다. 연속형 자료의 값들은 크기 비교가 가능하고, 평균, 최댓값, 최솟값과 같은 산술연산이 가능하기 때문에 다양한 분석 방법이 존재한다.

변수의 개수에 따라 단일변수 데이터와 다중변수 데이터로 분류할 수 있다. 단일변수 데이터(univariate data)는 하나의 변수로만 구성된 자료를 말하며, '일변량 자료'라고도 부른다. 다중변수 데이터(multivariate data)는 두 개 이상의 변수로 구성된 자료를 말하며, '다변량 자료'라고도 부른다. 특히 이중에서도 특별히 두 개의 변수로 구성된 자료를 '이변량 자료'라고 한다.

단일변수 데이터

age
30
25
40
28

다중변수 데이터

id	age	sex
1	30	M
2	25	F
3	40	F
4	28	M

〈그림 6-1〉 단일변수 데이터(좌)와 다중변수 데이터(우)

〈그림 6-1〉에서의 단일변수 데이터 "age"라는 하는 하나의 주제에 대해 값을 모아놓은 것이며, 다중변수 데이터는 "id", "age", "sex" 이라는 3개의 주제에 대해 값을 모아놓은 것이다. R에서는 단일변수 데이터는 벡터에, 다중변수 데이터는 매트릭스 또는 데이터 프레임에 저장하여 분석하면 된다. 매트릭스 또는 데이터 프레임 형태의 자료를 보게 되면 하나의 열이 하나의 변수를 나타낸다고

생각하면 된다. 결국 "열의 개수 == 변수의 개수"의 식이 성립된다. 참고로 통계학 서적이나 데이터 분석에 관련된 서적에서는 단일변수 데이터, 다중변수 데이터라는 용어보다는 일변량 자료, 다변량 자료라는 용어가 많이 사용된다.

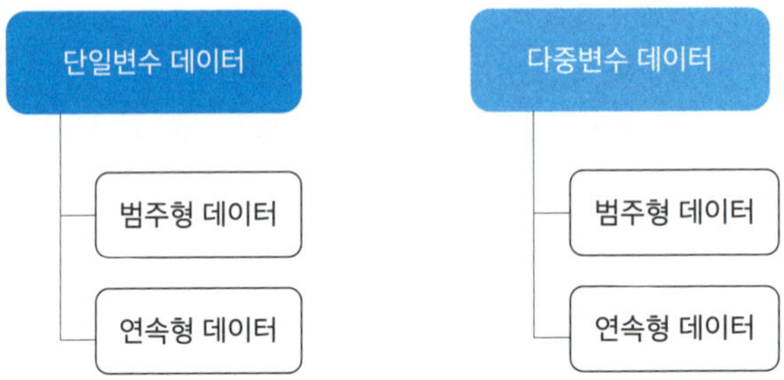

〈그림 6-2〉 변수의 개수와 자료의 특성에 따른 분류

앞에서 설명한 내용을 토대로 데이터의 특성과 변수의 개수에 따라 분류하여 〈그림 6-2〉와 같이 정리할 수 있다. 총 4가지 경우로 구분될 수 있으며, 각각 서로 다른 분석 방법들이 존재하게 된다.

1) 단일변수 범주형 데이터

단일변수 범주형 데이터(또는 일변량 질적 자료)는 특성이 하나이면서 자료의 특성이 범주형인 자료를 말한다. 범주형 자료는 크기를 갖지 않기 때문에 연산을 할 수 없다. 그러나, 자료에 포함된 관측값들의 종류별로 개수를 세는 기본적인 작업은 가능하다. 다음 [코드 6-1]는 10명의 학생들의 혈액형을 조사한 결과이다. 이 자료는 '혈액형'이라는 단일 특성을 대해 자료를 수집했기 때문에 단일변수 데이터이며, 'A', 'B', 'AB', 'O'는 크기를 측정할 수 없기 때문에 범주형 데이터이다. 이를 분석하기 위해 먼저 종류별로 개수를 세고, 종류별 비율을 계산하도록 하자.

[코드 6-1]

```
blood_type <- c("A", "B", "O", "AB", "O", "A", "O", "A", "AB", "A")
```

```
blood_type
table(blood_type)
table(blood_type)/length(blood_type)
```

[실행 결과 6-1]

```
[1] "A" "B" "O" "AB" "O" "A" "O" "A" "AB" "A"
```

```
blood_type
A AB B O
4 2 1 3
```

```
blood_type
A  AB  B  O
0.4 0.2 0.1 0.3
```

자료를 분석하기 위해 blood_type 이름의 벡터에 자료를 저장한다. 단일변수 데이터는 벡터에 저장하여 분석하는 것이 일반적이다. table() 함수는 벡터에 저장된 범주형 데이터에 대해 자료값의 종류별로 도수분포표를 계산해주는 함수이다. 실행 결과에서 blood_type은 자료가 저장된 벡터의 이름이고, 아래 부분에는 4가지의 혈액형에 대한 빈도가 계산되어 출력된다. 빈도를 보면 A형이 가장 많고 B형이 가장 적다. 이와 같이 도수분포는 각 자료의 종류별로 빈도를 파악할 수 있도록 해준다.

```
table(blood_type)/length(blood_type)
```

위의 코드는 각 관측값의 종류별 비율을 계산하는 작업을 수행한다. 도수분포표에 있는 각 빈도를 자료의 전체 개수 length(blood_type)으로 나누면 비율을 계산할 수 있다. 실행 결과에서 0.1은 10%로 0.2(20%), 0.3(30%), 0.4(40%)와 같이 백분율을 의미한다. 결국 A형이 조사한 인원 전체의 40%로 가장 많았고, B형이 전체의 10%로 가장 적었음을 알 수 있다.

단일변수 범주형 데이터의 값은 크기를 갖지 않기 때문에 도수분포를 계산한

다음 이를 토대로 8장 데이터 시각화에서의 막대그래프나 원그래프로 시각화하면 데이터의 내용을 더욱 쉽게 파악할 수 있다.

2) 단일변수 연속형 데이터

연속형 데이터는 관측값들이 크기를 가지기 때문에 범주형 데이터에 비해 다양한 분석 방법이 존재한다. 학교에서 시험을 보면 성적과 함께 평균 점수도 알 수 있다. 평균은 해당 시험이 학생들에게 어려웠는지 쉬웠는지 여부를 판가름하는데 사용할 수 있고, 학생들의 학업 성취도가 어느 정도인지를 가늠할 수 있다. 또한 학급별로 성취도 차이를 비교할 수도 있다. 이와 같이, 평균은 하나의 값으로 전체 학생들의 성적을 대표할 수 있는 값이므로 중요한 의미를 갖는다.

평균(mean)을 계산하는 방법은 자료의 값들을 모두 합산한 후 값들의 개수로 나누면 된다.

$$x = \frac{1}{n} \cdot \sum_{i=1}^{n} x_i$$

중앙값(median)은 자료의 값들을 크기순으로 일렬로 줄 세웠을 때 가장 중앙에 위치하는 값이 중앙값이 된다. 평균과 중앙값은 같을 수도 있지만 대부분의 경우는 다르다. 다음 [코드 6-2]는 7개의 인문 관련 도서에 따른 전체 페이지 수 자료로 평균과 중앙값을 구한 예이다.

[코드 6-2]

```
book_pages <- c(300, 250, 330, 270, 280, 310)
book_pages.add <- c(book_pages, 700)
book_pages
book_pages.add
mean(book_pages)            # 평균
mean(book_pages.add)

median(book_pages)          # 중앙값
```

```
median(book_pages.add)

mean(book_pages, trim=0.2)       # 절사평균(상하위 20% 제외)
mean(book_pages.add, trim=0.2)
```

[실행 결과 6-2]

```
[1] 300 250 330 270 280 310
[1] 300 250 330 270 280 310 700
[1] 290
[1] 348.5714
[1] 290
[1] 300
[1] 290
[1] 298
```

우선, 비슷한 값들이 저장되어 있는 벡터 book_pages와 book_pages.add를 생성하고 내용을 출력하였다. book_pages.add에는 특이값 700이 포함되어 있는 것을 제외하면 book_pages와 book_pages.add에는 동일한 값들이 저장되어 있다. 두 개의 벡터에 저장된 값들의 평균을 출력하였는데 큰 차이가 나는 것을 알 수 있다. 이것은 7개의 인문 관련 도서에 따른 전체 페이지 수 자료 중 700페이지를 갖는 도서가 있어서 이 도서의 영향을 크게 받아 전체 평균이 높아진 것이다. 이와 같이 평균은 일부 큰 값이나 작은 값들에 영향을 많이 받는다. 7개의 인문 관련 도서에 따른 전체 페이지 수 자료가 비슷하다면 평균 페이지 수가 전체를 대표하는 값으로 의미가 있지만, 특이한 값이 있으면 평균이 치우치게 되고 전체를 대표하기가 어렵다. 평균을 보고 7개의 전체 페이지 수가 대체로 348.5714이라고 판단하기는 어려울 것이다. 이런 경우 유용한 것이 바로 중앙값이다. 위의 코드에서 보면 두 벡터의 중앙값에는 큰 차이가 없음을 알 수 있다. 따라서, 중앙값은 특이한 값에 크게 영향을 받지 않음으로 중앙값이 평균보다 전체를 대표하는 데 적합할 것이다. 〈그림 6-3〉은 7개의 인문 관련 도서에 따른 전체 페이지 수 자료를 토대로 평균과 중앙값을 설명한 것이다. 평균과 중앙값의 차이가 있음을 확인할 수 있다.

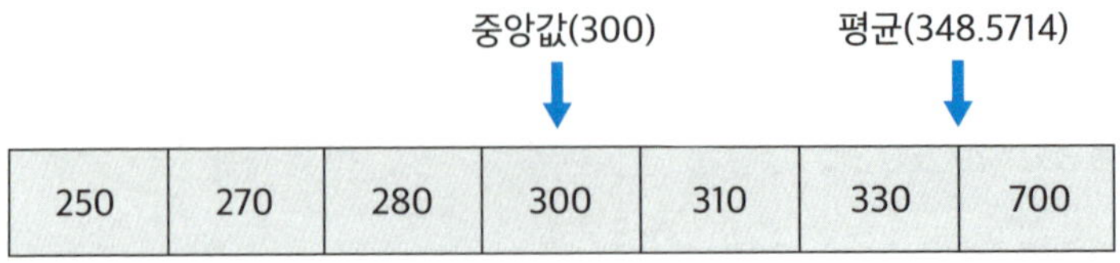

〈그림 6-3〉 평균과 중앙값

평균이 자료 내에 있는 너무 작거나 큰 관측값의 영향을 받는 것을 완화시키기 위해 절사평균이 제안되었다. 절사평균(trimmed mean)은 자료의 관측값들 중에서 작은 값들의 하위 n%와 큰 값들의 상위 n%를 제외하고 중간에 있는 나머지 값들만 가지고 평균을 계산하는 방식이다.

```
mean(book_pages.add, trim=0.2)
```

위의 매개변수 trim은 상하위 값들을 몇 % 정도 제외하고 평균을 구할 것인지를 지정하는 역할을 한다. trim=0.2는 상하위 각 20%를 제외하고 평균을 구하라는 의미이다. 절사평균은 특이값을 제외하고 나머지 값들로 평균을 구하는 효과가 있기 때문에 두 벡터의 절사평균값은 큰 차이가 없다.

이와 같이 평균, 중앙값, 절사평균은 각각 특징이 있으므로 분석하고자 하는 자료에 어떤 방법을 적용하는 것이 좋을지는 분석자가 스스로 판단할 필요가 있다. 세 가지 방법을 모두 적용하여 그 결과를 비교하여 분석하는 것도 의미가 있을 것이다.

사분위수(quatrile)는 주어진 자료에 있는 값들을 크기순으로 나열했을 때 이것을 4등분하는 지점에 있는 값들을 의미한다. 자료이 있는 값들을 4등분하면 등분점이 3개 생기는데, 앞에서부터 '1사분위수(Q1)', '2사분위수(Q2)', '3사분위수(Q3)'라고 부르며, '2사분위수(Q2)'는 '중앙값'과 동일하다. 전체 자료를 4개로 나누었기 때문에 4개 구간에는 각각 25%의 자료가 존재한다. 평균이나 중앙값이 하나의 값으로 전체의 특성을 추정해볼 수 있는 도구인 것처럼 사분위수는 세 개의 값으로 전체의 특성을 추정하는 데 사용되며, 하나의 값보다는 세 개의 값으로 전체의 특성을 추정하기 때문에 보다 많은 정보를 줄 수 있다. 〈그림 6-4〉은 10개의 인문 관련 도서에 따른 전체 페이지 수 자료로 사분위수를 설명한 것이며, [코드 6-3]는 사분위수 함수를 이용하여 코드를 작성한 예이다.

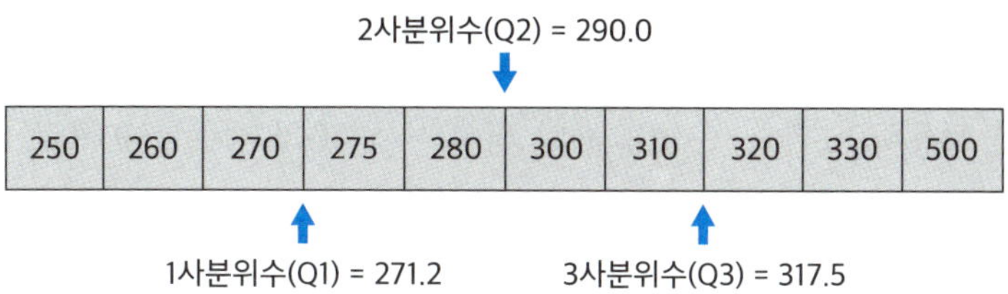

〈그림 6-4〉 사분위수

[코드 6-3]

```
book_pages <- c(250, 260, 270, 275, 280, 300, 310, 320, 330, 500)
book_pages
quantile(book_pages)              # 사분위수
quantile(book_pages, (0:10)/10)   # 10% 단위로 구간을 나누어 계산
summary(book_pages)
```

[실행 결과 6-3]

```
[1] 250 260 270 275 280 300 310 320 330 500

  0%    25%    50%    75%   100%
250.00 271.25 290.00 317.50 500.00

  0%   10%   20%   30%   40%   50%   60%   70%   80%
250.0 259.0 268.0 273.5 278.0 290.0 304.0 313.0 322.0
90%  100%
347.0 500.0

 Min. 1st Qu.  Median    Mean 3rd Qu.    Max.
250.0   271.2   290.0   309.5   317.5   500.0
```

book_pages에 10개의 값을 저장하고 quantile() 함수를 통해 사분위수를 구한다. 25%, 50%, 75%에 해당하는 값이 사분위수이고, 0%는 최솟값, 100%는 최댓값을 나타낸다.

```
quantile(book_pages, (0:10)/10)
```

quantile() 함수의 매개변수 중 (0:10)/10 부분이 구간을 몇 개로 나눌지를 지정하는 것으로 사분위수의 네 개의 구간보다 더 세분화하여 나눌 필요가 있을 시 위와 같이 사용하면 된다. (0:10)/10의 의미는 0~10의 정수를 10으로 나누라는 것이고, 결과는 0.1~1.0까지의 값으로 백분율로 환산하면 10%~100%가 된다. 따라서, 10% 단위로 구간을 나누어 결괏값이 출력된다. 사분위수를 구할 때 가장 일반적으로 사용되는 함수는 summary() 함수로, 사분위수(1st Qu., Median, 3rd Qu.)에 최댓값(Max), 최솟값(Min), 평균(Mean)을 함께 출력한다.

산포(distribution)는 주어진 자료에 있는 값들이 퍼져 있는 정도(흩어져 있는 정도)를 말하며, 자료를 파악할 수 있는 중요한 특징 중 하나이다. 산포는 분산(variance)와 표준편차(standard deviation)를 가지고 파악할 수 있다. 분산(S^2)은 주어진 자료의 각각의 값(X_i)들이 평균($\overline{X}$)으로부터 떨어져 있는 정도를 계산하여 합산한 후 값들의 개수로 나누어 계산하고, 표준편차(S)는 분산의 제곱근으로 계산한다.

$$S^2 = \frac{1}{n-1}\sum_{i=1}^{n}(X_i - \overline{X})^2, \qquad S = \sqrt{S^2}$$

어떤 자료에 분산과 표준편차가 작다는 의미는 자료의 관측값들이 평균값 부근에 모여 있다는 것이고, 분산과 표준편차가 크다는 의미는 자료의 관측값들이 평균값으로부터 멀리 흩어져서 분포한다는 것을 의미한다. [코드 6-4]를 통해 산포 관련 함수들을 실습해 보자.

[코드 6-4]

```
book_pages <- c(250, 260, 270, 275, 280, 300, 310, 320, 330, 500)
var(book_pages)             # 분산
```

```
sd(book_pages)                # 표준편차
range(book_pages)             # 값의 범위
diff(range(book_pages))       # 최댓값, 최솟값의 차이
```

[실행 결과 6-4]

```
[1] 5169.167
```

```
[1] 71.89692
```

```
[1] 250 500
```

```
[1] 250
```

var() 함수는 분산을, sd() 함수는 표준편차를 계산하는 함수이다. range() 함수는 자료의 관측값들이 어떤 범위에 있는지를 보여주는 함수로 최솟값(250)고 최댓값(500)을 출력한다. diff() 함수는 두 값 사이의 차이를 알려주는 함수로 최댓값과 최솟값의 차이인 250이 출력된다. 이 값이 크면 관측값들이 넓게 퍼져 있다는 의미가 되고, 차이가 작으면 좁게 모여 있다는 뜻이다.

단일변수 연속형 데이터는 데이터 시각화에서의 히스토그램이나 상자그림을 이용하여 연속형 데이터의 분포를 시각화할 수 있다.

3) 다중변수 범주형와 연속형 데이터

다중변수 데이터(또는 다변량 자료)는 변수가 2개 이상인 자료를 말하며, 매트릭스나 데이터 프레임과 같이 2차원 형태로 저장하여 분석한다. 다중변수 데이터를 분석할 때는 여러 가지 분석 기법을 사용할 수 있는데, 대체로 고급 기법에 속하는 기법들이 많이 때문에 교재에서는 2개 변수에 대해 기본적인 탐색 기법에 속하는 산점도와 회귀분석에 대한 개념만 학습하도록 한다.

산점도(scatter plot)는 2개의 변수로 구성된 자료의 분포를 알아보는 그래프로, 관측값들의 분포를 통해 2개의 변수 사이의 관계를 파악할 수 있는 기법이다.

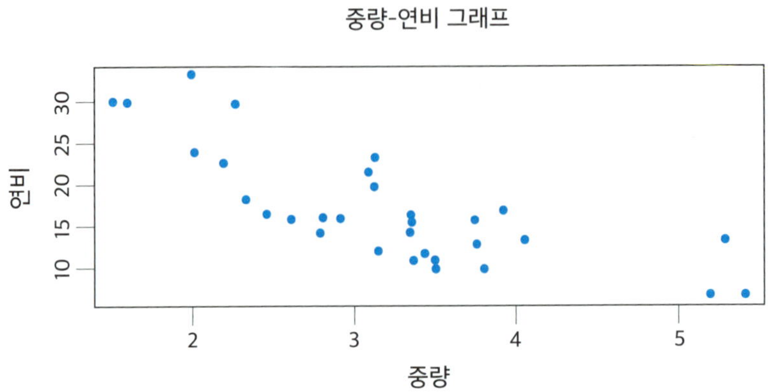

〈그림 6-5〉 산점도

산점도는 두 변수의 데이터 분포를 나타내는 것이기 때문에 두 개의 변수에 대한 자료가 필요하다. 〈그림 6-5〉는 R에서 제공하는 mtcars 데이터 세트 중 중량과 연비 부분만을 각각의 자료에 저장한 후 산점도로 나타낸 것이다. x축은 중량, y축에는 연비를 나타냈으며, 작성된 산점도를 살펴보면 중량이 증가할수록 연비는 감소하는 경향을 확인할 수 있다. 차가 무거울수록 연료 소모가 많은 것을 생각하면 자연스러운 결과라고 할 수 있다. 이와 같이 산점도는 관측값들의 분포를 보면서 두 변수 사이의 관련성을 확인하는 데 사용된다. 또한, 두 개의 변수뿐만 아니라 여러 변수들 간의 산점도(다중 산점도) 작성 및 그룹 간의 관계도 파악할 수 있어서 편리하다.

〈그림 6-5〉는 자동차의 중량이 커지면 연비는 감소하는 추세를 보여주는데 추세의 모양이 선(line)이여서 중량과 연비는 "선형적 관계"에 있다고 표현한다. 얼마나 선형성을 보이는지 수치상으로 나타낼 때 상관분석(correlation analysis)을 이용한다.

상관분석은 두 변수 x와 y 사이의 선형성 정도를 측정하는 방법으로 다음과 같이 정의된다. 여기서의 r을 상관계수(correlation coefficient)라 한다. 상관계수는 선형성의 정도를 나타내는 척도로 사용된다.

$$r = \frac{\sum_{i=1}^{n}((X_i - \overline{X})(Y_i - \overline{Y}))}{\sqrt{\sum_{i=1}^{n}(X_i - \overline{X})^2 \sum_{i=1}^{n}(Y_i - \overline{Y})^2}}$$

상관계수 r은 다음과 같은 성질이 있다.

- $-1 \leq r \leq 1$
- r 〉 0 : 양의 상관관계(x가 증가하면 y도 증가)
- r 〈 0 : 음의 상관관계(x가 증가하면 y는 감소)
- r 이 1이나 -1에 가까울수록 x, y의 상관성이 높다.

상관계수값이 1이나 -1에 가까울수록 관측값들의 분포가 직선에 가까워진다.

[코드 6-5]는 음주 정도와 혈중 알콜 농도가 상관성이 있는지 알아보는 예로 8명의 실험자에 대해 맥주를 마신 잔의 수(beers)와 혈중 알콜 농도(bal)에 대한 측정 자료이다.

[코드 6-5]

```
beers <- c(5,2,9,8,3,7,3,5)
bal <- c(0.10, 0.03, 0.19, 0.12, 0.04, 0.095, 0.07, 0.06)
df_bb <- data.frame(beers,bal)
df_bb
cor(beers,bal)
```

[실행 결과 6-5]

```
  beers   bal
1     5 0.100
2     2 0.030
3     9 0.190
4     8 0.120
5     3 0.040
6     7 0.095
7     3 0.070
```

```
8    5 0.060
```

```
[1] 0.9003631
```

beers와 bal에 음주정도와 혈중 알콜 농도 자료를 입력한 후 df_bb 데이터 프레임을 만들고 출력한다. 산점도를 작성하여 관측값들의 분포 및 두 변수의 선형 관계를 나타내는 회귀식 및 회귀선을 그리면 이들 관측값들의 추세를 쉽게 알 수 있으나 여기서는 생략하였다. 대신, 상관계수를 구하는 col() 함수를 이용하여 상관계수값을 확인하였더니 0.9003631가 나옴을 확인하였다. 이 정도면 두 변수 사이의 상관성이 상당히 높다고 할 수 있다. 상관계수값이 어느 정도 되어야 두 변수가 상관성이 있다고 정해진 기준은 없으나 상관계수값이 0.5보다 크거나 -0.5보다 작으면 두 변수의 상관성이 높다고 판단할 수 있다. col() 함수는 두 변수 사이의 상관계수를 구하는 역할을 하지만 여러 개의 변수를 입력하면 여러 개의 변수 사이의 상관계수값을 테이블 형태로 나타낸다.

다중변수 범주형과 연속형 데이터는 데이터 시각화에서의 산점도, 선그래프를 이용하여 여러 변수들 간의 추세를 한눈에 파악하거나 시간의 변화에 따른 자료의 증감 추이를 쉽게 확인할 수 있다.

02 데이터 파일 읽기

우리 주변에는 다양한 관점의 분석에 활용될 수 있는 많은 데이터들이 있다. R에서 제공되는 내장 데이터 세트들도 있고, 외부 시스템에 연결해 다운로드 받아 분석할 수 있는 데이터들이 있다. 우리가 분석하려는 데이터는 R 코드 상에서 직접 입력해 만드는 경우보다 이미 외부 파일 형태로 존재하는 데이터를 불러와서 사용하는 경우가 대부분이다. 따라서 파일에 있는 데이터를 불러오거나 반대로 작업한 결과를 파일로 저장하는 방법에 대해 알아야 한다. R에서 활용할 수 있는 파일 형식에는 엑셀에서 사용하는 *.xlsx, *.xls와 *.csv 등 매우 다양하다. 불러오는 파일 형식에 따라 R로 가져오는 방법이 다르므로 이들 방법에 대해 알아보자.

1) R에 내장된 데이터 세트 읽기

R의 datasets 패키지에는 여러 데이터 세트들이 있다. R 설치 이후에 추가적으로 설치된 패키지에 있는 데이터 세트를 사용할 경우에는 먼저 library() 함수로 그 패키지를 로딩하고 데이터 세트를 부르면 된다.

datasets 패키지에 있는 데이터 세트 목록을 알아보자.

[코드 6-6]

```
data(package = "datasets")     # datasets 패키지의 데이터 목록
```

[실행 결과 6-6]

```
Data sets in package 'datasets':

AirPassengers       Monthly Airline Passenger Numbers
                    1949-1960
BJsales             Sales Data with Leading Indicator
BJsales.lead (BJsales)
                    Sales Data with Leading Indicator
BOD                 Biochemical Oxygen Demand
CO2                 Carbon Dioxide Uptake in Grass
                    Plants
ChickWeight         Weight versus age of chicks on
                    different diets
DNase               Elisa assay of DNase
EuStockMarkets      Daily Closing Prices of Major
                    European Stock Indices, 1991-1998
Formaldehyde        Determination of Formaldehyde
HairEyeColor        Hair and Eye Color of Statistics
                    Students
Harman23.cor        Harman Example 2.3
Harman74.cor        Harman Example 7.4
Indometh            Pharmacokinetics of Indomethacin
InsectSprays        Effectiveness of Insect Sprays
JohnsonJohnson      Quarterly Earnings per Johnson &
```

다양하고 많은 데이터들이 datasets 패키지에 있으나 이들 중 교재에서 학습으로 활용하는 데이터 세트만을 모아 표로 정리하였다. 아래 있는 데이터 세트들은 R에 저장된 데이터들이므로 다른 곳에 불러오는 과정 없이 바로 이용할 수 있다.

〈표 6-3〉 R에서 제공하는 데이터 세트들 중 일부

패키지	데이터 세트	내 용
datasets	iris	붓꽃 종의 분류
	women	여성 키와 몸무게
	mtcars	자동차 모델에 대한 제원 정보
	state.x77	미국의 각 주별 통계 정보

iris는 150그루의 붓꽃에 대해 4개 분야의 측정 데이터와 품종 정보를 결합하여 만든 데이터 세트으로, 데이터 분석 분야를 처음 공부할 때 자주 접하게 되는 데이터 세트이다. iris 데이터 세트의 내용을 살펴보자.

[코드 6-7]

```
iris                # iris 데이터 세트 출력
head(iris)          # iris 데이터 세트의 앞 부분 출력 (디폴트 6개행)
tail(iris, n=10)    # iris 데이터 세트의 뒷 부분 출력 (행의 수(n) 설정)-10개 출력
names(iris)         # 데이터 세트를 구성하는 항목(열) 이름
dim(iris)           # 데이터 세트의 크기 (행과 열의 수)
str(iris)           # 데이터 세트의 구조
summary(iris)       # 데이터 세트의 요약 정보
```

[실행 결과 6-7]

```
  Sepal.Length Sepal.Width Petal.Length Petal.Width Species
1          5.1         3.5          1.4         0.2  setosa
2          4.9         3.0          1.4         0.2  setosa
                      …중간 생략…
```

```
  Sepal.Length Sepal.Width Petal.Length Petal.Width Species
1          5.1         3.5          1.4         0.2  setosa
2          4.9         3.0          1.4         0.2  setosa
3          4.7         3.2          1.3         0.2  setosa
4          4.6         3.1          1.5         0.2  setosa
5          5.0         3.6          1.4         0.2  setosa
6          5.4         3.9          1.7         0.4  setosa
```

```
     Sepal.Length  Sepal.Width  Petal.Length  Petal.Width    Species
141         6.7         3.1           5.6          2.4     virginica
142         6.9         3.1           5.1          2.3     virginica
143         5.8         2.7           5.1          1.9     virginica
144         6.8         3.2           5.9          2.3     virginica
145         6.7         3.3           5.7          2.5     virginica
146         6.7         3.0           5.2          2.3     virginica
147         6.3         2.5           5.0          1.9     virginica
148         6.5         3.0           5.2          2.0     virginica
149         6.2         3.4           5.4          2.3     virginica
150         5.9         3.0           5.1          1.8     virginica
```

```
[1] "Sepal.Length" "Sepal.Width"  "Petal.Length"
[4] "Petal.Width"  "Species"
```

```
[1] 150   5
```

```
'data.frame':         150 obs. of  5 variables:
$ Sepal.Length: num  5.1 4.9 4.7 4.6 5 5.4 4.6 5 4.4 4.9 ...
$ Sepal.Width : num  3.5 3 3.2 3.1 3.6 3.9 3.4 3.4 2.9 3.1 ...
$ Petal.Length: num  1.4 1.4 1.3 1.5 1.4 1.7 1.4 1.5 1.4 1.5 ...
$ Petal.Width : num  0.2 0.2 0.2 0.2 0.2 0.4 0.3 0.2 0.2 0.1 ...
$ Species     : Factor w/ 3 levels "setosa","versicolor",..: 1 1 1 1 1 1 1 1 1 1 ...
```

```
Sepal.Length    Sepal.Width     Petal.Length    Petal.Width         Species
Min.   :4.300   Min.   :2.000   Min.   :1.000   Min.   :0.100   setosa    :50
1st Qu.:5.100   1st Qu.:2.800   1st Qu.:1.600   1st Qu.:0.300   versicolor:50
Median :5.800   Median :3.000   Median :4.350   Median :1.300   virginica :50
Mean   :5.843   Mean   :3.057   Mean   :3.758   Mean   :1.199
3rd Qu.:6.400   3rd Qu.:3.300   3rd Qu.:5.100   3rd Qu.:1.800
Max.   :7.900   Max.   :4.400   Max.   :6.900   Max.   :2.500
```

head() 함수는 데이터 세트에서 시작 부분에 있는 일부 데이터(보통 1~6행)의 내용을 출력한다. tail() 함수는 데이터 세트의 끝부분에 있는 데이터 중 일부를 출력한다. 원하는 행만큼 출력하고 싶으면 n에 크기값을 입력하면 된다.

names() 함수는 iris에 저장된 값들의 이름들을 출력하는 함수이다. dim() 함수는 데이터 세트의 행과 열의 개수를 출력하는 기능을 제공한다. 결과에서 150이 행의 개수, 5가 열의 개수이다. 즉 iris 데이터 세트는 150행 5열의 크기를 갖는 데이터 프레임이다.

str() 함수는 데이터 세트에 대한 전반적인 정보를 함수 하나로 알아낼 수 있기 때문에 자주 사용되는 함수 중의 하나이다. data.frame은 iris가 데이터 프레임인 것을 알려주며, 150개의 행, 5개의 열이 있다는 것을 알 수 있다. 5개 열 중 첫 번째 열의 이름 "Sepal.length(꽃받침의 길이)", 저장된 자료는 "num"으로 숫자형을 의미한다. "5.1, 4.9, 4.7...."은 Sepal.length에 저장된 값들을 나타낸다. 두 번째 열 "Sepal.Width(꽃받침의 폭)", 세 번째 열 "Petal.length(꽃잎의 길이)", 네 번째 열 "Petal.Width(꽃잎의 폭)"은 모두 num인 숫자형이며, 마지막 열의 이름은 "Species(붓꽃의 품종)"은 팩터로 문자형을 의미한다. w/3 levels는 'with 3 levels'의 약자로 3가지 종류의 품종이 있다는 것을 나타내며, 각 품종의 이름은 "setosa", "versicolor", "virginica"가 있다는 것을 알려준다. 1, 1, 1은 품종의 이름을 숫자로 표현한 것이다. 마지막으로, summary() 함수를 이용하여 사분위수, 최댓값, 최솟값, 평균을 함께 출력한다.

〈표 6-4〉는 iris를 제외한 나머지 women, mtcars, state.x77 데이터 세트들에 대한 내용으로 앞으로 교재에서 예시로 활용될 것이며, 사용 시 작성된 코드와 함께 내용을 좀 더 자세히 분석해 보자.

〈표 6-4〉 women, mtcars, state.x77 데이터 세트

데이터 세트	변 수	내 용
women	height	30~39세의 미국 여성 15명의 키
	weight	30~39세의 미국 여성 15명의 몸무게
mtcars	mpg	연비
	cyl	실린더 개수
	disp	배기량
	hp	마력
	drat	후방차축 비율
	wt	무게

데이터 세트	변 수	내 용
mtcars	qsec	1/4 마일 도달 시간
	vs	엔진 형태
	am	변속기 (0 : 자동, 1: 수동)
	gear	기어 단수
	carb	카뷰레터 개수
state.x77	Population	1975년 7월 1일의 인구수
	Income	1974년 1인당 소득
	Illiteracy	문맹률
	Life Exp	1969–71년의 연도 기대 수명
	Murder	1970년 10만 명당 살인 비율
	HS Grad	1970년 고등학교 졸업 비율
	Frost	서리가 내리는 날
	Area	도시의 면적

2) 파일 형식 변환

R에서는 .xlsx, .xls 포맷의 엑셀 파일을 직접 읽을 수도 있지만 보통 .csv 포맷의 엑셀 파일을 많이 이용하므로 이에 대해서만 설명하기로 한다. 엑셀에서 분석하고자 하는 데이터 파일을 열고 [파일] 메뉴에서 [다른 이름으로 저장]을 선택한 후, 저장할 [파일 형식]을 'CSV(쉼표로 분리)'로 바꾸어 저장한다.

〈그림 6-6〉은 엑셀 파일로 된 '2019년 인문계열 입학 정원(liberal_arts_track.xlsx)'이다. 이를 이용하여 파일 형식을 바꾸어보자.

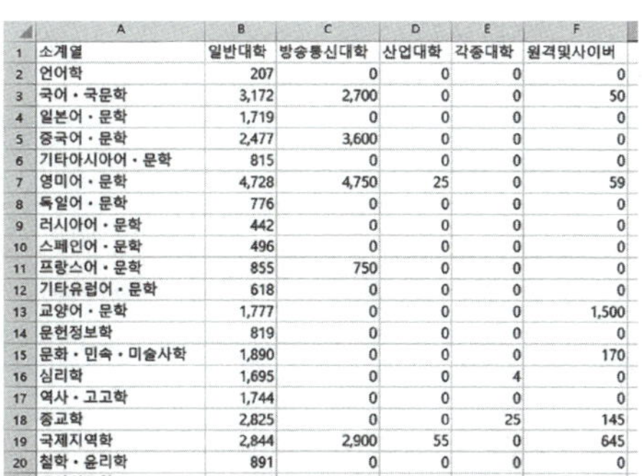

	A	B	C	D	E	F
1	소계열	일반대학	방송통신대학	산업대학	각종대학	원격및사이버
2	언어학	207	0	0	0	0
3	국어・국문학	3,172	2,700	0	0	50
4	일본어・문학	1,719	0	0	0	0
5	중국어・문학	2,477	3,600	0	0	0
6	기타아시아어・문학	815	0	0	0	0
7	영미어・문학	4,728	4,750	25	0	59
8	독일어・문학	776	0	0	0	0
9	러시아어・문학	442	0	0	0	0
10	스페인어・문학	496	0	0	0	0
11	프랑스어・문학	855	750	0	0	0
12	기타유럽어・문학	618	0	0	0	0
13	교양어・문학	1,777	0	0	0	1,500
14	문헌정보학	819	0	0	0	0
15	문화・민속・미술사학	1,890	0	0	0	170
16	심리학	1,695	0	0	4	0
17	역사・고고학	1,744	0	0	0	0
18	종교학	2,825	0	0	25	145
19	국제지역학	2,844	2,900	55	0	645
20	철학・윤리학	891	0	0	0	0
21	교양인문학	6,259	1,900	0	0	13,076

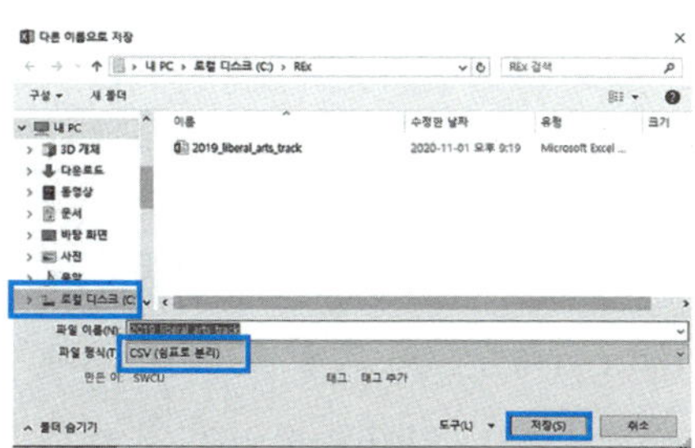

〈그림 6-6〉 인문계열 입학정원 데이터 파일(.xlsx –〉 .csv) 파일 변환

3) 외부 파일 데이터 읽기

우리가 분석할 데이터가 C드라이브의 REx 폴더에 있는 'liberal_arts_track.csv'파일이라고 하면 이를 읽어오는 방법에 대해 알아보자.

[코드 6-8]

```
setwd("C:/REx")                                        # 작업 폴더 지정
eq <- read.csv("liberal_arts_track.csv", header=T)    # .csv 파일 읽기
head(eq)
```

[실행 결과 6-8]

	소계열	일반대학	방송통신대학	산업대학	각종대학	원격및사이버
1	언어학	207	0	0	0	0
2	국어 · 국문학	3,172	2,700	0	0	50
3	일본어 · 문학	1,719	0	0	0	0
4	중국어 · 문학	2,477	3,600	0	0	0
5	기타아시아어 · 문학	815	0	0	0	0
6	영미어 · 문학	4,728	4,750	25	0	59

setwd() 함수는 'set work directory'의 약자로 작업할 폴더의 경로를 지정하는 역할을 한다. 작업 폴더로 지정되면 R은 작업 폴더에서 파일을 읽고, 작업 폴더에 파일을 저장한다. 'C://REx'를 작업 폴더로 지정한다는 의미이다. 여기서 주의할 점은 폴더 이름과 폴더 이름을 구분하는 구분자로 '/'와 '\'를 모두 쓸 수 있는데 '\'를 쓰는 경우에는 '\\'와 같이 두 번 써서 표기해야 한다. 이들 중 어떤 것을 사용할지는 작성자가 편한 것으로 사용하면 된다.

```
eq <- read.csv("liberal_arts_track.csv", header=T)
```

read.csv() 함수를 이용하여 파일을 읽을 수 있는데 작업 폴더에서 'liberal_arts_track.csv' 파일을 읽고 eq에 저장하는 명령문이다. 두 번째 매개변수인 header=T는 읽어올 파일의 첫 번째 줄은 값이 아닌 열의 이름이라는 뜻이다. 실제 데이터는 두 번째 줄부터임을 확인할 수 있다. 만일 첫 번째 줄이 열의 이름

이 아닌 값으로 시작을 한다면 header=F와 같이 지정하면 된다. 마지막으로, head() 함수를 이용해서 파일의 내용을 정상적으로 읽어왔는지 확인한다.

만약, 엑셀 파일을 불러올 때는 read_excel() 함수를 사용하는데, 이 함수는 readxl 패키지에 포함되어 있으므로 먼저 readxl 패키지를 설치하고 로드해야 한다.

[코드 6-9]

```
install.packages("readxl")          # readxl 패키지 설치
library(readxl)                     # readxl 패키지 로드

# xlsx 파일을 eq_excel로 저장
eq_excel <- read_excel("C:/REx/liberal_arts_track.xlsx")
eq_excel
View(eq_excel)                      # View 창을 통해 확인
```

[실행 결과 6-9]

```
                                    …중간 생략…
package 'readxl' successfully unpacked and MD5 sums checked

The downloaded binary packages are in
        C:\Users\SWCU\AppData\Local\Temp\RtmpqSOCHO\downloaded_
packages
--------------------------------------------------------------
경고메시지(들):
패키지 'readxl'는 R 버전 4.0.3에서 작성되었습니다
--------------------------------------------------------------
# A tibble: 6 x 6
소계열 일반대학 방송통신대학 산업대학 각종대학
      <chr>     <dbl>     <dbl>     <dbl>     <dbl>
1     언어학     207         0         0         0
2  국어 · 국문~  3172      2700         0         0
3  일본어 · 문~  1719         0         0         0
4  중국어 · 문~  2477      3600         0         0
5  기타아시아~    815         0         0         0
6  영미어 · 문~  4728      4750        25         0
# ... with 1 more variable: 원격및사이버 <dbl>
```

readxl 패키지 설치와 로드가 끝나면, 불러온 엑셀 데이터를 eq_excel 데이트 세트로 저장하였다. 이와 같이 .xlsx 포맷의 파일을 직접 읽으려면 read_excel() 함수를 이용한다. 일반적으로 데이터를 조회하는 방식에는 앞에서 실행한 결과처럼 Console 창에서 확인하는 방법과 View() 함수를 이용해 View 창을 통해 확인하는 방법이 있다. View 창을 이용하면 데이터를 엑셀처럼 좀 더 정리된 상태로 볼 수 있고 간단한 필터를 적용하거나 정렬을 실행할 수 있어 편리하다. 이것은 주로 시스템을 통해 처리한 데이터가 어떤 형태로 표현되었는지 확인할 때 사용하며, 가공되지 않은 원시 데이터만 확인할 수 있다. View() 함수를 사용할 때는 반드시 첫 글자를 대문자로 입력해야 한다. 〈그림 6-7〉과 같이 View() 함수를 이용하면 View 창이 별도로 열리면서 정리된 데이터가 표시된다.

코드6_9.R × | eq_excel ×

Filter

	소계열	일반대학	방송통신대학	산업대학	각종대학	원격및사이버
1	언어학	207	0	0	0	0
2	국어 · 국문학	3172	2700	0	0	50
3	일본어 · 문학	1719	0	0	0	0
4	중국어 · 문학	2477	3600	0	0	0
5	기타아시아어 · 문학	815	0	0	0	0
6	영미어 · 문학	4728	4750	25	0	59
7	독일어 · 문학	776	0	0	0	0
8	러시아어 · 문학	442	0	0	0	0
9	스페인어 · 문학	496	0	0	0	0
10	프랑스어 · 문학	855	750	0	0	0
11	기타유럽어 · 문학	618	0	0	0	0
12	교양어 · 문학	1777	0	0	0	1500
13	문헌정보학	819	0	0	0	0
14	문화 · 민속 · 미술사학	1890	0	0	0	170
15	심리학	1695	0	0	4	0

〈그림 6-7〉 View() 함수를 이용한 View 창의 실행 결과

setwd() 함수를 이용하여 작업 폴더를 지정하지 않아도 [코드 6-9]와 같이 읽을 파일의 전체 경로를 지정하면 파일 읽기가 가능하다.

```
eq <- read.csv("C:/REx/liberal_arts_track.csv", header=T)
```

또한 읽을 파일의 경로를 기억하지 못한다면 다음과 같이 파일 탐색기를 이용하는 방법을 사용해도 된다.

```
eq <- read.csv(file.choose(), header=T)
```

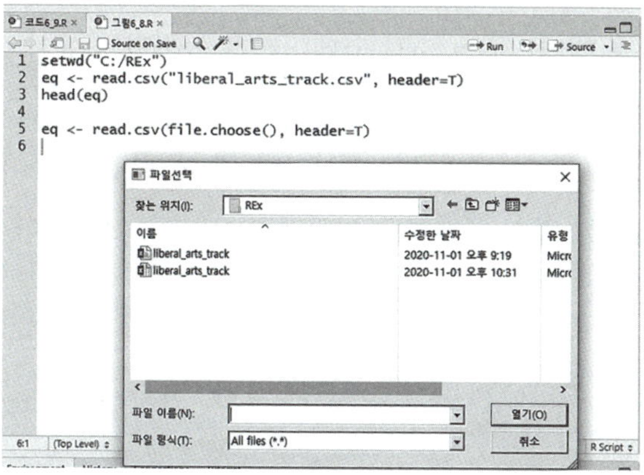

〈그림 6-8〉 파일 탐색기를 이용하여 파일 읽기

이렇게 실행하면 파일 탐색기가 실행되고, 직접 원하는 파일을 찾아 지정하면 해당 파일을 읽어올 수 있다.

03 데이터 파일 쓰기

R에서 작업한 결과를 파일에 저장할 때는 write.csv() 함수를 이용한다.

[코드 6-10]

```
setwd("C:/REx")
virginica.iris <- subset(iris,Species="virginica")
write.csv(virginica.iris, "virginica_iris.csv", row.names = F)
```

파일을 저장할 폴더를 지정한다. 만약 R에서 앞에서 setwd() 함수를 실행해서 작업 폴더를 이미 지정했다면 다시 지정할 필요는 없다. 앞에서 R에서 제공하는 iris 데이터 세트에서 마지막 열의 'Species(품종)'에서 'virginica' 품종의 행들만 추출하여 virginica.iris에 저장하였다.

write.csv() 함수를 이용하여 virginica.iris의 내용을 작업 폴더에 저장하는 명령문이다. 첫 번째 매개변수는 저장할 데이터가 들어있는 곳이 virginica.iris 이며, 두 번째 매개변수는 저장할 파일명으로 'virginica_iris.csv'이다. 세 번째 매개변수는 row.names=F 는 데이터를 저장할 때 행 번호를 붙이지 말라는 의미이다. 실행 후 지정한 작업 폴더를 확인하면 〈그림 6-9〉와 같이 파일(virginica_iris.csv)이 생성됨을 확인할 수 있다.

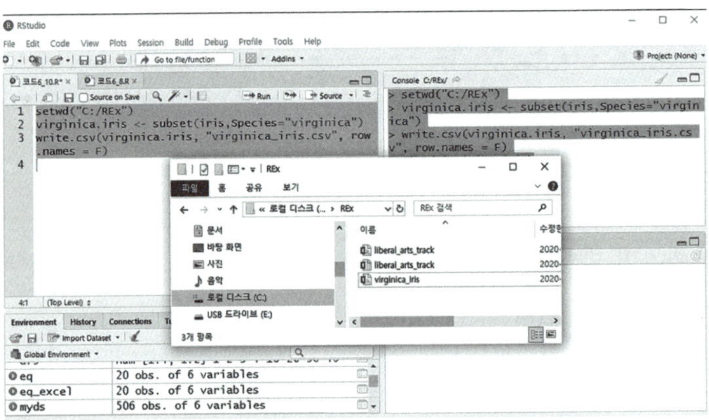

〈그림 6-9〉 파일 데이터 쓰기

[활동 6-1] R에서 제공하는 state.x77 데이터 세트를 이용하여 다음 코드들을 작성하시오.

1) state.x77을 변환하여 stEx 에 데이터 프레임으로 저장하시오.

2) stEx의 내용을 출력하시오.

3) stEx의 열의 이름을 출력하시오.

4) stEx의 행의 개수와 열의 개수를 출력하시오.

5) stEx의 요약 정보를 출력하시오.

6) stEx의 최대, 최소, 평균, 사분위수를 출력하시오.

[활동 6-2] R에서 제공하는 mtcars 데이터 세트에서 wt(중량)과 연비(mpg) 행들만을 따로 추출하여 wm_mtcars(학번).csv 파일로 저장하시오.

R 프로그래밍 기초

데이터 분석을 하다 보면 R에서 제공하는 함수만으로 해결되지 않는 경우가 있다. 이런 경우 프로그래밍의 기본이 되는 다양한 연산자, 조건문, 반복문, 사용자 정의 함수에 대해 알아보도록 하자.

07

학습 목표

- 산술, 비교, 논리 연산자에 대해서 알아보고 이를 활용할 수 있다.
- 조건문을 이해하고, if-else문을 이용하여 원하는 데이터를 추출할 수 있다.
- 반복문을 이해하고, for문과 while문, repeat문, break문, next문을 이용하여 반복 수행할 수 있다.
- 2차원 자료에 대해 사용할 수 있는 apply() 함수의 문법과 그 적용 방법을 이해할 수 있다.
- 자신만의 함수를 만들어 사용할 수 있도록 사용자 정의 함수의 문법을 이해하고 이를 활용할 수 있다.

01 다양한 연산자

R을 이용하여 데이터를 분석할 때 연산자를 이용하여 변수나 데이터값을 연산할 수 있다. 벡터의 형태로 저장된 값들에 대해 다양한 산술 연산뿐만 아니라 벡터 간의 연산도 가능하다.

1) 산술 연산자

산술 연산자(Arithmetic Operator)는 데이터 값을 계산할 때 필요한 기본 연산자입니다. 이미 익숙한 연산자들이겠지만 실습할 때 자주 사용하므로 꼭 기억하자.

〈표 7-1〉 산술 연산자

산술 연산자	기능	예	결과
+	더하기	10+20	30
−	빼기	20−10	10
*	곱하기	10*20	200

산술 연산자	기능	예	결과
/	나누기	9/2	4.5
%/%	몫	9%/%2	4
%%	나머지	9%%2	1
** 또는 ^	제곱	2^3	8

벡터에 대한 산술연산은 벡터 안에 포함된 값들에 대한 연산으로 바뀌어 실행된다. 그리고 벡터값과 숫자값 사이의 산술연산이 아닌 벡터와 벡터 사이의 산술연산은 벡터 간의 대응되는 위치에 있는 값끼리의 연산으로 바뀌어 실행된다.

[코드 7-1]

```
10+20
9/2
9%/%2
9%%2
x <- c(1, 2, 3)
y <- c(10, 20, 30)
2*x
x+y                        # 대응하는 원소끼리 더하여 출력
z <- x-y                   # 대응하는 원소끼리 빼서 z에 저장
z
```

[실행 결과 7-1]

```
[1] 30
[1] 4.5
[1] 4
[1] 1
[1] 2 4 6
[1] 11 22 33
[1]  -9 -18 -27
```

위 코드는 산술 연산자 중 %/%(나눈 몫)와 %%(나눈 나머지)의 차이를 알기 위해 실습을 하였으며, 벡터 x에 2를 곱하면 x에 포함된 값들 하나하나에 대해 2를 곱하는 연산으로 바뀌어 실행된다. 주의할 점은 이 연산을 실행하고 난 뒤에도 x의 값들에는 변화가 없다. 이 연산은 단지 x에 2를 곱했을 때 어떤 결과를 가져오는지 보여줄 뿐이다. 만약 2를 곱했을 때의 결과를 원한다면 계산된 결과를 또 다른 벡터에 저장하면 된다. 벡터 x와 벡터 y 간의 산술연산 더하기를 실행하면 대응하는 원소끼리 더하여 출력한다. 두 벡터의 사이의 합의 결과를 보면 인덱스가 같은 위치에 있는 값끼리 연산이 이루어진 것을 확인할 수 있다. 즉, x+y는 x[1]+y[1], x[2]+y[2], x[3]+y[3]을 병렬로 계산하여 결과를 출력한다. 마지막 코드는 벡터 x와 y를 빼서 z에 저장한 후 z의 내용을 출력한다. 벡터와 벡터를 뺀 결과인 z도 벡터임을 알 수 있다.

2) 비교 연산자

비교 연산자(Comparison Operator)는 다양한 데이터를 서로 비교하여 TRUE 또는 FALSE로 출력되는 연산자를 말한다. 각 코드에서 비교한 내용이 맞으면 TRUE를 반환하고 틀리면 FALSE를 반환한다.

〈표 7-2〉 비교 연산자

비교 연산자	기능	예	결과
>	크다	20 > 10	TRUE
>=	크거나 같다	20 >= 10	TRUE
<	작다	20 < 10	FALSE
<=	작거나 같다	20 <= 10	FALSE
==	같다	20 == 10	FALSE
!=	같지 않다	20 != 10	TRUE

[코드 7-2]

```
10 == 5
10 != 5
x <- c(1,2,3,4,5)
```

```
x >= 3          # x에 포함된 값들이 3보다 큰지 판단
x[x >= 3]       # 3보다 큰 값
sum(x >= 3)     # 3보다 큰 값의 개수를 출력
sum(x[x >= 3])  # 3보다 큰 값의 합계를 출력
```

[실행 결과 7-2]

```
[1] FALSE
[1] TRUE
[1] FALSE FALSE  TRUE  TRUE  TRUE
[1] 3 4 5
[1] 3
[1] 12
```

우선, 10과 5의 값이 같은지 같지 않은지 비교하였으며, 벡터 x에 5개의 값을 저장한 후 벡터에 대한 논리연산을 하였다. x >= 3은 벡터 x에 포함된 값들이 '3보다 크거나 같은지'를 판단하는 논리연산이 되고, 그 결과 벡터에 포함된 값 1,2에 대해 FALSE, 값 3,4,5에 대해서는 TRUE가 출력된다. x[x>=3]은 벡터의 인덱스를 지정하는 부분에 x>=3 라는 논리연산이 존재한다. 이런 경우 x>=3를 먼저 실행한 후 그 결과를 가지고 인덱스 부분을 실행하게 된다. 따라서, x에 저장된 값 중 3보다 크거나 같은 값들만 추출하는 것이다.

sum(x >= 3)은 x>=3를 먼저 실행한 후 그 결과를 sum() 함수에 입력값으로 주어진 결과를 도출한다. sum() 함수는 벡터에 저장된 값들의 합계를 구하는 함수인데 논리값이 산술연산에 사용되면 TRUE는 1, FALSE는 0으로 간주한다. 그러므로, sum(x >= 3)는 TRUE가 3개(3,4,5)이기 때문에 결과가 3이란 숫자가 나온다. 결국, x에 저장된 값 중 3보다 크거나 같은 개수를 구하는 것과 동일하다.

sum(x[x >= 3])은 x>=3를 먼저 실행한 후 결과(FALSE, FALSE, TRUE, TRUE)를 가지고 x[x >= 3]를 실행하고, 그 결과(3,4,5)를 sum() 함수에 입력값으로 넣는다. 따라서, 이들의 결과는 3+4+5 결과로 12가 출력된다. 이 연산의 의미는 X에 저장된 값들 중 3보다 크거나 같은 값들의 합계를 구하는 것과 같다.

3) 논리 연산자

논리 연산자(Logical Operator)는 불 연산(Boolean Operator)라고도 하는데 비교 연산자와 함께 사용하여 진리 값을 나타내는 데 활용한다. 논리 연산자의 종류에는 &(and)연산자, |(or)연산자가 있다. & 연산자를 사용하면 양쪽의 조건 값이 모두 충족될 때만 TRUE를 반환하고, | 연산자를 사용하면 양쪽 조건 중 한쪽의 조건 값이 충족되는 경우에 TRUE를 반환한다.

〈표 7-3〉 논리 연산자

X	Y	X & Y	X | Y
TRUE	TRUE	TRUE	TRUE
TRUE	FALSE	FALSE	TRUE
FALSE	TRUE	FALSE	TRUE
FALSE	FALSE	FALSE	FALSE

[코드 7-3]

```
x <- c(1,2,3,4,5,6,7,8,9,10)
      # 3보다 크고 9보다 작은 것만 TRUE, 아니면 FALSE를 result1에 저장
result1 <- x > 3 & x < 9
result1
x[result1]                    # 조건에 맞는 값들을 선택
      # 3보다 크거나 9보다 작은 것만 TRUE, 아니면 FALSE를 result1에 저장
result2 <- x > 3 | x < 9
result2
x[result2]                    # 조건에 맞는 값들을 선택
```

[실행 결과 7-3]

```
 [1] FALSE FALSE FALSE  TRUE  TRUE  TRUE  TRUE  TRUE FALSE
[10] FALSE

 [1] 4 5 6 7 8

 [1] TRUE TRUE TRUE TRUE TRUE TRUE TRUE TRUE TRUE TRUE

 [1]  1  2  3  4  5  6  7  8  9 10
```

x 〉 3 & x 〈 9 조건문은 x의 값들 중 3보다 크고 9보다 작은 것들만을 TRUE로 저장하고 나머지는 FALSE로 하여 result1에 저장한다. & 연산자는 두 조건이 둘 다 만족해야 하는 경우로 "~이고" 라는 의미가 들어 있다. x[result1]는 벡터 x의 인덱스 지정 부분에 조건문이 저장된 변수 result1이 위치하는데 result1에 저장된 조건문에 부합하는 값들만 추출하는 것이다. 따라서 이것은 x[x 〉 3 & x 〈 9]와 결과가 같다.

x 〉 3 | x 〈 9 조건문은 | 연산자를 사용하여 두 조건 중 하나의 조건이라도 TRUE이면 다 TRUE 값을 가지게 되며 "~이거나"라는 의미가 들어있다. 따라서, 이 조건문에 부합하는 값들을 출력하면 1부터 10까지 모두가 다 출력되는 것을 알 수 있다.

02 조건문

1) if-else문

조건문은 조건에 따라 특정 명령을 실행하도록 하는 프로그래밍 명령문이다. R에서는 조건문을 서술하기 위해 if와 else의 명령 키워드를 사용한다. if-else 문의 기본 문법은 다음과 같다.

```
if(비교 조건) {
  조건이 참일 때 실행할 명령문
} else {
  조건이 거짓일 때 실행할 명령문
}
```

조건문에서 if와 else가 항상 같이 사용되는 것은 아니다. if() 만으로도 조건문이 성립된다. 또한, if-else를 반복적으로 이어서 사용할 수도 있다.

```
if(비교 조건) {
  조건이 참일 때 실행할 명령문
}
```

```
if(비교 조건) {
  처음 조건이 참일 때 실행할 명령문
} else if(비교 조건) {
  다음 조건이 참일 때 실행할 명령문
} else {
  두 조건이 둘 다 거짓일 때 실행할 명령문
}
```

if와 else 다음에 있는 중괄호{ }는 코드 블록이라고 하는데 여러 명령문을 하나로 묶어주는 역할을 한다. 주의할 점은 if-else문을 작성할 때 else는 반드시 if문의 코드블록이 끝나는 부분에 있는 }와 같은 줄에 작성해야 한다. 또한, 조건문 작성 시 자주 실수하는 것은 ==을 사용하는 비교 연산자 대신 = 을 사용하는 경우다. 이를 구분하도록 하자.

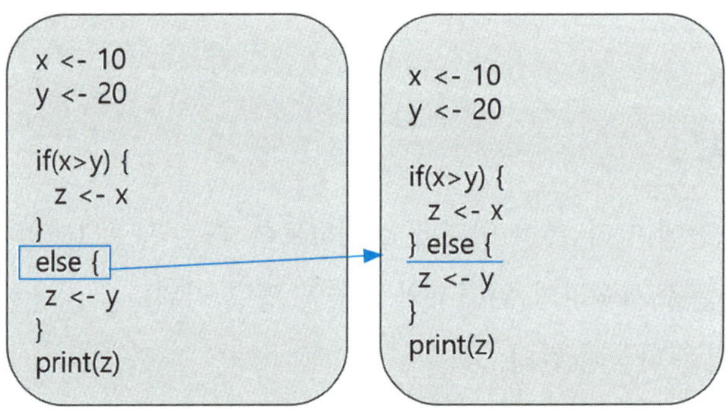

〈그림 7-1〉 if-else에서 발생할 수 있는 오류

[코드 7-4]

```
x <- 10
y <- 20
if(x > 5 & y >10) {        # if-else 조건문에 논리연산자 and를 사용
  print(x+y)
} else {
  print(x-y)
```

```
}

if(x >5 | y >25) {        # if 만 있는 조건문에 or를 사용
  print(x*y)
}
```

[실행 결과 7-4]

```
[1] 30
```

```
[1] 200
```

if-else문에 논리연산자(&와 |)를 사용하여 복잡한 조건문을 만들 수 있다. [코드 7-4]에서는 & 연산자 이용하여 if-else 구문에 적용하여 조건식에 맞는 결과를 출력하고, | 연산자를 사용하여 else문이 생략된 if문 조건에 따라 결과를 출력한다.

[코드 7-5]는 다중 if-else문으로 시험 점수에 따른 학점을 결정하는 예이다.

[코드 7-5]

```
score <- 70
if(score >= 90) {
  grade <- 'A'
} else if(score >= 80) {
  grade <- 'B'
} else if(score >= 70) {
  grade <- 'C'
} else if(score >= 60) {
  grade <- 'D'
} else {
  grade <- 'F'
}
print(grade)
```

[실행 결과 7-5]

```
[1] "C"
```

if-else문을 작성할 때 조건에 따라 두 값 중 하나를 선택하는 경우라면 ifelse문을 이용하는 것이 편리하다. ifelse문의 문법은 다음과 같다.

```
ifelse(비교 조건, 조건이 참일 때 선택할 값, 조건이 거짓일 때 선택할 값)
```

〈그림 7-2〉와 같이 동일한 결과를 도출하는 명령문을 앞에서 배운 if-else문과 ifelse문으로 작성한 코드를 비교해 보자. 코드가 훨씬 단순해짐을 알 수 있다.

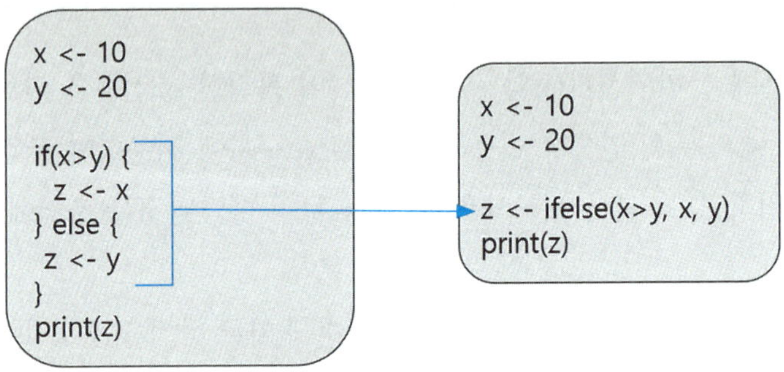

〈그림 7-2〉 if-else문과 ifelse문 비교

03 반복문

1) for문

반복문은 정해진 동작을 반복적으로 수행할 때 사용하는 명령문으로 동일 명령문을 여러 번 반복해서 실행할 때 사용한다. 반복문에는 for문과 while문, repeat문이 있는데 먼저 for문에 대해 알아보자.

for문은 반복 횟수가 정해져 있을 때 사용되며, 가장 많이 사용하는 반복문이다. for문의 기본 문법은 다음과 같다.

```
for(반복 변수 in 반복 범위 ) {
  반복할 명령문
}
```

다음은 for문을 사용하는 예로 1~10까지의 값들을 출력하는 코드이다. i의 값들을 살펴보자.

[코드 7-6]

```
for(i in 1:10){
  print(i)
}
```

[실행 결과 7-6]

```
[1] 1          # 첫 번째 반복으로 i에 저장된 값은 1
[1] 2          # 두 번째 반복으로 i에 저장된 값은 2
[1] 3          # 세 번째 반복으로 i에 저장된 값은 3
[1] 4          # 네 번째 반복으로 i에 저장된 값은 4
[1] 5          # 다섯 번째 반복으로 i에 저장된 값은 5
[1] 6          # 여섯 번째 반복으로 i에 저장된 값은 6
[1] 7          # 일곱 번째 반복으로 i에 저장된 값은 7
[1] 8          # 여덟 번째 반복으로 i에 저장된 값은 8
[1] 9          # 아홉 번째 반복으로 i에 저장된 값은 9
[1] 10         # 열 번째 반복으로 i에 저장된 값은 10
```

반복 범위가 1:10으로 설정되어 있으므로 이것은 1~10까지를 의미한다. 이를 통해 10회 반복된다는 것을 알 수 있다. 반복 변수 i는 반복에 대한 정보를 담고 있는 변수로 반복 범위에 있는 값을 출력한다. i는 반복이 진행될 때마다 값이 하나씩 증가되면서 반복 범위에 있는 값들이 하나하나 출력된다. for문의 { }는 반복할 명령문이 포함되는데 하나의 명령문이 반복될 수도 있거나 여러 명령문이 반복될 수 있다.

반복 변수를 이용하면 다양한 작업을 할 수 있는데 10부터 0까지 카운트 다운하는 반복문을 실행해 보자.

[코드 7-7]

```
for(i in 1:10){
```

```
  x <- 11-i
  cat('카운트 다운 : ', x, '₩n')
}
```

[실행 결과 7-7]

```
카운트 다운 :  10
카운트 다운 :  9
…중간 생략…
카운트 다운 :  2
카운트 다운 :  1
```

10부터 1까지 카운트 다운으로 하기 위해 print() 함수 대신에 cat() 함수를 사용하였다. print() 함수는 하나의 값을 출력할 때 사용하고, cat() 함수는 한 줄에 여러 개의 값을 결합하여 출력할 때 사용한다. 여기서 10부터 카운트 다운을 위해 11에서 i의 증가된 값만큼 빼서 x에 저장한다. 그리고 '카운트 다운'은 단수 문자열이기 때문에 반복이 진행되어도 동일한 값을 출력하고 x는 반복이 진행되면서 i값이 증가될 때마다 x값이 바뀜으로 반복할 때마다 다른 값이 출력된다.

다음은 for문과 if-else 조건문을 사용하여 홀수와 짝수를 출력하는 코드이다.

[코드 7-8]

```
for(i in 1:10) {
  if(i%%2==0) {
    cat(i, '은 짝수입니다.','₩n')
  } else {
    cat(i, '은 홀수입니다.','₩n')
  }
}
```

[실행 결과 7-8]

```
1 은 홀수입니다.
2 은 짝수입니다.
…중간 생략…
9 은 홀수입니다.
10 은 짝수입니다.
```

for문과 if-else을 함께 사용하여 1~10까지의 수를 반복하면서 i%%2==0의 조건을 비교한다. i를 2로 나눈 나머지가 0인지를 확인하여 i의 값에 따라 홀수와 짝수를 출력하는 것을 알 수 있다.

이번에는 반복문 for문 안에 if문을 활용한 [코드 7-8]를 토대로 '한국언론진흥재단_뉴스빅데이터_정치 지면 고빈도 사용명사(News_BD_P.csv)' 데이터 세트에서 빈도수(Frequency)에 따라 185 이하이면 'L', 345 이상이면 'H', 나머지 중간 부분은 'M'으로 분류하여 레이블을 추가로 생성하도록 하자.

[코드 7-9]

```
setwd("C:/REx")
news <- read.csv("News_BD_P.csv", header = T)
head(news)

norow <- nrow(news)          # News_BD_P 데이터의 행의 수(총 200개의 행)
newlabel <- c()              # 비어있는 벡터 선언
for(i in 1:norow) {
  if(news$Frequency[i] <= 185) {    # 빈도수에 따라 H, M, L 레이블 결정
    newlabel[i] <- 'L'
  } else if (news$Frequency[i] >= 345) {
    newlabel[i] <- 'H'
  } else {
    newlabel[i] <- 'M'
  }
}
print(newlabel)              # 새로운 레이블(newlabel) 출력

newsds <- data.frame(news, newlabel)  # News_BD_P 데이터와 레이블 결합
head(newsds)                 # 새로운 데이터 세트 내용 출력
```

[실행 결과 7-9]

```
  ranking keyword Frequency
1       1  대통령     10095
2       2  위원장      5165
3       3  민주당      4775
```

```
4     4  코로나19    4397
5     5  청와대       3191
6     6  추미애       2458
```

```
 [1] "H" "H" "H" "H" "H" "H" "H" "H" "H" "H" "H" "H" "H" "H"
 [15] "H" "H" "H" "H" "H" "H" "H" "H" "H" "H" "H" "H" "H" "H"
                                        …중간 생략…
 [71] "M" "M" "M" "M" "M" "M" "M" "M" "M" "M" "M" "M" "M" "M"
 [85] "M" "M" "M" "M" "M" "M" "M" "M" "M" "M" "M" "M" "M" "M"
                                        …중간 생략…
[183] "L" "L" "L" "L" "L" "L" "L" "L" "L" "L" "L" "L" "L" "L"
[197] "L" "L" "L" "L"
```

```
  ranking  keyword Frequency newlabel
1      1      대통령    10095      H
2      2      위원장     5165      H
3      3      민주당     4775      H
4      4    코로나19     4397      H
5      5      청와대     3191      H
6      6      추미애     2458      H
```

위의 데이터는 2020년 9월 데이터를 기준으로 한국언론진흥재단에서 제공하는 뉴스빅데이터 정치 지면의 고빈도 사용명사 공공 데이터 세트를 토대로 빈도수에 따라 'H', 'M', 'L'로 분류하여 레이블을 추가하였다. 우선 외부 데이터 파일(News_BD_P.csv)을 읽고 내용을 확인하였다. nrow(news)를 이용하여 행의 수를 파악한 후 norow 변수에 저장한다. 그리고 비어있는 벡터 newlabel를 선언한다. for문을 이용하여 news$Frequency의 i번째 값에 따라 newlabel의 i번째 값이 if-else문에 따라 'H', 'M', 'L' 중의 하나로 결정된다. newlabel은 처음에는 비어있는 벡터였는데 for문의 반복이 실행될 때마다 값들이 하나씩 추가되어 for문이 종료되면 200개의 레이블 값을 가지게 된다. 이를 원래의 데이터가 저장되어 있는 news와 새로운 레이블 newlabel를 결합한다. 이를 확인해 보면 데이터 맨 끝 열에 newlabel이 생성된 것을 확인할 수 있다.

2) while문

for문과 유사한 기능을 하는 while문은 어떤 조건이 만족하는 동안 코드블록을 수행하고, 해당 조건이 거짓일 경우에 반복을 종료하는 명령문이다. while문은 횟수가 정해져 있지 않을 때 사용되며, 조건문과 반복문이 결합한 형태로 이해하면 된다. while문의 기본 문법은 다음과 같다.

```
while(비교조건) {
반복할 명령문
}
```

while문은 비교 조건을 만족하는 동안 코드블록 { } 안의 명령문들을 반복 수행한다. 따라서 while문은 for문과 달리 몇 번이나 반복이 실행될지 알 수 없다.

다음 예는 for문에서 설명한 1~10까지의 값들을 출력하는 코드를 while문을 이용하여 구현한 것이다.

[코드 7-10]

```
i <- 1
while(i<=10) {
  print(i)
  i <- i+1
}
```

[실행 결과 7-10]

```
[1] 1
[1] 2
                    …중간 생략…
[1] 9
[1] 10
```

위의 코드에서 주목할 부분은 while문을 실행하기 전에 i를 먼저 선언한 것과 코드블록 안에서 반복 변수에 해당하는 i의 값을 1 만큼씩 증가시키는 부분이다.

만약 i 〈– i+1이 없으면 i 값에 변화가 일어나지 않고 while문의 조건인 i〈=10이 계속 만족되어 while문이 멈추지 않고 계속 실행되는 "무한 루프(infinite loop)"가 된다. 프로그램이 무한 루프에 빠지면 컴퓨터의 작동이 멈출 수도 있으니 주의해야 하며, 이때는 강제 종료를 위해 콘솔 창 상단 오른쪽에 있는 stop 아이콘()을 클릭하면 실행 중인 작업을 중단할 수 있다.

3) repeat문

repeat문은 while문과 동일하지만 차이점을 가지는데, 일단 한번은 무조건 실행을 해야한다는 점이다. 블록 안의 문장을 반복해서 계속 수행하므로 반복 종료 시 break문이 필요하다. for문이나 while문보다는 자주 쓰는 반복문은 아니다.

repeat문의 기본 문법은 다음과 같다.

```
repeat {
반복할 명령문
 if(비교조건) {
    break
 }
}
```

다음 예는 1~10까지의 값들을 출력하는 코드를 repeat문을 이용하여 구현한 것이다.

[코드 7-11]

```
i 〈– 1
repeat{
 print(i)
 if(i〉=10){
      break
 }
 i 〈– i+1
}
```

[실행 결과 7-11]

```
[1] 1
[1] 2
```

…중간 생략…

```
[1] 9
[1] 10
```

위의 코드는 while문의 내부와 동일한 코드를 가지고 있으나 repeat에 조건이 없으므로, 반복 도중에 반복문을 벗어나기 위해서는 break문을 이용한다. 만약 위의 [코드 7-10]의 while문에서 while(FALSE)로 조건이 선언되었다면 i의 값이 출력되지 않는다. 그러나 repeat문은 그런 조건의 제약을 걸 수 없으므로 일단 실행이 되고 본다. 그리고 if 문을 통해 출력 여부가 결정된다. 이러한 특징은 분석하고자 하는 상황에 따라 알맞게 사용될 수 있다.

특정 기능을 반복적으로 수행하기 위해 위에서 설명한 것과 같이 for, while, repeat 등이 사용될 수 있다. 1~10 사이의 정수 총합을 계산하여 출력하는 예를 통해 이들 각 반복문들을 비교해 보자.

for문

```
sum <- 0
for( i in 1:10) {
   sum <- sum+i
}
print(sum)
```

while문

```
sum <- 0
i <- 1
while(i<=10) {
  sum <- sum+i
  i <- i+1
}
print(sum)
```

repeat문

```
sum <- 0
i <- 1
repeat {
  sum <- sum+i
  i <- i+1
  if(i>10)
    break
}
print(sum)
```

〈그림 7-3〉 for문, while문, repeat문 비교

반복문인 for문과 while문, repeat문 중 어느 것을 사용할지에 대해서는 정해진 규칙은 없다. 그러나 어떤 작업의 반복 횟수가 정해져 있다면 for문을 사용하고, 반복 횟수가 가변적이라면 while문 또는 repeat를 사용하는 것이 편리하다. 조건에 따라 반복해야 한다면 while문, 조건이 없는 상태에서 일단 반복해야 하

는 경우에는 repeat와 break문을 함께 사용하여 작성하도록 한다.

4) break문과 next문

반복문과 관련된 명령어로 break와 next가 있다. break는 반복문을 중단시키는 역할을 하고, next는 반복문의 시작 지점으로 되돌아가는 역할을 한다.

다음 [코드 7-12]는 1부터 10까지의 수를 반복하여 값들을 출력할 시 break문을 사용한 예이다.

[코드 7-12]

```
for (i in 1:10){
  if (i==5){
    break
  }
  print(i)
}
```

[실행 결과 7-12]

```
[1] 1
[1] 2
[1] 3
[1] 4
```

결과를 보면 i의 값 출력은 반복할 때마다 i의 값 상태에 따른 (i==5) 조건 비교 후 1~4까지 출력된다. 이는 if (i==5) 조건에 의해 i가 5가 되면 break를 만나 for문이 중단되기 때문이다.

다음 [코드 7-13]은 1부터 10까지의 수를 반복하여 값들을 출력할 시 next문을 사용한 예이다.

[코드 7-13]

```
for (i in 1:10){
  if (i==5){
    next
  }
  print(i)
}
```

[실행 결과 7-13]

```
[1] 1
[1] 2
[1] 3
[1] 4
[1] 6
[1] 7
[1] 8
[1] 9
[1] 10
```

위의 코드 결과를 보면 5를 제외한 나머지 반복이 계속 진행됨을 알 수 있다. next는 if (i==5) 조건을 만나면 이 조건을 만족할 때만 빼고 나머지를 실행한다. 따라서 총 9번이 실행된다.

다음 [코드 7-14]는 break와 next를 이용하여 1부터 10까지 숫자 일부를 출력하는 프로그램이다.

[코드 7-14]

```
for(x in 1:10){
  if(x>5)
    break
  if(x>3)
    next
```

```
    print(x)
}
```

[실행 결과 7-14]

```
[1] 1
[1] 2
[1] 3
```

위 결과를 보면 x가 1부터 시작하여 1씩 증가하면서 반복하는데 x의 값이 3까지 출력되고 4부터 next에 의해 다음 반복으로 넘어간다. 그리고 5의 값도 next에 의해 넘어간 후 6이 되면 break문에 의해 중단된다.

break와 next는 for문뿐만 아니라 while문, repeat에서도 적용된다.

04 apply() 계열 함수

반복 작업의 대상이 2차원의 매트릭스나 데이터 프레임인 경우 for문이나 while문 대신에 apply() 계열 함수를 이용한다. 반복문을 활용해서 연산을 해도 되지만 하나씩 접근하여 연산하므로 처리 속도가 많이 저하된다. 따라서 R프로그래밍할 때 for문이나 while문을 사용하는 것을 지양해야 한다. apply 계열 함수를 이용하는 이유는 for문에 비해 인지, 가독성은 떨어질 수 있지만 짧아지는 코드와 성능 때문이다. 특수한 경우를 제외하고는 apply 계열, 특히 lapply와 sapply 함수를 많이 사용한다.

apply 계열 함수는 데이터 조작을 수행하는 데 편리함을 제공한다. R에서 제공하는 apply 계열 함수는 다음과 같다.

〈표 7-4〉 apply 계열 함수

함 수	설 명	특 징
apply()	배열 또는 행렬에 주어진 함수를 적용한 다음 그 결과를 벡터/배열/리스트로 반환	배열 또는 행렬에 적용

함 수	설 명	특 징
lapply()	벡터, 리스트 또는 표현식에 함수를 적용하여 그 결과를 리스트로 반환	결과가 리스트
sapply()	lapply와 유사하나 결과를 벡터/행렬/배열로 반환	결과가 벡터/행렬/배열
tapply()	벡터에 있는 데이터를 특정 기준으로 묶은 다음 각 그룹마다 주어진 함수를 적용하고 그 결과를 반환	데이터를 그룹으로 묶은 다음 함수에 적용
mapply()	sapply의 확장된 버전으로 여러 개의 벡터 또는 리스트를 인자로 받아 함수에 각 데이터 첫째 요소들을 적용한 결과, 둘째 요소들을 적용한 결과, 셋째 요소들을 적용한 결과 등을 반환	여러 종류의 데이터를 사용할 수 있는 명령어

교재에서는 〈표 7-4〉에서 언급한 apply 계열 함수 중에서 가장 많이 사용되는 apply 함수에 대해 중점적으로 설명하며, 이에 대한 사용법을 예제를 통해 알아본다. apply() 함수의 최대 강점은 함수와 연계하여 사용할 수 있다는 것이다. apply() 함수는 계산된 결과를 함수에 자동으로 넘겨 함수가 별도의 조작을 하도록 만들 수 있다.

apply() 함수의 문법은 다음과 같다.

```
apply(데이터 세트, 행/열방향 지정, 적용 함수)
```

apply() 함수의 문법에 나오는 첫 번째 매개변수는 데이터 세트으로 반복 작업을 적용할 대상 매트릭스나 데이터 프레임의 이름을 입력한다. 두 번째 매개변수는 행 또는 열 방향을 지정할 수 있는데 행 방향 작업의 경우 1, 열 방향 작업의 경우 2를 지정한다. 마지막 매개변수는 반복 작업의 내용을 알려주는 것으로 R의 함수나 사용자 정의 함수를 지정한다.

apply() 함수의 사용법을 알아보기 위해 R에서 제공하는 women 데이터 세트를 이용하여 여성의 키와 몸무게의 합계, 평균, 최댓값을 구해 보자.

[코드 7-15]

```
women                  # women 데이터 세트 확인
apply(women, 1, sum)   # 행 방향 기준으로 합계을 구함
apply(women, 2, sum)   # 열 방향 기준으로 합계을 구함
apply(women, 2, mean)  # 열 방향 기준으로 평균을 구함
apply(women, 2, max)   # 열 방향 기준으로 최댓값을 구함
```

[실행 결과 7-15]

```
 women
   height weight
1      58    115
2      59    117
3      60    120
                              …중간 생략…
13     70    154
14     71    159
15     72    164
```

```
 [1] 173 176 180 184 188 192 196 200 205 209 214 219 224 230
[15] 236
```

```
height weight
   975   2051
```

```
   height    weight

 65.0000 136.7333
```

```
height weight
    72    164
```

위 결과를 보면 먼저 women 데이터 세트를 확인하였고, apply() 함수를 이용하여 두 번째 매개변수의 행 방향 1, 열 방향 2로 합계을 구한다. 그리고 열 방향으로 women 데이터 세트의 평균과, 최댓값을 구한다. 이렇듯, apply는 마지막 매개변수에 함수를 사용할 수 있어서 유용하게 사용할 수 있다. 이외에 3차원 데

이터인 배열에도 적용할 수 있는데 많이 사용되지 않으므로 여기에서는 설명을 생략하도록 한다.

이제 apply 계열 함수 중 추가로 sapply() 함수와 mapply() 함수에 대한 간단한 사용 예를 살펴보도록 하자.

[코드 7-16]

```
x <- c(1,2,3)
y <- c(1,2,3,4,5,6)

xy <- list(x, y)      #리스트 xy 를 생성
xy

# 리스트 형 자료를 받아서, sum 함수를 계산하고 벡터형으로 반환
sapply(xy, sum)

# 두 개의 벡터를 받아서 sum 함수로 계산하고 벡터로 반환
mapply(sum, x, y)
```

[실행 결과 7-16]

```
[[1]]
[1] 1 2 3

[[2]]
[1] 1 2 3 4 5 6

[1]  6 21

[1] 2 4 6 5 7 9
```

위 [코드 7-16]은 리스트형 자료를 받아서 sum 함수로 합계를 계산하여 벡터형으로 변환하는 sapply() 함수와 벡터 두 개를 받아 sum 함수로 계산하는 mapply() 함수를 적용한 프로그램이다. 위에서 언급하지 않은 apply 계열 함수는 apply() 함수를 이해하면 나머지 함수들에 대해서도 쉽게 사용할 수 있다.

05 사용자 정의 함수

R은 데이터 분석에 사용하는 수많은 함수들을 제공하기도 하지만 사용자 스스로 자신만의 함수를 만들어 사용할 수 있는 "사용자 정의 함수" 기능도 제공한다. 자주 사용하는 코드를 함수로 저장하고, 필요할 시 함수를 호출하여 사용하면 코드 라인도 짧아질 뿐만 아니라 복잡한 작업도 손쉽게 처리할 수 있다.

1) 사용자 정의 함수 선언과 사용

사용자가 함수를 정의하기 위한 문법은 다음과 같다.

```
함수명 <- function(매개변수 목록) {
  실행할 명령문
  return(함수의 실행 결과)
}
```

다음 〈그림 7-4〉는 다양한 유형의 사용자 정의 함수 선언에 대한 예를 보이고 있다.

① 매개변수 ×, 변환 ×

```
a <- function() {
  print(10)
}
```

② 매개변수 ○, 변환 ×

```
b <- function(x,y) {
  print(x+y)
}
```

③ 매개변수 ×, 변환 ○

```
c <- function() {
  x <- 100
  return(x)
}
```

④ 매개변수 ○, 변환 ○

```
d <- function(x) {
  return(x+10)
}
```

〈그림 7-4〉 다양한 유형의 사용자 정의 함수

①번은 매개변수가 없고 반환값도 없는 사용자 정의 함수를 선언하였으며, ②번은 매개변수 두 개(x,y)를 입력받아 { } 안에 있는 명령문을 실행하고 반환값이 없는 사용자 정의 함수를 선언하였다. ③번은 매개변수가 없고 { } 안에 있는 명령문에서 값을 생성한 후 되돌려주는 반환값이 있는 사용자 정의 함수이고, ④번은 매개변수 한 개(x)를 입력받아 { } 안에 있는 명령문을 실행하고 return 뒤에 있는 변수의 값을 되돌려주는 반환값이 있는 사용자 정의 함수이다.

다음 [코드 7-17]은 사용자 정의 함수의 문법에 맞추어 두 개의 입력값을 받아 곱한 결괏값을 돌려주는 함수 선언하고 이를 사용한 예이다.

[코드 7-17]

```
multi <- function(x,y) {          # 사용자 정의 함수 multi 선언
  z <- x * y
  return(z)
}

multi(10,20)                      # multi 함수 사용
```

[실행 결과 7-17]

```
[1] 200
```

사용자 정의 함수의 이름은 multi이고, 이 함수가 입력받는 매개변수는 x와 y이다.

맨 마지막에 있는 multi(10,20)는 함수를 호출하는 부분이며, multi 함수를 호출하면서 10과 20을 함께 넘겨준다. multi 함수에서는 매개변수 x에 10을 y에 20을 저장한 후 코드블록 { } 안에 있는 명령문을 통해 x와 y를 곱해서 z에 저장하고 return(z)를 통해 z의 값을 함수 호출한 곳으로 되돌려준다. 작성된 함수는 작성 코드 자체를 한 번 실행해 주면 R은 multi 함수를 기억하게 되고 언제든 필요할 때 호출해서 사용할 수 있다. R을 종료했다가 다시 시작하면 함수 작성 코드를 다시 실행해서 재기억시켜야 한다.

사용자 정의 함수에서도 매개변수에 초깃값을 설정할 수 있다. 〈코드 7-18〉에서는 세 개의 매개변수 a, b, c를 입력받아 더한 값을 반환하는데 사용자가 b와 c의 값을 입력하지 않으면 b=20, c=30을 자동 적용하는 함수와 그 함수를 사용한 예이다.

[코드 7-18]

```
addf <- function(a,b=20,c=30) {          # 매개변수 초기값 b=20, c=30 설정
  result <- a+b+c
  return(result)
```

```
}

addf(a=10, b=30, c=50)          # 매개변수 이름과 매개변수값을 쌍으로 입력
addf(10,30,50)                  # a, b, c에 대한 값만 입력
addf(10,30)                     # a, b에 대한 값만 입력(c 값이 생략됨)
addf(10)                        # a에 대한 값만 입력(b, c 값이 생략됨)
```

[실행 결과 7-18]

```
[1] 90
```

```
[1] 90
```

```
[1] 70
```

```
[1] 60
```

사용자 정의 함수의 이름은 addf이고, 이 함수를 호출 시 넘겨지는 매개변수 이름과 값에 따라 함수에 정의되어 있는 더하기 계산이 처리된다. 매개변수값만 입력하거나 일부 매개변수를 생략할 시에는 입력 순서에 따라 매개변수 입력값으로 처리되며, 생략된 값은 초깃값으로 자동 적용된다.

함수는 일반적으로 하나의 결괏값을 반환한다. 그러나 상황에 따라 여러 개의 값을 반환해야 하는 경우가 있는데 이때는 list() 함수를 이용하여 여러 개의 결괏값을 하나로 묶고, 그것을 반환하면 된다. [코드 7-19]는 a와 b를 입력받아 두 변수의 합과 차를 list() 함수로 묶어서 반환하는 함수 addsub()와 이 함수를 사용한 예이다.

[코드 7-19]

```
addsub <- function(a,b) {
  add.val <- a+b
  sub.val <- a-b
  return(list(add=add.val, sub=sub.val))          # 합과 차의 값을 반환
}

result <- addsub(20,10)
```

```
x <- result$add                          # 20과 10의 합
y <- result$sub                          # 20과 10의 차
cat('a와 b의 합은', x, '₩n')
cat('a와 b의 차는', y, '₩n')
```

[실행 결과 7-19]

```
a와 b의 합은 30
a와 b의 차는 10
```

addsub() 함수를 살펴보면 합과 차에 대한 두 개의 값을 반환하는 것을 볼 수 있다. add와 sub으로 두 개의 값을 호출한 곳으로 값이 반환되며 result$add와 result$sub을 통해 합과 차에 대한 값을 x, y에 저장하고 이를 출력한다.

2) 사용자 정의 함수 저장 및 호출

사용자 정의 함수의 사용 절차는 우선 함수를 작성하고, 함수를 실행하여 R에 함수를 등록한다. 그리고 필요한 곳에서 작성한 함수를 호출하여 사용하면 된다. 자주 사용하게 될 사용자 정의 함수는 파일에 따로 모아두었다가 필요할 때 호출하여 사용하면 된다. 앞에서 작성한 [코드 7-17]의 multi 함수 정의 부분만 다음과 같이 작성한 후 'multi.R'로 저장하자. 그리고 원하는 위치에 저장하자.

```
multi <- function(x,y) {
  z <- x * y
  return(z)
}
```

그리고 [코드 7-20]에서 'multi.R'로 저장된 함수를 이용해 보자.

[코드 7-20]

```
# 파일이 있는 곳 경로 지정 및 파일 안의 함수 실행
```

```
setwd("C:/RExample")
source("multi.R")

# 함수 사용
result1 <- multi(10,20)
result1
result2 <- multi(multi(10,20),2)
result2
```

[실행 결과 7-20]

```
[1] 200
```

```
[1] 400
```

multi() 함수를 호출하기 위해서는 파일이 있는 경로를 작업 폴더로 지정한 후 source("multi.R")를 이용하여 파일에 있는 multi() 함수를 실행한다. source("multi.R")의 의미는 multi.R 파일에 저장되어 있는 함수나 명령문들을 실행하라는 것이다. 위와 같이 multi() 함수를 사용할 준비가 되면 필요한 곳에서 호출하여 사용하면 된다.

[활동 7-1] R에서 제공하는 iris 데이터 세트를 이용하여 다음 문제를 해결하기 위한 코드를 작성하시오.

for문을 이용하여 iris 데이터 세트에서의 꽃잎의 길이(Petal.Length)에 따라 'L'(1.6 이하), 'M'(1.6~5.0 사이의 값), 'H'(5.1 이상)으로 분류하여 레이블을 부여하고 이를 출력하시오.

[활동 7-2] 벡터를 입력하면 벡터의 최댓값과 최솟값으로 두 개의 값을 반환하는 사용자 정의 함수를 작성하고 이 함수를 적용한 결과를 출력하시오.

(1) maxmin 이름으로 사용자 정의 함수를 작성한다.

(2) 최댓값과 최솟값을 반환하도록 한다.

(3) 벡터 v <- c(30, 5, 6, 7, 20, 15, 11, 13, 28, 25) 를 생성한다.

(4) maxmin 함수를 호출하여 반환되는 최댓값과 최솟값을 각각 출력하시오.

데이터 시각화

데이터 시각화가 무엇인지 알아보고 시각화를 위해 필요한 다양한 그래픽 기술들에 대해 알아보도록 하자. R은 어떤 분석 패키지보다 강력한 그래픽 기능을 제공하므로 시각화 기법들을 잘 이해하면 다양한 데이터 모습과 그래프 종류에 맞는 그래프를 작성할 수 있을 것이다. 데이터를 시각화하면 데이터의 특징을 쉽게 이해할 수 있으며, 데이터가 가지고 있는 정보나 의미가 보다 쉽고 명확하게 전달된다. 따라서 데이터 시각화는 데이터 분석 방법에서 자주 사용한다.

08

학습 목표

- R 프로그래밍의 데이터 시각화에 대하여 말할 수 있다.
- R 프로그래밍의 다양한 시각화 패키지를 사용할 수 있다.
- 다양한 데이터 모습과 그래프 종류를 연계하여 데이터 시각화할 수 있다.

01 데이터 시각화 기법

1) 데이터 시각화의 중요성

데이터 분석가의 주요 업무는 데이터를 분석하고 분석 결과를 사용자가 이해할 수 있는 형태로 정리하여 제공하는 것이다. 따라서, 데이터 분석 기술과 이것을 표현하는 데이터 시각화 기법은 반드시 갖추어야 하는 기본 능력이다. 데이터 시각화는 데이터를 그래프로 표현하는 것으로 데이터에 대한 분석을 위해 사용하거나 전달하고자 하는 것을 정리하는 목적으로 사용한다.

그래프(Graph)는 데이터를 보기 쉽게 그림으로 표현한 것을 말한다. 데이터 자료나 통계표는 수많은 숫자와 문자로 구성되어 있어 의미 파악이 어렵다. 이러한 데이터를 그래프로 표현하면 추세와 경향성이 드러나기 때문에 데이터가 담고 있는 정보나 의미를 보다 쉽게 파악할 수 있고, 그래프를 만드는 과정에서 새로운 패턴을 발견하기도 한다. 또한, 데이터 분석으로부터 찾아낸 가치는 데이터를 기반으로한 새로운 의사 결정에 객관적인 자료로 사용할 수 있다.

데이터 시각화는 데이터를 보여주고, 적절한 비교를 하고, 연관된 여러 변수를 보여줄 수 있도록 작성되어야 한다. 이를 위해 R에서는 2차원 그래프뿐만 아니라 3차원 그래프, 지도 그래프, 네트워크 그래프, 시간에 따라 변화하는 모션 차트, 마우스 조작에 반응하는 인터랙티브 그래프 등 다양한 그래프 종류들이 있으며, 이러한 그래프를 만들 수 있는 다양한 패키지가 있다. 교재에서는 R에서 제공하는 다양한 기본 그래프 및 ggplot2 패키지 등을 이용하여 데이터 시각화를 위해 필요한 다양한 그래프를 작성하도록 한다.

2) R 그래프 전체 구성 결정

그래프 결과가 나오는 plot창(윈도우) 하나에 그래프를 한 개만 그릴 것인지, 여러 개를 그릴 것인지, 그리고 어디에 어떤 그래프를 그릴 것인지를 결정해야 한다. 설명을 위해 [코드 8-1]과 같이 R에서 제공하는 기본적인 그래프를 작성해 보자.

plot() 함수로 그래프를 그리게 되면 R은 기본 설정에 따라 plot창에 윈도우를 열고 한 개의 그래프를 그리게 된다. 대부분의 경우에는 윈도우 한 개에 그래프 한 개를 그리는 방식이며, 상황에 따라 하나의 그래프에 여러 개를 표현해야 하는 경우가 있다. 이런 경우에는 화면을 여러 개로 가상 분할한 후 각각의 분할된 화면에 여러 개의 그래프를 출력하면 된다. 다음 [코드 8-2]와 같이 mfrow 명령어를 사용하면 된다. mfrow 함수를 사용하면 그림을 여러 개 그릴 수 있으며, 순서대로 그림이 그려진다. 그림을 그릴 때, 여러 그림을 순서대로 윈도우 하나에 그리는 경우 유용하게 사용할 수 있다. 특히, R 명령어 한 개가 그림 여러 개를 순서대로 만드는 경우 mfrow를 미리 선언해 놓으면 R 명령이 수행해서 보여주는 여러 그림을 볼 수 있다.

[코드 8-1]

```
plot(1:20)   # 산점도를 그림
```

[실행 결과 8-1]

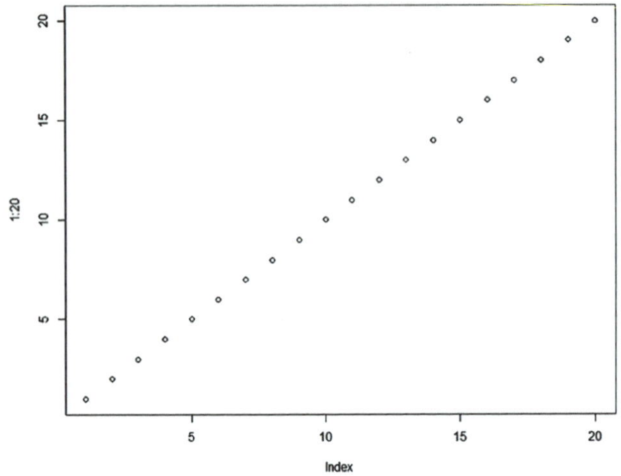

[코드 8-2]

```
par(mfrow=c(2,1))   #2행 1열로 가상화면 분할
plot(1:20)
plot(20:1)
par(mfrow=c(1,1))     #가상화면 분할 해제
```

[실행 결과 8-2]

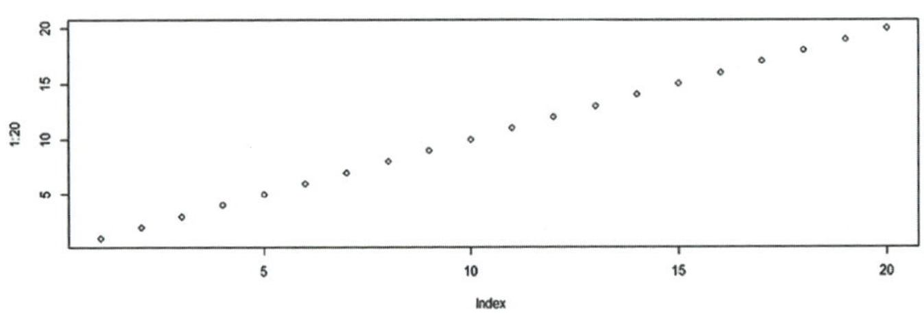

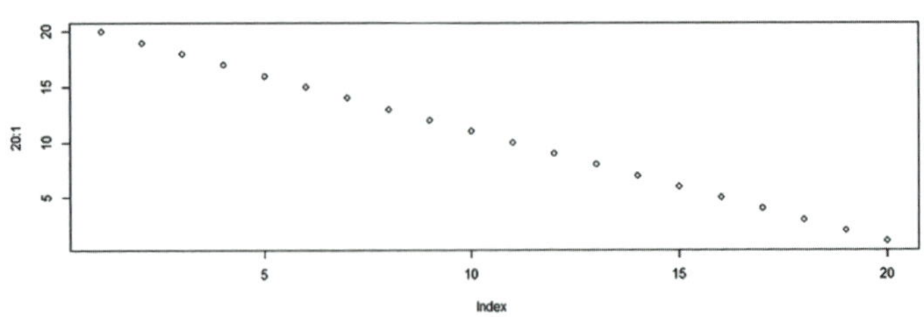

위의 코드에서 가상 화면을 분할하는 부분은 par(mfrow=c(2,1))이다. par() 함수는 한 창에 그래프를 여러 개 그리는 함수이며, mfrow는 행부터 채우게 된다. 이 부분을 mfcol로 작성하면 열부터 채우게 된다. 그리고, 2는 가상 화면의 행(row)의 수, 1은 가상 화면의 열(column)의 수이며, 2행 1열의 화면으로 분할한다. 결과적으로는 화면을 세로 방향으로 2개로 분할한 후 분할된 창에 맞게 그래프가 행부터 채워지므로 위, 아래로 출력된다. 마지막으로 다시 하나의 화면으로 되돌리려면 par(mfrow=c(1,1))로 가상 화면 분할 해제를 해주어야 한다.

3) R 그래프 작성 과정

이제 R에서 그래프를 그리는 일반적인 과정에 대해 알아보자. 작성 순서는 다음과 같다.

1. 그래프에 사용할 데이터를 확보한다.
2. 확보된 데이터를 기반으로 기본 그래프를 그린다.
3. x축과 y축 넣기
4. 그래프 제목, x축과 y축의 레이블 넣기
5. 기존 그래프에 추가 그래프 넣기
6. 주석 추가하기

위의 순서대로 그래프를 작성해 보자. 우선, 그래프에 사용할 데이터 x, y, z를 작성한 후 기본 그래프를 그려 보자.

[코드 8-3]

```
x <- c(100, 200, 180, 150, 160)
y <- c(220, 300, 280, 190, 240)
z <- c(310, 330, 320, 290, 220)

# X 데이터의 꺾은선 그래프, 빨간색으로 0~400까지 Y축 범위 지정, X,Y축 표시 및 레이블 표시 안함.
plot(x, type="o", col="red", ylim=c(0,400), axes=F, ann=F)
```

[실행 결과 8-3]

위의 코드는 x 데이터를 이용해서 꺾은선 그래프를 작성한 것이다. type이 'o'이면 점과 선을 연결해서 꺾은선 그래프가 그려지고, 'p'면 점만 표시된다. color는 'red' 빨간색이며, y축의 범위는 0~400으로 정한다. axes는 F로 이것은 x축과 y축을 표시하지 않는다는 것을 의미하며, ann=F는 x축과 y축의 이름(레이블)을 표시하지 않는 다는 것을 의미한다.

이제 [코드 8-3]에 x축과 y축을 넣어 보자.

[코드 8-4]

```
x <- c(100, 200, 180, 150, 160)
y <- c(220, 300, 280, 190, 240)
z <- c(310, 330, 320, 290, 220)
plot(x, type="o", col="red", ylim=c(0,400), axes=F, ann=F)

axis(1, at=1:5, lab=c("가","나","다", "라", "마"))
axis(2, ylim=c(0,400))
```

[실행 결과 8-4]

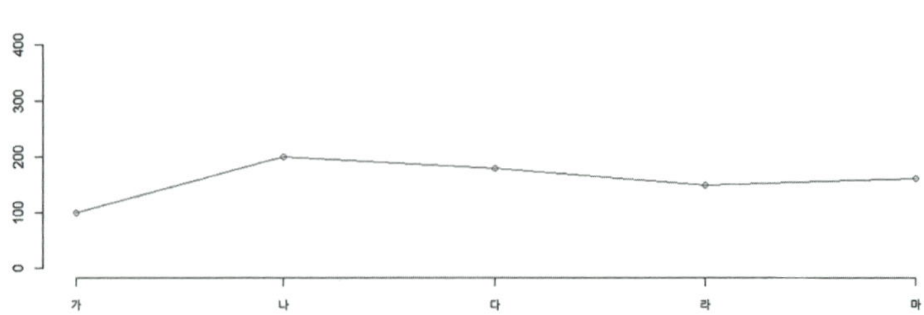

위의 코드에서 추가된 부분은 axis()로 그래프에 x, y축을 그리는 함수이다. 추가된 첫 번째 코드는 1이 x 축을 말하며, at는 x축의 값이 1~5까지라는 것을 의미한다. 그리고 그들의 각각 이름이 '가'~'마'까지로 작성된다. 두 번째 코드에서의 2는 y축을 말하며, 범위는 0~400까지를 나타낸다.

그 다음 단계로 그래프의 제목과 x축, y축에 레이블을 추가해 보자.

[코드 8-5]

```
x <- c(100, 200, 180, 150, 160)
y <- c(220, 300, 280, 190, 240)
z <- c(310, 330, 320, 290, 220)

plot(x, type="o", col="red", ylim=c(0,400), axes=F, ann=F)
axis(1, at=1:5, lab=c("가","나","다", "라", "마"))
axis(2, ylim=c(0,400))

title(main="Numer of book pages", col.main = "orange", font.main=4)
title(xlab="Book", col.lab="black")
title(ylab="Pages", col.lab="black")
```

[실행 결과 8-5]

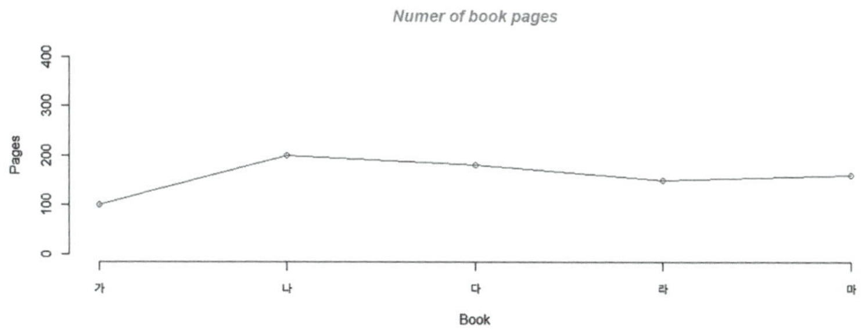

위의 코드에서 추가된 부분은 title()로 그래프에 제목을 추가하는 함수이며, x축, y축의 이름과 색을 설정할 수 있다.

이제 기존 그래프에 y와 z 추가 그래프를 작성해 보자.

[코드 8-6]

```
x <- c(100, 200, 180, 150, 160)
y <- c(220, 300, 280, 190, 240)
z <- c(310, 330, 320, 290, 220)

plot(x, type="o", col="red", ylim=c(0,400), axes=F, ann=F)
…코드 생략…
title(ylab="Pages", col.lab="black")

lines(y, type="b", pch=17, col="green", lty=2)
lines(z, type="b", pch=11, col="blue", lty=1)
```

[실행 결과 8-6]

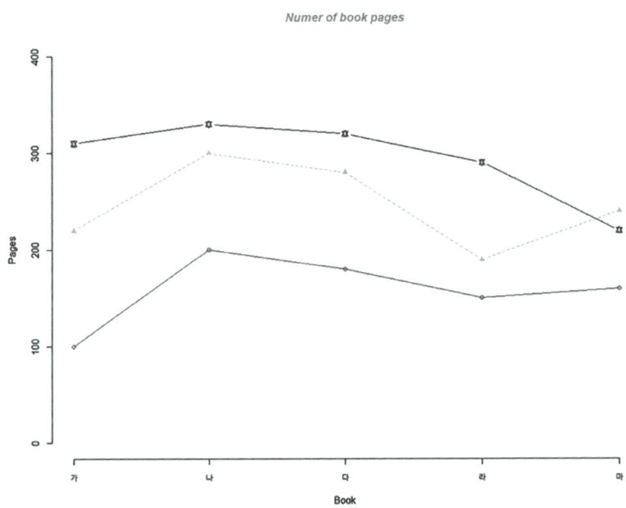

기존 그래프에 추가로 그래프를 그릴 때 lines()를 사용하며, 선을 그리는 함수이며, 이때 'pch'로 모양을 선택할 수 있는데 pch에 대한 모양 값들은 다음 〈그림 8-1〉과 같다. 자세한 내용은 https://www.statmethods.net/advgraphs/parameters.html 에서 확인할 수 있다. 위의 코드에서는 pch= 17 과 pch =11을 하였으며, 선의 종류도 lty=2와 lty=1을 사용하여 선을 작성하였다.

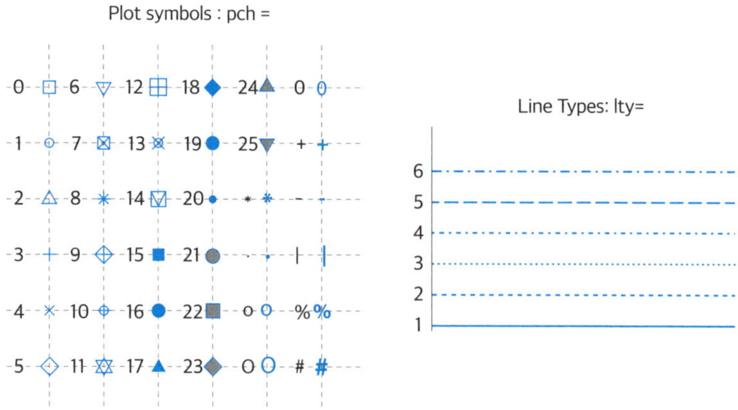

〈그림 8-1〉 선그래프에서의 모양과 선의 종류

마지막으로 그래프 설명을 위한 주석 처리를 해 보자.

[코드 8-7]

```
x <- c(100, 200, 180, 150, 160)
y <- c(220, 300, 280, 190, 240)
z <- c(310, 330, 320, 290, 220)

plot(x, type="o", col="red", ylim=c(0,400), axes=F, ann=F)
…코드 생략…
lines(z, type="b", pch=11, col="blue", lty=1)

legend(4, 400, c("Science", "Engligh", "Math"), cex=0.8, col=c("red", "green", "blue"),
pch=21, lty=1:3)
```

[실행 결과 8-7]

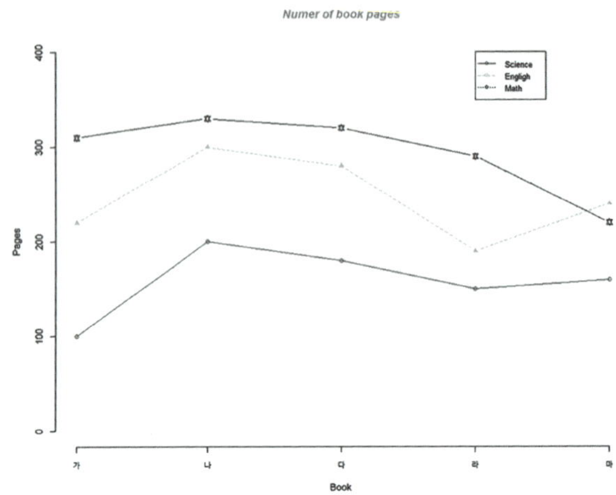

legend()를 사용하여 주석 위치를 지정하고 내용, 색, 크기를 설정하였다. 주석의 위치는 (4,400)이 되며, 주석 내용과 색을 지정하였으며, cex는 글자 크기를 설정하기 위한 것이다.

그래프를 다 작성하였다면 이미지 파일로 저장을 할 수 있다. plot창 메뉴의 [Export]버튼을 클릭하면 그래프를 이미지 파일로 저장하는 기능을 이용할 수 있다. [Save as Image]를 클릭하면 JPEG, PNG 등의 이미지 파일로 저장할 수 있고, [Save as PDF]를 클릭하면 PDF 포맷으로도 저장할 수 있다. 메뉴에서 이미지 크기와 포맷을 지정하고 [Save]를 클릭하면 프로젝트 폴더에 파일이 생성된다. [Copy to Clipboard]는 그래프를 메모리에 저장하는 기능이다. 이 버튼을 클릭한 후 엑셀, 파워포인트 등 다른 프로그램에서 붙여넣기를 하면 그래프가 삽입된다.

〈그림 8-2〉 그래프를 이미지 파일로 저장하기

지금까지 R에서 제공하는 다양한 그래프 옵션과 그래프를 그리는 단계를 설명하였다. 이러한 과정을 참고하여 다양한 그래프를 작성해 보도록 하자.

02 기본 R 그래프

데이터 분석가가 데이터 특성을 파악하기 위해 가장 많이 사용하는 것은 복잡한 그래프가 아닌 간단한 기본 그래프이다. 따라서, 가장 많이 사용되는 R 그래프인 막대그래프, 산점도, 히스토그램, 원그래프, 상자그림, 버블차트, 모자이크 플롯, 트리맵을 그리는 방법에 알아보자.

1) 막대그래프

데이터 특성을 파악하고 표현하기 위해 막대그래프를 사용하는 방법을 알아보자.

[코드 8-8]

```
x <- c(30, 20, 10, 50, 40, 80)
barplot(x, names="Total Number")      # 막대그래프 그리기
```

[실행 결과 8-8]

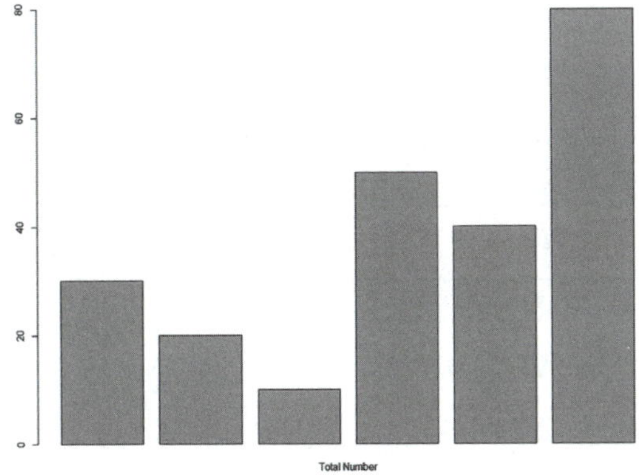

barplot()는 막대그래프를 작성하는 함수로 names는 각 막대의 라벨을 정의한다.

위의 [코드 8-8]을 응용하여 x 벡터를 행렬형 데이터로 변환하고 이를 막대그래프 두 개로 작성하여 비교해 보자.

[코드 8-9]

```
xm <- matrix(c(30, 20, 10, 50, 40, 80), 3,2)
xm

par(mfcol=c(1,2))       # 화면 1행 2열로 분할

barplot(xm, main="Total Scores", names=c("English","Math"), col=rainbow(3))
barplot(xm, main="Total Scores", names=c("English","Math"), col=rainbow(3), beside=T)

par(mfrow=c(1,1))      # 화면 분할 해제
```

[실행 결과 8-9]

```
     [,1] [,2]
[1,]   30   50
[2,]   20   40
[3,]   10   80
```

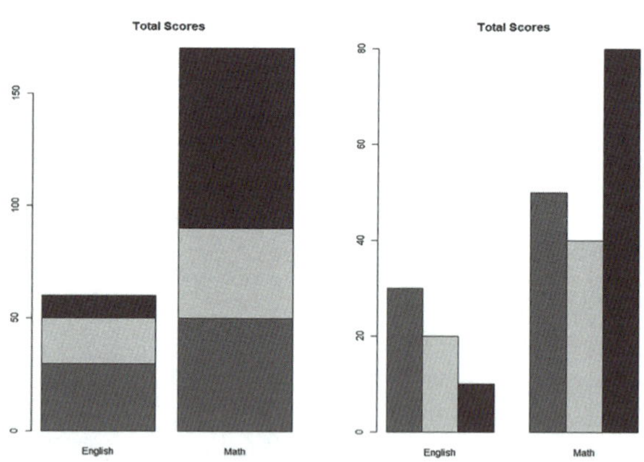

결과를 보면 'English'와 'Math' 성적을 세 명의 학생 관점으로 비교하고 있으며, 대체적으로 'Math' 성적이 'English' 성적보다 훨씬 높음을 알 수 있다. 또한, 세 명 중 마지막 학생이 'English' 성적은 안좋지만 'Math' 성적이 가장 높음을

알 수 있다.

코드에서 사용한 main은 그래프 제목을 나타내며, col은 막대의 색을 지정한다. rainbow(3)은 R 내에서 기본적으로 제공하는 것으로 내부 색깔 중 3개를 추출하여 설정하게 된다. beside=T는 각각의 값마다 막대를 그리는 것이며, 이외에도 horiz=T이면 막대를 옆으로 눕혀서 그려지게 된다. 위에서 설정은 안했지만 width로 막대의 상대적인 폭 정의도 가능하며, space를 사용하면 각 막대 사이의 간격을 지정할 수도 있다.

2) 산점도

산점도(scatter plot)는 2개의 변수로 구성된 자료의 분포를 알아보는 그래프로 관측값들의 분포를 통해 2개의 변수 사이의 관계를 파악할 수 있다. [코드 8-10]은 women 데이터 세트를 이용하여 키와 몸무게의 변화에 대해 알아본다.

[코드 8-10]

```
women
hvalue <- women$height
wvalue <- women$weight

plot(x=hvalue, y=wvalue, xlab="키", ylab = "몸무게", main = "키와 몸무게의 변화",
pch=24, col="blue", bg="yellow", cex=2, type="p")
```

[실행 결과 8-10]

```
   height weight
1      58    115
2      59    117
…중간 생략…
14     71    159
15     72    164
```

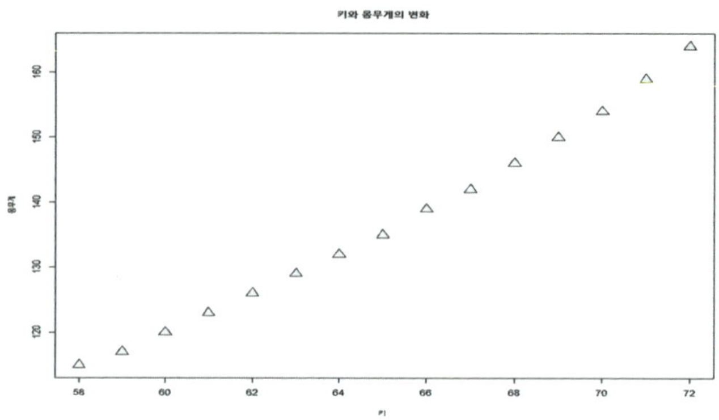

몸무게와 키의 값을 각각 hvalue와 wvalue에 저장하고 이들을 plot()를 이용하여 산점도를 작성하였다. plot()의 매개변수로 x는 x 좌푯값과 y는 y좌푯값을 가지며, 선의 모양(pch)과 색(col), 그리고 배경색(bg), 기호의 크기(cex), 선의 종류(type)도 설정하였다.

3) 히스토그램

히스토그램(histogram)은 외관상 막대그래프와 비슷한 그래프로 연속형 자료의 분포를 시각화할 때 사용한다. 막대그래프를 그리려면 값의 종류별로 개수를 셀 수 있어야 하는데 키와 몸무게 등의 자료는 값의 종류라는 개념이 없어서 종류별로 개수를 셀 수 없다. 히스토그램은 도수분포를 나타내는 그래프로 변수의 구간별 빈도수를 나타낸다. [코드 8-11]은 자동차 제동거리를 이용하여 구간별 빈도수를 파악하기 위한 그래프이다.

[코드 8-11]

```
dis <- cars[,2]

hist(dis, main="자동차 제동거리", xlab="제동거리", ylab="빈도수", border="blue", col=
"lightblue", las=2, breaks=6)
```

[실행 결과 8-11]

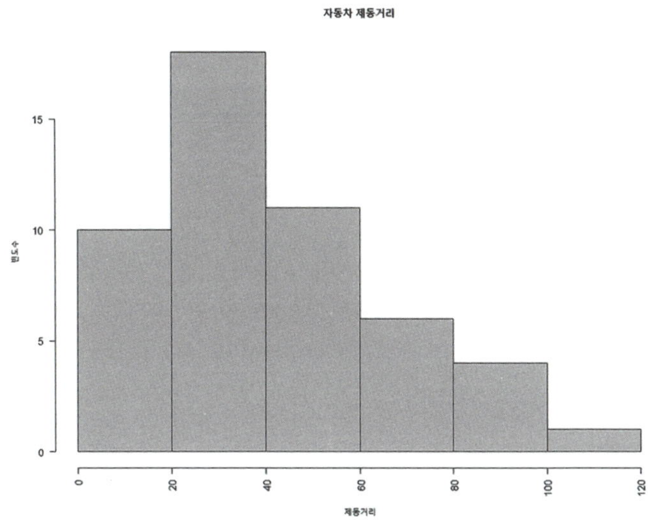

hist() 함수 중 매개변수 las는 x축에 표시되는 값들의 출력 방향을 조절할 수 있는 역할을 한다. las=2는 글씨를 세로 방향으로 출력되며, 1은 가로 방향이 된다. breaks는 구간을 몇 개로 나눌지를 조절하는 역할을 한다. breaks 값이 커지면 구간의 개수도 늘어나고, breaks 값이 작아지면 구간의 개수도 줄어든다. 결과를 보면 제동거리가 20~40 사이에 있는 것이 가장 빈도수가 높은 것을 알 수 있다. 히스토그램은 위의 결과와 같이 관측값들이 어느 구간에 분포하는지를 쉽게 파악할 수 있게 해준다. 막대그래프와 히스토그램은 비슷한데 이들을 구분하는 방법으로는 일반적으로 막대 사이에 간격이 있으면 막대그래프, 간격 없이 막대들이 붙어 있으면 히스토그램으로 구분하면 된다. 그리고 막대그래프에서는 막대의 면적이 의미가 없지만 히스토그램에서는 막대의 면적도 의미가 있기 때문에 이 둘을 구분할 필요가 있다.

4) 원그래프

원그래프는 하나의 원 안에서 각 자료값이 차지하는 비율을 넓이로 나타낸 그래프이다. 색은 지정하지 않아도 자동으로 입혀진다. 옵션을 추가하여 원 그래프를 작성해 보자. [코드 8-12]는 6장에서 [코드 6-1]에 사용되었던 10명의 학생들의 혈액형 데이터를 이용하여 그래프를 작성하도록 한다.

[코드 8-12]

```
blood_type <- c("A", "B", "O", "AB", "O", "A", "O", "A", "AB", "A")
cs <- table(blood_type)
cs
pie(cs, main="Blood type", init.angle=90, col=rainbow(4), labels=c("A", "AB", "B", "O"))
legend(1,1,c("A", "AB", "B", "O"), cex=0.8, fill=rainbow(4))
```

[실행 결과 8-12]

```
blood_type
 A AB  B  O
 4  2  1  3
```

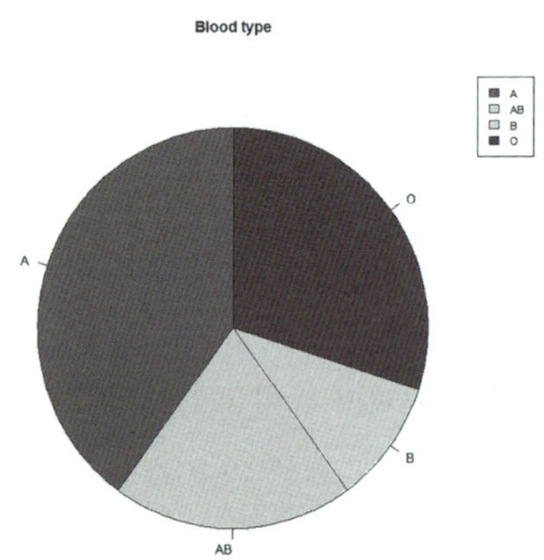

원그래프를 그리는 함수 이름은 pie() 이며, init.angle은 시작되는 지점 각도를 의미합니다. 나머지 실행 방법은 barplot() 함수와 유사하다.

5) 상자그림

상자그림(box plot)은 상자 수염 그림으로도 부르며, 사분위수를 시각화하여 그래프 형태로 나타낸 것이다. 상자그림은 하나의 그래프로 데이터의 분포 형태를 포함한 다양한 정보를 전달하기 때문에 단일변수 수치형 자료를 파악하는 데 자주 사용된다. 상자그림은 데이터가 어떤 범위에 걸쳐 존재하며, 데이터를 대표하는 평균값이 데이터의 분포 중 어느 위치에 있는지를 쉽게 파악할 수 있으며, 특이값을 파악하는 방법으로 많이 사용된다. 따라서 특정 데이터가 전체 데이터의 범주를 벗어나는지, 얼마만큼 벗어나는지를 확인하기 위한 좋은 그래프이다. [코드 8-13]은 iris 데이터 세트에서 꽃잎의 길이(Petal.Length) 자료를 품종별로 나누어 상자그림을 그리는 코드이다.

[코드 8-13]

```
boxplot(Petal.Length~Species, data=iris, main="품종별 꽃잎의 길이", col=c("yellow",
"cyan", "green"))
```

[실행 결과 8-13]

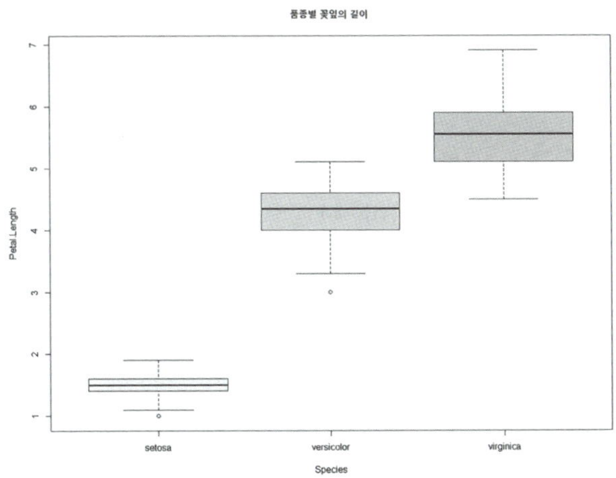

상자그림은 위의 결과와 같이 모든 정보는 세로 방향으로 표현되어 있기 때문에 가로 방향은 별 의미가 없다. 상자의 면적도 의미를 가지지 않는다. 자료의 관측값들이 작은 값부터 큰 값 순서로 아래에서 위쪽으로 세워져 있으며, y축은 자료의 관측값들이 갖는 범위를 등간격 눈금으로 나타낸 것이다. 이 그래프에서

는 최솟값, 1사분위수(Q1), 중앙값(Q2), 3사분위수(Q3), 최댓값을 표시한다. 1사분위수와 3사분위수 사이가 상자로 표현되어 있는 부분이며, 이것은 전체 데이터의 50%가 위치하는 구간임을 나타낸 것이다. 이것은 결국 이 부분들이 전체를 대표할 만한 주류 데이터가 분포하는 구간이라는 의미가 된다. 그리고 그래프의 동그라미는 이상치(=특이값)이라고 하며, 작은 동그라미로 표현하며 값 하나에 동그라미 하나를 의미한다. 〈표 8-1〉은 이들 상자 그림이 의미하는 내용을 나타낸 것이다.

〈표 8-1〉 상자 그림이 의미하는 내용

상자그림	값	설 명
상자 아래 세로선	아랫수염	하위 0~25% 내에 해당하는 최솟값
상자 밑면	1사분위수(Q1)	하위 25% 위치 값
상자 내 굵은선	2사분위수(Q2)	하위 50% 위치 값(중앙값)
상자 윗면	3사분위수(Q3)	하위 75% 위치 값
상자 위 세로선	윗수염	하위 75%~100% 내에 해당하는 최댓값
상자 밖 점	이상치(=특이값)	사분위수 범위의 1.5배 범위를 벗어나는 값

boxplot() 함수의 Petal.Length~Species는 꽃잎의 길이 자료를 품종별로 나누어 상자그림을 그리라는 의미이며, 반드시 그룹 정보가 저장되어 있는 변수가 뒤에 따라와야 한다. data=iris는 꽃잎의 길이와 품종을 포함하고 있는 데이터 세트를 나타내는 것이다. 그래프 결과를 보면 setosa 품종이 꽃잎의 길이가 가장 작고, virginica 품종에 대한 꽃잎의 길이가 전반적으로 가장 크다는 것을 알 수 있다. setosa 품종은 값들이 좁은 지역에 모여 있는 것을 알 수 있는데 이것은 setosa 품종의 꽃들은 꽃잎의 길이가 비슷하다는 것을 나타내며, versicolor와 virginica 품종의 꽃들은 자료의 분포가 넓게 퍼져 있으므로 그만큼 다양하다는 것을 알 수 있다.

6) 버블차트

버블차트(Bubble chart)는 산점도 위에 버블의 크기로 정보를 표시하는 시각화 방법이다. 앞에서 설명한 산점도가 2개의 변수에 의한 위치 정보를 표시한다면 버블차트는 3개의 변수 정보를 하나의 그래프에 표시한다.

[코드 8-14]

```
state <- data.frame(state.x77)                  # 매트릭스를 데이터 프레임으로 변환

symbols(state$Illiteracy, state$Income,         # 원의 x, y 좌표의 열 (문맹률, 수입)
      circles = state$Population,               # 원의 반지름의 열 (인구수)
      inches = 0.5,                             # 원의 크기 조절값
      fg = “white”,                             # 원의 테두리 색
      bg = “Lightgray”,                         # 원의 바탕색
      lwd = 1.5,                                # 원의 테두리선 두께
      xlab = “문맹률”,
      ylab = “1974년 1인당 소득”,
      main = “수입에 따른 문맹률”)

text(state$Illiteracy,state$Income,             # 텍스트가 출력될 x, y 좌표
     rownames(state),                           # 출력할 텍스트 (주)
     cex = 0.6,                                 # 폰트 크기
     col = “blue”)                              # 폰트 컬러
```

[실행 결과 8-14]

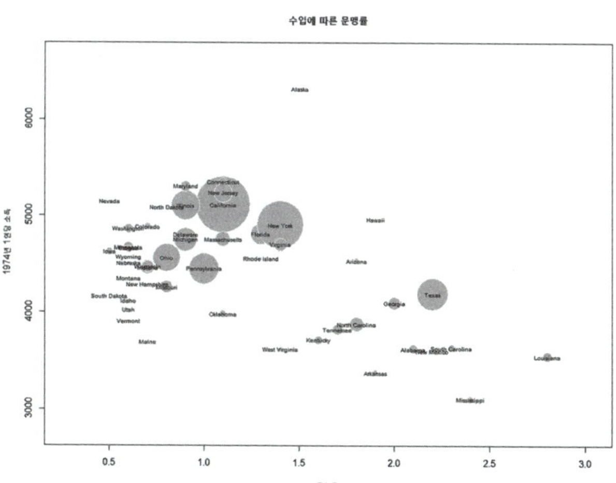

버블차트는 symbols()와 text()를 함께 사용하여 생성된다. symbols()은 2차원

좌표 상에 자료값을 원으로 표시하는 기능을 하고 text()는 원 위에 텍스트를 표시하는 기능을 한다. 출력된 버블차트 원의 위치를 살펴보자. 문맹률이 높아질수록 수입이 감소하는 추세를 확인할 수 있다. 그리고 원의 크기를 관찰해보면 인구수가 많은 주가 대부분 문맹률이 낮고 수입 역시 높은 것을 확인할 수 있다. 수입이 가장 낮은 곳은 Mississippi(미시시피 주)이고, 수입이 가장 높은곳은 Alaska(알래스카 주)이다. 버블차트는 원의 위치 그리고 크기를 이용해 정보를 나타낸다.

7) 모자이크 플롯

모자이크 플롯(mosic plot)은 다중변수 범주형 데이터에 대해 각 변수의 그룹별 비율을 면적으로 표시하여 정보를 전달한다. 모자이크 플롯을 그리기 위해서는 데이터 형태가 범주형 자료나 개수를 셀 수 있는 정수형 자료여야 한다. 모자이크 플롯을 작성하기 위한 예로 [코드 8-15]와 같이 mtcars 데이터 세트의 cyl(실린더 개수)와 gear(기어)를 이용하였다.

[코드 8-15]

```
head(mtcars)

mosaicplot(~cyl+gear,                              #모자이크 플롯 대상 변수 지정
        data = mtcars,                             # 모자이크 플롯 데이터 세트
        color = c("blue", "brown", "yellow"),      # y축 변수의 그룹별 색상
        main = "실린더수와 기어 형태")                # 모자이크 플롯 제목
```

[실행 결과 8-15]

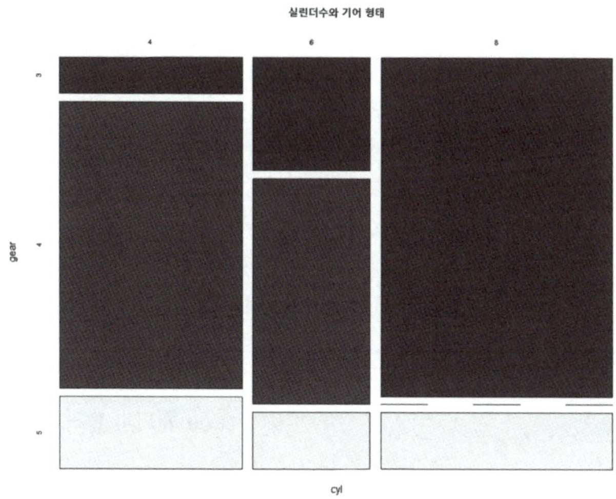

mosaicplot()은 모자이크 플롯을 작성하는 함수이며, ~cyl+gear는 모자이크 플롯을 작성할 대상 변수를 지정한다. ~ 다음의 변수가 x축 방향으로 표시되고, + 다음의 변수는 y축 방향으로 표시된다. 출력된 모자이크 플롯을 살펴보면 실린더의 개수는 8이 가장 많으며 6이 가장 적음을 알 수 있다. 실린더의 개수 8 타입은 기어의 수가 대부분 3개임을 알 수 있다.

8) 트리맵

트리맵(Tree map)은 사각형으로 구성 되어 있으며, 각각의 사각형은 크기와 색으로 데이터의 크기를 나타낸다. 그리고 각각의 사각형은 계층구조를 가지고 있기 때문에 데이터에 존재하는 계층 구조도 표현할 수 있다.

우선, R에서 트리맵을 사용하기 위해서 treemap 패키지를 설치해야 한다. 설치 후 [코드 8-16]을 작성해 보자.

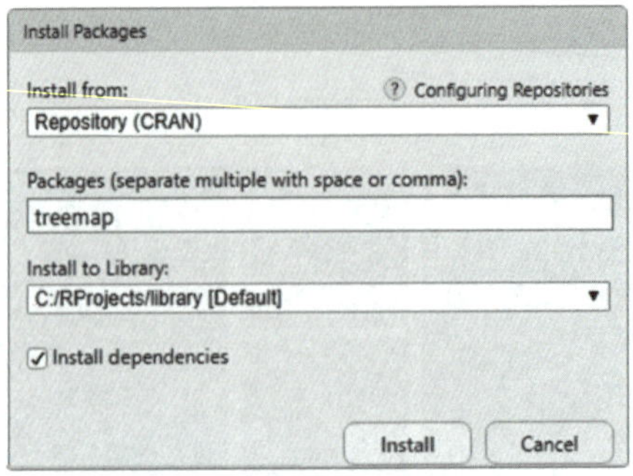

〈그림 8-3〉 treemap 패키지 설치

[코드 8-16]

```
library(treemap)                                          #tree 패키지 불러오기
head(state.x77)                                           #state.x77데이터 확인하기

state<-data.frame(state.x77)                              #매트릭스를 데이터 프레임으로 변환
state<-data.frame(state, StName=rownames(state)) #1열에 이름 StName추가

head(state)                                               #state데이터 확인하기

treemap(state,
    index=c(“StName”),                                    #타일에 주 이름 표기
    vSize=“Area”,                                         #타일의 크기(면적)
    vColor=“Murder”,                                      #타일의 색상(살인율)
    type=“value”,                                         #타일의 컬러링 방법
    title=“10만명당 미국 도시의 살인율(1970년)”)            #트리맵의 제목
```

[실행 결과 8-16]

```
           Population  Income  Illiteracy  Life.Exp  Murder  HS.Grad.Frost  Area  Alabama
                 3615    3624         2.1     69.05    15.1           41.3    20    50708
Alaska            365    6315         1.5     69.31    11.3           66.7   152   566432
Arizona          2212    4530         1.8     70.55     7.8           58.1    15   113417
Arkansas         2110    3378         1.9     70.66    10.1           39.9    65    51945
California      21198    5114         1.1     71.71    10.3           62.6    20   156361
Colorado         2541    4884         0.7     72.06     6.8           63.9   166   103766
```

	Population	Income	Illiteracy	Life.Exp	Murder	HS.Grad	Frost	Area	StName
Alabama	3615	3624	2.1	69.05	15.1	41.3	20	50708	Alabama
Alaska	365	6315	1.5	69.31	11.3	66.7	152	566432	Alaska
Arizona	2212	4530	1.8	70.55	7.8	58.1	15	113417	Arizona
Arkansas	2110	3378	1.9	70.66	10.1	39.9	65	51945	Arkansas
California	21198	5114	1.1	71.71	10.3	62.6	20	156361	California
Colorado	2541	4884	0.7	72.06	6.8	63.9	166	103766	Colorado

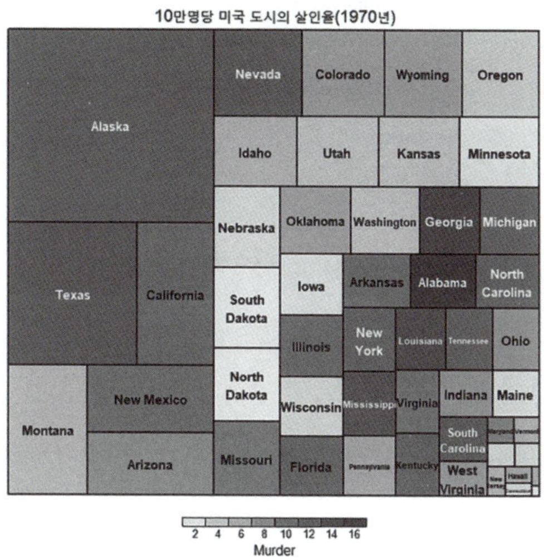

타일의 면적은 주의 Area(면적)으로, 타일의 색은 Murder(살인율)로 표현하였다. 타일색은 살인율을 나타내는데 높을수록 진한 초록색에 가깝고 낮을수록 노랑색에 가깝다. 출력된 트리맵을 살펴보면 Alaska(알래스카 주)가 면적이 가장 넓지만, 범죄율은 Alabama(앨라배마 주)이 가장 높은 것을 확인할 수 있다. 이와 같이 트리맵은 하나의 그림을 통해 많은 정보를 함축적으로 전달할 수 있는 도구이다.

03 ggplot2 패키지를 이용한 그래프

ggplot2는 R 그래프 패키지에서 가장 많이 사용된다. ggplot2는 복잡하고 화려한 그래프를 작성할 수 있다는 장점이 있지만 그만큼 배워야 할 것도 많다. ggplot2를 이용하여 그래프를 작성하기 위해서는 먼저 패키지를 설치해야 한다. 따라서, 먼저 ggplot2 패키지를 설치한 후 ggplot2 명령문의 기본 구조에 대해 알아보고 산점도, 막대그래프, 선그래프 등 기본적인 그래프를 작성해 보자.

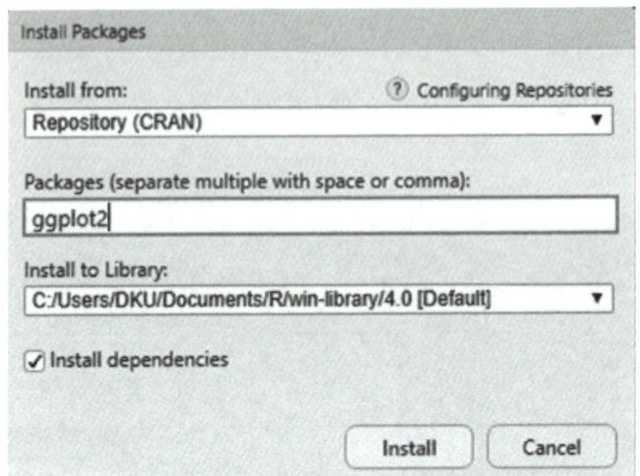

〈그림 8-4〉 ggplot2 패키지 설치

1) ggplot2 명령문의 기본 구조

ggplot2패키지에는 다양한 그래프가 포함되어 있다. 대부분의 시각화는 ggplot2패키지로 사용이 가능하다. ggplot 명령문은 여러 개의 함수들을 연결하여 사용한다. ggplot의 기본 형식은 다음과 같다.

```
ggplot(데이터 세트, aes(데이터 속성))
```

ggplot() 함수안에 입력한 aes() 함수를 이용하면, x축과 y축을 맵핑할 수 있다.

<table>
<tr><td rowspan="5">ggplot(data = dataset, aes(x, y), …) +</td><td>geom_bar()</td><td>#막대그래프</td></tr>
<tr><td>geom_histogram()</td><td>#히스토그램</td></tr>
<tr><td>geom_boxplot()</td><td>#상자그림</td></tr>
<tr><td>geom_point</td><td>#산점도</td></tr>
<tr><td>geom_line()</td><td>#선그래프</td></tr>
</table>

ggplot2는 하나의 ggplot() 함수와 여러 개의 geom_XX() 함수들이 +로 연결되어 하나의 그래프를 완성한다. ggplot() 함수의 그래프를 작성할 때 사용할 데

이터 세트(data=dataset)와 데이터 세트 안에서 x축, y축으로 사용할 열 이름 (aes(x,y))을 지정한다. 그리고 이 데이터를 이용하여 어떤 형태의 그래프를 그릴지에 대한 그래프 종류의 geom_XX()를 지정하면 된다.

2) 막대그래프

ggplot2 패키지를 이용하여 state.x77의 도시별 인구수 상위 10개에 대한 막대그래프를 작성해 보자.

[코드 8-17]

```
library(ggplot2)
state <- data.frame(head(state.x77, 10))            # 상위 10개 데이터 프레임으로 변환

state <- data.frame(state, StName = rownames(state))

ggplot(state, aes(x = StName, y = Population)) +   # 그래프를 그릴 데이터 선택
    geom_bar(stat = "identity",                     # 그래프 형태
             width = 0.7,                           # 막대 폭 지정
             fill = "blue")                         # 막대 색 지정
```

[실행 결과 8-17]

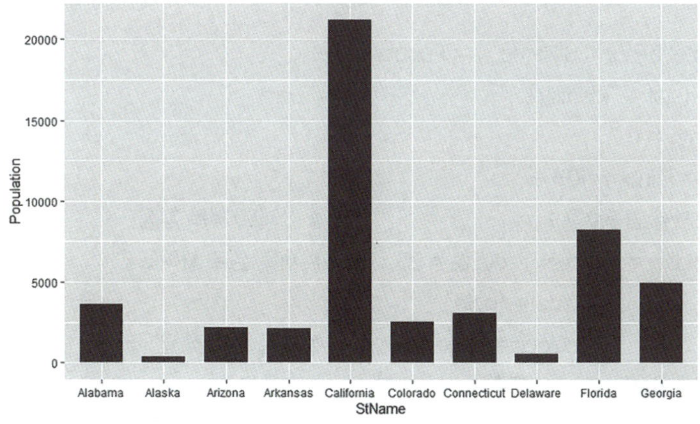

[코드 8-17]은 기본적인 막대그래프를 그리는 방법으로 ggplot() 함수와 geom_bar 함수의 조합으로 만들어진다. 이들 함수는 +에 의해 연결되는데, +는 반드시 명령문의 맨 뒤쪽에 오도록 해야 한다. 그래야 다음 줄에 연결되는 함수가 있음을 R에게 알려줄 수 있다. ggplot2에서 제공하는 함수를 이용하기 위해 library(ggplot2)를 불러오고 그래프를 작성할 state.x77의 10개의 데이터를 데이터 프레임으로 변환한다. 주의 이름을 표현하기 위해 StName 열을 추가하여 ggplot() 함수에서 x 축 열에 지정하며, y축에는 인구수를 지정한다. geom_bar() 함수를 사용하여 stat='identity'로 막대그래프의 높이 y축에 해당하는 열에 의해 결정되도록 하였으며, width=0.7로 막대의 폭을 지정한다. 막대 내부 색은 fill='blue'로 지정한다.

막대그래프의 다양한 옵션을 추가하면 막대그래프를 꾸밀 수 있다. [코드 8-18]은 그래프 제목과 막대그래프를 가로로 표현하며, x축, y축의 레이블을 바꾸어 표시하도록 한 것이다.

[코드 8-18]

```
library(ggplot2)
state <- data.frame(head(state.x77, 10))          # 상위 10개 데이터 프레임으로 변환

state <- data.frame(state, StName = rownames(state))

ggplot(state, aes(x = StName, y = Population)) +
geom_bar(stat = "identity",
        width = 0.7,
        fill = rainbow(10)) +
ggtitle("도시별 인구수") +                           # 그래프 제목 지정
theme(plot.title = element_text(size = 25,         # 제목 폰트 사이즈
                    face = "bold",
                    colour = "blue")) +             # 제목 폰트 색깔
labs(x = "주 이름", y = "인구수") +                   # 그래프 x축, y축 레이블
coord_flip()                                        # 그래프를 가로 방향으로 출력
```

[실행 결과 8-18]

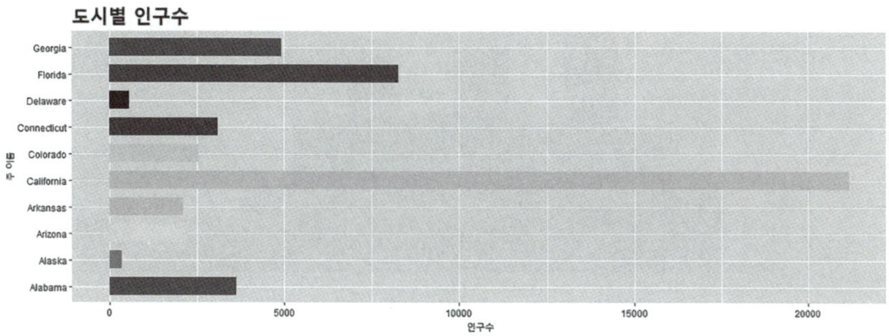

[코드 8-18]은 [코드 8-17]에 fill=rainbow(10)으로 색을 변경하고, ggtitle()를 이용하여 그래프의 제목을 추가하였다. 그리고 theme() 함수와 labs(), coord_flip()의 내용이 더 추가되었다. theme()는 지정된 그래프에 대한 제목의 폰트 크기(25), 굵게(bold), 색(blue) 등을 지정하며, labs()는 그래프의 x축 레이블과 y축 레이블을 지정한다. coord_flip()은 막대를 가로로 표시하도록 한다.

3) 히스토그램

히스토그램은 geom_histogram() 함수를 사용하여 작성하며, [코드 8-19]와 같이 iris 데이터 세트의 꽃받침의 길이(Sepal.Length)를 출력하도록 한다.

[코드 8-19]

```
library(ggplot2)
str(iris)                                # 데이터 구조 확인
ggplot(iris, aes(x = Sepal.Length)) +    # 그래프를 작성할 데이터 선택
  geom_histogram(binwidth = 0.3)         # 히스토그램 작성 및 구간 지정
```

[실행 결과 8-19]

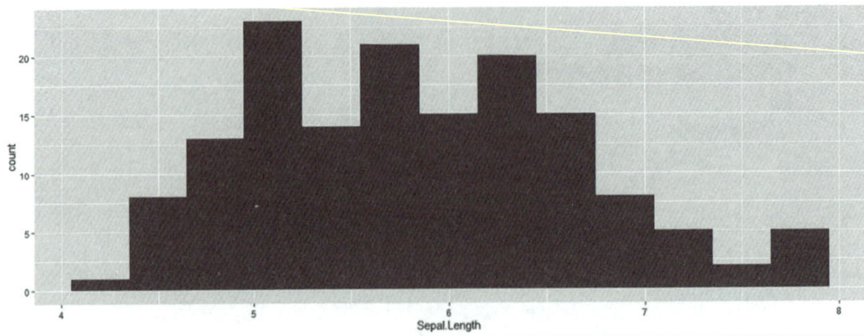

geom_histogram() 함수에서의 binwidth=0.5는 연속형 숫자 자료에 대해 일정 길이로 구간을 나눈 후 각 구간에 속하는 자료값이 몇 개 있는지 카운트한다. 구간의 길이를 지정하는 매개변수로 꽃받침의 길이를 0.5 간격으로 나누라는 의미이다.

이제 이 데이터를 이용하여 히스토그램을 그룹별로 작성해 보자.

[코드 8-20]

```
ggplot(iris, aes(x = Sepal.Length,          # 그래프를 작성할 데이터 선택
                 fill = Species,             # 막대 색 지정
                 color = Species)) +         # 막대 윤곽선 색 지정
  geom_histogram(binwidth = 0.3,
                 position = "dodge") +       # 막대 작성 방법
  theme(legend.position = "left")           # 범례 위치
```

[실행 결과 8-20]

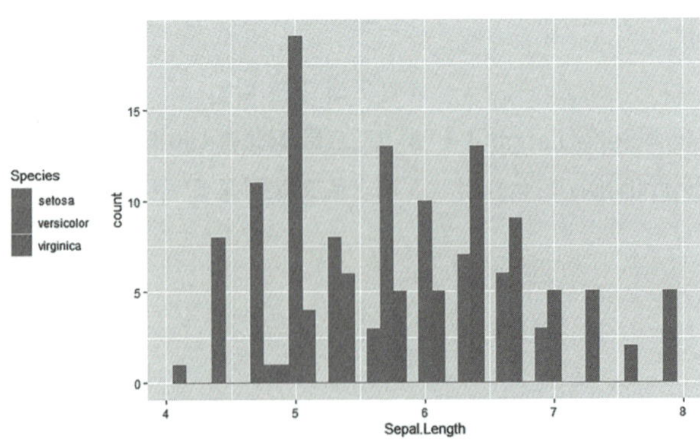

여기서의 fill과 color는 Species(품종)이 팩터 타입이기 때문에 숫자 1, 2, 3으로 변환될 수 있다. 품종별로 막대의 색이 다르게 채워진다. geom_histogram() 함수에서의 position='dodge'는 3개 품종의 히스토그램이 하나의 그래프에 작성되며, 동일 구간에 대해 3개의 막대가 그려진다. 'dodge'는 막대들을 겹치지 않고 병렬로 그리도록 지정하는 것이다.

4) 산점도

산점도(scatter plot)를 작성하는 방법은 막대그래프나 히스토그램의 작성 방법과 크게 다르지 않다. 산점도는 geom_point() 함수를 사용하며, 산점도는 x와 y변수 값을 평면에 점을 찍어 표현하는 그래프이다. [코드 8-21]은 iris 데이터 세트의 Petal.Length(꽃잎의 길이)와 Petal.Width(꽃잎의 폭)에 대한 산점도를 작성한 것이다.

[코드 8-21]

```
library(ggplot2)
ggplot(data = iris, aes(x = Petal.Width, y = Sepal.Width)) +   # x, y 데이터 지정
  geom_point()                                                 # 산점도 그리기
```

[실행 결과 8-21]

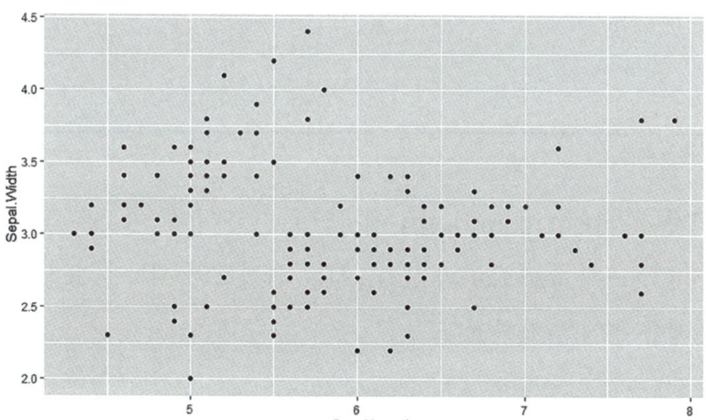

위의 코드는 geom_point() 함수를 이용한 기본적인 산점도이며, 여기에 옵션들을 추가하여 [코드 8-22]를 작성해 보자.

[코드 8-22]

```
ggplot(data = iris, aes(x = Sepal.Length,
                       y = Sepal.Width,
                       color = Species)) +
  geom_point(size = 2) +                        # 산점도 사이즈
  ggtitle("꽃받침의 길이와 폭 ") +              # 그래프 제목 설정
  theme(plot.title = element_text(size = 20,    # 제목 글씨 사이즈
                            face = "bold",
                            color = "blue"),    # 제목 글씨 색상
  legend.position = "top")                      # 범례 위치
```

[실행 결과 8-22]

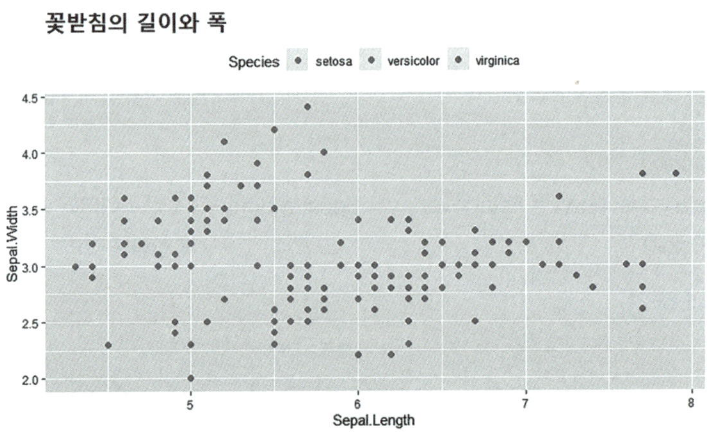

추가된 부분은 geom_point() 함수에서의 size=3이며, 이것은 점의 크기를 지정하는 것이다. 또한, ggtitle()과 theme()는 산점도의 제목을 표시하기 위한 부분이며, 범례를 위에 추가하였다.

5) 상자그림

상자그림은 분포를 비교할 때 사용하는 그래프로 geom_boxplot() 함수를 사용하여 작성할 수 있다. 지금까지 소개한 다른 그래프와 사용 방법은 유사하지만 aex() 함수 안에 box로 그룹 지을 열을 설정해야 한다는 점이 다르다. 상자그림의 가운데 선은 중앙값(Median)을 나타낸다. [코드 8-23]은 iris의 Sepal. Length(꽃받침 길이)를 이용한 상자그림을 나타내고 있다.

[코드 8-23]

```
library(ggplot2)

ggplot(data = iris, aes(y = Sepal.Length)) +    # 데이터 선택(꽃받침 길이)
  geom_boxplot(fill = "red")                     # 박스 색상
```

[실행 결과 8-23]

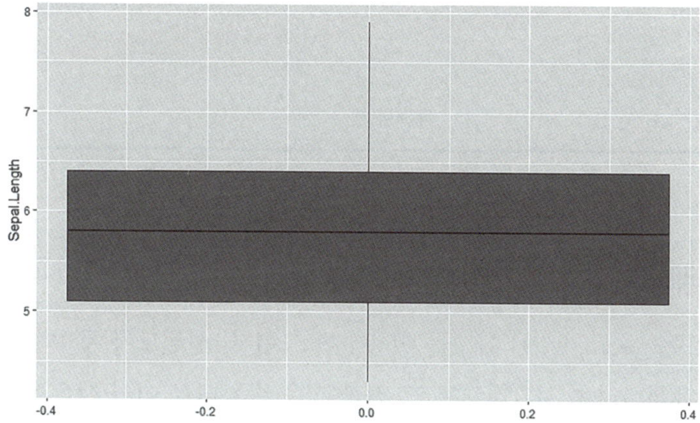

위 코드와 같이 상자그림을 그릴 대상 열을 지정할 때는 ggplot() 함수의 aes()에서 x가 아닌 y에 Petal.Length를 지정해야 한다.

[코드 8-23]에 Sepal.Length와 Sepal.Width를 상자에 표시하고 싶으면 aes()에 추가하면 된다. [코드 8-24]와 같이 그룹으로 구분해서 박스 그래프를 그리고 싶다면 aes(fill = 그룹)을 추가하면 되고, 상자그림에서 이상치를 확인하기 위해서는 geom_boxplot(outlier.size)를 추가하면 이상치가 표시된다.

[코드 8-24]

```
ggplot(data = iris, aes(x = Sepal.Length,
                        y = Sepal.Width,
                        fill = Species)) +    # 그룹으로 구분하기
  geom_boxplot(outlier.size = 3,              # 이상치 점 사이즈
               outlier.color = "red") +       # 이상치 색상
  ggtitle("상자그림")                          # 그래프 제목
```

[실행 결과 8-24]

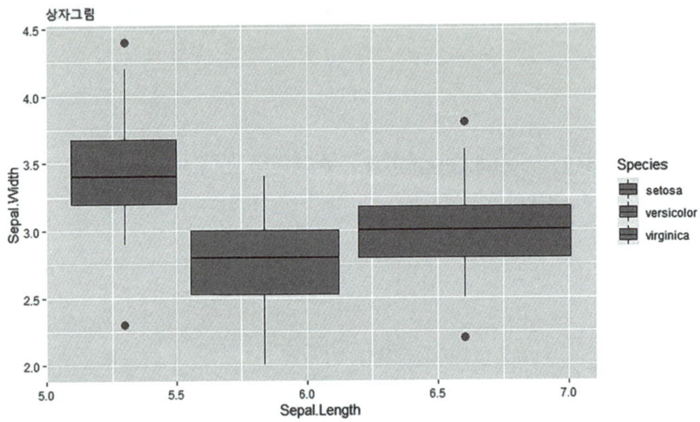

6) 선그래프

선그래프는 geom_line() 함수를 이용하여 그린다. 산점도가 두 변수의 관계를 점으로만 표현한다면 선그래프는 그 점과 점을 순차대로 이어 선으로 표현한 시각화 자료로 산점도에 비해 변화를 관찰하기 쉽다는 장점이 있다. 선그래프를 그리기 위한 예로 women 데이터 세트를 사용하여 작성해 보자.

[코드 8-25]

```
library(ggplot2)
head(women)                                          # height(in), weight(lbs)

ggplot(data = women, aes(x = height, y = weight)) +  #데이터 입력(키, 몸무게)
  geom_line()                                        # 선그래프
```

[실행 결과 8-25]

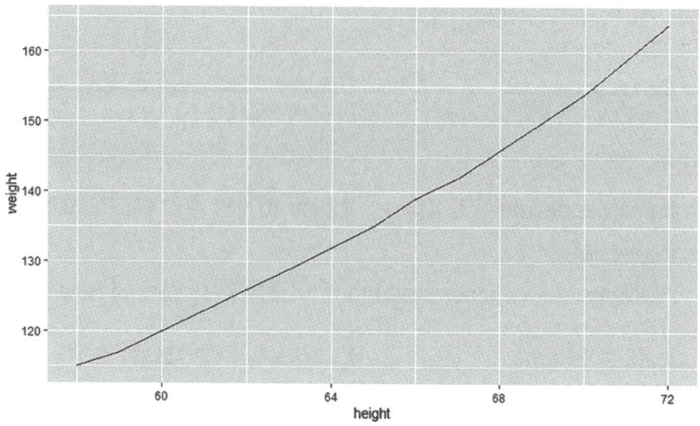

[코드 8-25]에 선그래프의 선 모양과 산점도를 추가해 보자.

[코드 8-26]

```
ggplot(data = women, aes(x = height, y = weight)) +     #데이터 입력(키, 몸무게)
  geom_line(linetype = "dashed",                        # 선 타입
            size = 2,                                   # 선 사이즈
            colour = "brown") +                         # 색상
  geom_point(size = 3, color = "red")                   # 산점도 추가
```

[실행 결과 8-26]

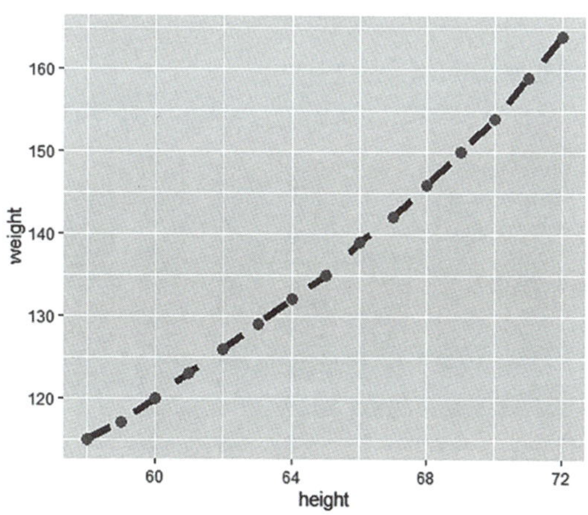

다음 [코드 8-27]은 막대그래프와 선그래프를 함께 표현한 그래프로 state.x77의 상위 10개의 주를 이용하여 작성하였다.

[코드 8-27]

```
library(ggplot2)
state <- data.frame(head(state.x77, 10))        # 상위 10개의 주만 데이터 프레임으로 변환
state <- data.frame(state,
                StName = rownames(state)) #주 이름을 갖고 있는 열 StName을 추가

ggplot(state, aes(x = StName,                   # 그래프를 그릴 데이터 선택
               y = Income,
               group =1,
               fill = StName)) +
  geom_bar(stat = "identity",                   # 막대 높이는 y축에 해당하는 열의 값 지정
         width = 0.7) +                         # 막대 폭 지정
  geom_line(linetype = "dotted",                # 선 타입
          size = 1.5,                           # 선 굵기
          colour = "blue") +                    # 선 색상
  ggtitle("미국 도시별 수입") +                  # 그래프 제목
  theme(plot.title = element_text(size = 20,    # 제목 글 사이즈
                          face = "bold",
                          color = "black"),     # 제목 글 색상
      legend.position = "bottom")               # 범례 위치(아래쪽)
```

[실행 결과 8-27]

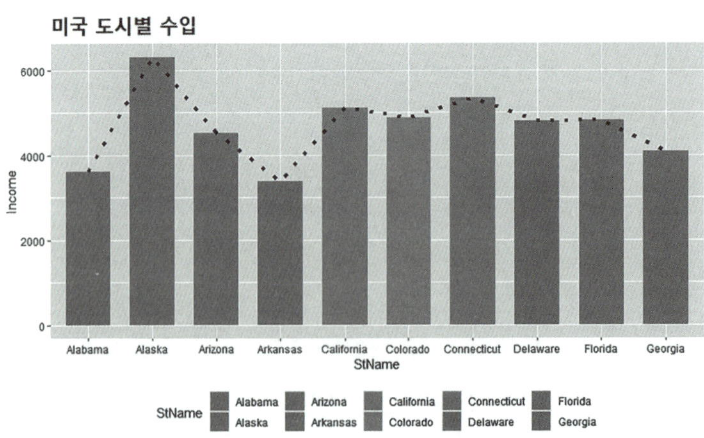

다음 [코드 8-28]은 산점도와 선그래프를 함께 표현한 그래프로 state.x77의 데이터 세트를 이용하여 Income(수입)과 Illiteracy(문맹률)의 관계를 작성하였다.

[코드 8-28]

```
library(ggplot2)
head(state.x77)
state <- data.frame(state.x77)              # 데이터 프레임으로 변환
ggplot(state, aes(x = Income,               # 데이터 입력(수입)
              y = Illiteracy)) +            # 데이터 입력(문맹률)
geom_point(size = 2,                        # 산점도 크기
        shape = 11,                         # 포인트 모양 변경(0~25)
        colour = "blue") +                  # 산점도 색상
geom_line(linetype = "longdash",
        size = 1 ,
        colour = "red") +
ggtitle("산점도와 선그래프") +
theme(plot.title = element_text(size = 25,
                        face = "bold",
                        color = "green"))
```

[실행 결과 8-28]

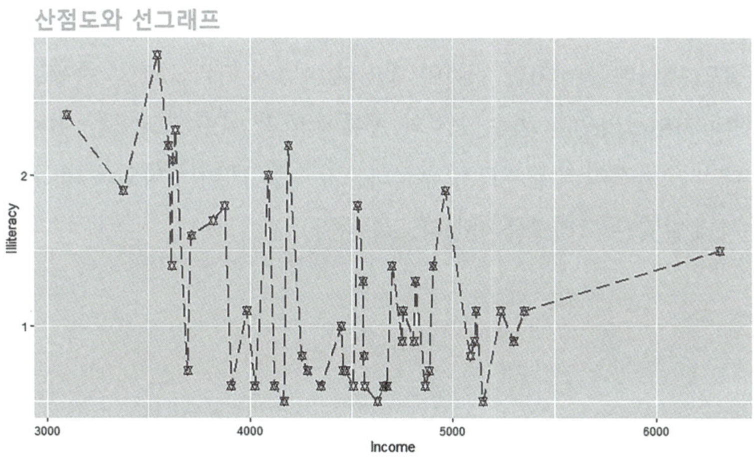

04 데이터 시각화 방법 정리

데이터를 시각화하기 위해 그래프를 그리는 다양한 방법에 대해서 앞에서 설명하였다. 마지막으로 다양한 데이터 모습과 그래프 종류를 연계하여 데이터 시각화를 위한 가이드라인을 정리한다.

■ 단일변수 범주형 데이터인 경우

- 막대그래프 또는 원그래프를 이용하여 작성한다.

■ 단일변수 연속형 데이터인 경우

- 상자그림 또는 히스토그램을 이용하여 작성한다.

■ 다중변수 범주형 데이터인 경우

- 모자이크 플롯을 이용하여 작성한다.

■ 단일변수 연속형 데이터인 경우

- 산점도 또는 선 그래프를 이용하여 작성한다.

위와 같이 데이터 시각화를 위하여 데이터 타입에 따라 그래프 종류를 분류하였다. 위의 가이드라인은 변수 숫자와 종류에 따라 어떤 그래프를 이용하면 좋은지에 대한 일반적인 내용이므로 분석하고자 하는 데이터 타입을 파악한 후 데이터 분석에 알맞은 그래프를 작성하도록 하자.

[활동 8-1] R에서 제공하는 mtcars 데이터 세트를 이용하여 mpg(연비)를 x축으로 하고 wt(중량)을 y축으로 하는 산점도를 작성하시오. 그리고 이를 ggplot() 함수를 이용하여 산점도와 선그래프를 함께 추가 작성하시오.

[활동 8-2] R에서 제공하는 iris 데이터 세트를 이용하여 plots 창 영역에서 1행 2열의 차트를 표현하며, 첫 번째 열에는 Sepal.Width(꽃받침 폭)의 막대그래프의 빈도수를 표현하며, 두 번째 열에는 Sepal.Width(꽃받침 폭)의 히스토그램을 작성하시오.

데이터 전처리

지금까지 우리는 잘 정리된 데이터 세트를 대상으로 데이터를 분석하는 방법에 대해 알아보았다. 그러나 현장에서 만들어진 실제 데이터들은 수집 과정에서 발생한 오류로 인해 분석 가능한 상태로 잘 정리된 데이터 세트를 얻기 쉽지 않다. 더불어 최근 빅데이터 시대에 들어와 다양한 IoT 센서에서 자동적으로 만들어지는 데이터는 완벽하지 않고, 데이터 형식도 분석에 적합하지 않는 경우가 많다. 따라서, 데이터 분석을 제대로 하기 위해서는 초기에 확보한 데이터를 정제하고 가공해서 분석에 적합한 데이터를 확보하는 전처리 과정이 중요한 부분으로 인식되고 있다. 이번 장에서는 데이터 전처리 과정 및 데이터 전처리가 이루어질 때 자주 사용하는 방법들에 대해 알아보자.

09

학습 목표

- 데이터 분석에 적합한 형태로 변환하는 데이터 전처리에 대해 설명할 수 있다.
- 결측값 존재 시 대체값을 반영하거나 제외할 수 있다.
- 특이값을 추출하고 제거할 수 있다.
- 데이터 집계, 데이터 정렬, 데이터 병합하는 방법을 알 수 있다.

01 데이터 확인

데이터 확인은 분석을 위해 데이터를 구성한 다음 데이터를 살펴보고 어떤 분석을 수행할지를 고민해보는 단계로 변수 확인 단계와 데이터 성격을 발견하는 단계로 나뉜다.

변수 확인 단계에서 주어진 데이터에 대해 다음 중 어떤 타입인지 구분한다.

- 독립/종속 변수의 정의
- 각 변수의 유형(연속형, 범주형)
- 변수 데이터 타입(문자, 숫자)

데이터 성격을 발견하는 단계에서는 변수에 대한 기술적인 부분을 확인한다.

- 각 변수에 대한 분석 : 각 변수에 대한 성격과 특이점을 파악하는 단계로 히스토그램이나 기타 다른 그림과 통계 값을 활용하여 데이터의 특성을 파악한다.
- 두 변수에 대한 분석 :

데이터 구성	분석을 위한 그래프
연속형 – 연속형	산점도를 통한 상호관계 분석
범주형 – 범주형	막대 그래프를 통한 상호관계 분석
범주형 – 연속형	막대 그래프 또는 범주별 히스토그램을 이용한 분석

- 세 개 이상의 변수에 대한 분석 : 3차원 그림을 통해 파악하거나 변수를 두 개씩 짝지어 분석하는 방법을 사용한다.

02 데이터 형식 변경

데이터 형식 변경은 데이터를 분석하고 데이터형이 분석에 적합한지를 고려하여 필요할 시 데이터 형식을 변경한다.

함 수	의 미
as.factor(x)	주어진 x를 팩터로 변환
as.numeric(x)	주어진 x를 숫자를 저장한 벡터로 변환
as.character(x)	주어진 x를 문자열을 저장한 벡터로 변환
as.vector(x)	주어진 x를 벡터로 변환
as.matrix(x)	주어진 x를 매트릭스로 변환
as.array(x)	주어진 x를 배열로 변환
as.data.frame(x)	주어진 x를 데이터 프레임으로 변환

03 결측값

결측값(missing value)은 누락된 값, 비어 있는 값으로 데이터 수집 및 저장 과정에서 값을 얻지 못할 때 발생한다. 설문조사와 같이 응답자가 문항에 응답하지 않으면 그 값은 얻을 수 없기 때문에 결측값이 된다. 결측치가 있으면 함수가 적용되지 않거나 분석 결과가 왜곡되는 문제가 발생한다. 따라서 데이터에 결측치가 있는지 확인해 제거하는 정제 과정을 거친 후에 분석해야 한다.

결측값을 처리하는 방법으로는 다음과 같이 세 가지로 나타낼 수 있다.

- 삭제 : 결측값이 발생한 모든 관측치를 삭제하거나 결측이 발생한 변수를 삭제하는 방법이 있다. 삭제는 결측값이 임의로 발생하는 경우에 적용한다.

- 대체 : 결측값을 평균값, 중간값 등과 같이 대체하는 방법과 범주형 데이터를 활용해 유사한 유형의 평균값으로 대체하는 방법이 있다. 대체방법은 결측값이 발생한 데이터가 다른 데이터와 관계가 있는 경우에 사용한다.
- 예측 값 삽입 : 결측값이 없는 데이터를 사용해 결측값을 예측하는 모델을 만들고 이를 통해 결측값을 예측하는 방법이다. 회귀 분야에서 주로 사용되는데 결측값이 많으면 사용하기 어렵다.

1) 벡터의 결측값 처리

R을 이용해 결측값의 여부를 확인하고, 결측값을 어떻게 처리하는지 알아보자. R에서는 결측값은 'NA'로 나타내며, 문자형, 숫자형, 논리형 데이터에서 결측값을 나타낼 때 사용한다.

[코드 9-1]

```
x = c(1,2,3,4,NA,6,NA,7,8)
sum(x)

is.na(x)                          # NA가 있는지 확인

sum(is.na(x))                     # NA의 개수 확인

sum(x, na.rm = TRUE)              # NA를 제외하고 계산
```

[실행 결과 9-1]

```
[1] NA
[1] FALSE FALSE FALSE FALSE  TRUE FALSE  TRUE FALSE FALSE
[1] 2
[1] 31
```

NA가 두 개 포함된 벡터 x를 생성한 후 sum() 함수를 실행하였더니 합계가 계산되지 않고 NA가 실행된다. is.na() 함수는 벡터 x에 있는 각각의 값이 NA인지를 확인하는 함수이며, NA의 값은 TRUE, NA가 아닌 값은 FALSE가 출력된다.

sum(is.na(x))를 실행하면 TRUE는 1, FALSE는 0으로 변환되어 계산되며, is.na(x)에 포함된 TRUE의 개수를 세어 출력한다. 마지막 코드는 sum() 함수에 na.rm=TRUE가 있는데 이는 NA값을 제외하고 계산할지 여부를 지정하는 것으로 NA를 제외하고 합계를 계산하라는 의미이다. 따라서 NA를 제외한 나머지 수에 대한 합계가 출력된다.

2) 결측값 대체 및 제거

다음 [코드 9-2]는 결측값을 다른 값으로 대체하거나 제거하는 방법을 나타낸 것이다.

[코드 9-2]

```
x1 = c(4,5,NA,1,NA,7)
x2 = c(1,2,NA,9,NA,6)
x1[is.na(x1)] <- 0                    # NA를 0으로 변경
x1
x3 <- as.vector(na.omit(x2))          # NA 제거하고 새로운 벡터 생성
x3
```

[실행 결과 9-2]

```
[1] 4 5 0 1 0 7
```

```
[1] 1 2 9 6
```

NA가 포함된 벡터 x1, x2를 처리하는 방법으로는 0으로 치환하거나, NA를 제거한다. 여기서의 na.omit()는 결측치가 있는 행을 한 번에 제거할 수 있다. 이것은 결측치가 하나라도 있으면 모두 제거하기 때문에 간편한 측면이 있지만, 분석에 사용할 수 있는 데이터까지 제거된다는 단점이 있다.

3) 매트릭스와 데이터 프레임의 결측값 처리

앞에서는 벡터의 결측값 처리 방법에 대해 알아보았다. 매트릭스와 데이터 프

레임의 결측값 처리 방법에 대해 알아보도록 하자. [코드 9-3]에서는 실습을 위해 R에서 제공하는 mtcars 데이터 세트에 임의로 4개의 NA를 포함시켜 데이터 프레임을 생성한다.

[코드 9-3]

```
x <- mtcars[1:4]
x[1,1] <- NA
x[1,2] <- NA
x[2,2] <- NA
x[2,3] <- NA
head(x)
```

[실행 결과 9-3]

```
                   mpg  cyl  disp   hp
Mazda RX4           NA   NA   160  110
Mazda RX4 Wag     21.0   NA    NA  110
Datsun 710        22.8    4   108   93
Hornet 4 Drive    21.4    6   258  110
Hornet Sportabout 18.7    8   360  175
Valiant           18.1    6   225  105
```

[코드 9-3]에 이어서 [코드 9-4]를 작성하며, 이것은 생성한 데이터 프레임 x의 행별 결측값의 개수를 파악하는 코드를 추가한 것이다.

[코드 9-4]

```
rowSums(is.na(x))
sum(rowSums(is.na(x))>0)          # NA가 포함된 행 개수
sum(is.na(x))                     # 데이터 프레임 전체 NA 개수
```

[실행 결과 9-4]

```
        Mazda RX4     Mazda RX4 Wag        Datsun 710
                2                 2                 0
   Hornet 4 Drive Hornet Sportabout           Valiant
```

```
          0            0            0
           …중간 생략…
     Maserati Bora      Volvo 142E
          0            0
```

```
[1] 2
```

```
[1] 4
```

[코드 9-5]는 [코드 9-3]에 NA를 포함한 행은 제외하고 새로운 데이터 세트 z를 생성하도록 한 것이다.

[코드 9-5]

```
x <- mtcars[1:4]
x[1,1] <- NA
x[1,2] <- NA
x[2,2] <- NA
x[2,3] <- NA
head(x)
x[!complete.cases(x),]          #NA 포함된 행 출력
z <- x[complete.cases(x),]      #NA 포함된 행 제거
head(z)
```

[실행 결과 9-5]

```
                   mpg cyl disp  hp
Mazda RX4           NA  NA  160 110
Mazda RX4 Wag     21.0  NA   NA 110
Datsun 710        22.8   4  108  93
Hornet 4 Drive    21.4   6  258 110
Hornet Sportabout 18.7   8  360 175
Valiant           18.1   6  225 105
```

```
              mpg cyl disp  hp
Mazda RX4      NA  NA  160 110
Mazda RX4 Wag  21  NA   NA 110
```

```
                   mpg cyl  disp  hp
Datsun 710         22.8  4 108.0  93
Hornet 4 Drive     21.4  6 258.0 110
Hornet Sportabout 18.7   8 360.0 175
Valiant            18.1  6 225.0 105
Duster 360         14.3  8 360.0 245
Merc 240D          24.4  4 146.7  62
```

complete.cases() 함수는 데이터 세트에 결측값(NA)을 포함하지 않은 행들을 찾아준다. !는 부정을 의미하는 논리 연산자로 !complete.cased()는 완전하지 않은 행을 출력시킨다. 따라서 NA가 포함된 1, 2행들이 출력된다. 마지막으로 새로운 데이터 세트 z에 NA가 제거된 데이터 프레임이 생성된다.

04 특이값

정상적이라고 생각되는 데이터의 분포 범위에서 크게 벗어난 값을 특이값(=이상치)라고 한다. 데이터 수집 과정에서 오류가 발생할 수 있기 때문에 현장에서 만들어진 실제 데이터에는 특이값(outlier)이 포함될 수 있다. 특이값은 입력 오류에 의해 발생하기도 하고, 오류는 아니지만 굉장히 드물게 발생하는 극단적인 값이 있을 수도 있다. 특이값이 포함되어 있으면 분석 결과가 왜곡되기 때문에 분석에 앞서 특이값을 제거하는 작업을 해야 한다.

데이터 세트에 특이값이 포함되어 있는지 여부는 다음과 같은 기준을 가지고 찾도록 한다.

- 논리적으로 있을 수 없는 값이 있는지 찾아본다.
  예) 1~3까지 중 선택 (범위를 벗어난 5가 존재함)
  나이에 마이너스값이 없음

• 상식을 벗어난 값이 있는지 찾아본다.
  예) 키가 300, 나이가 200살 등
    상자그림을 통해 찾아본다.
  예) 정상 범위 밖에 동그라미 표시가 존재

위의 3가지 중 논리적으로 있을 수 없는 값을 찾아주는 특별한 방법이 없기 때문에 가장 찾기가 힘들다. 이는 분석자가 각 열의 특성을 이해한 후 특이값이 포함되어 있는지 잘 탐색해야 한다.

1) 특이값 추출 및 제거

R에서 제공하는 상자그림(boxplot)을 이용해 특이값을 찾아내고, 특이값을 제거해보도록 하자. [코드 9-6]은 iris 데이터 세트의 Sepal.Width(꽃받침의 폭)에 대한 특이값을 확인하는 코드이다.

[코드 9-6]

```
x <- iris
boxplot(x$Sepal.Width)
boxplot.stats(x$Sepal.Width)$out
```

[실행 결과 9-6]

```
[1] 4.4 4.1 4.2 2.0
```

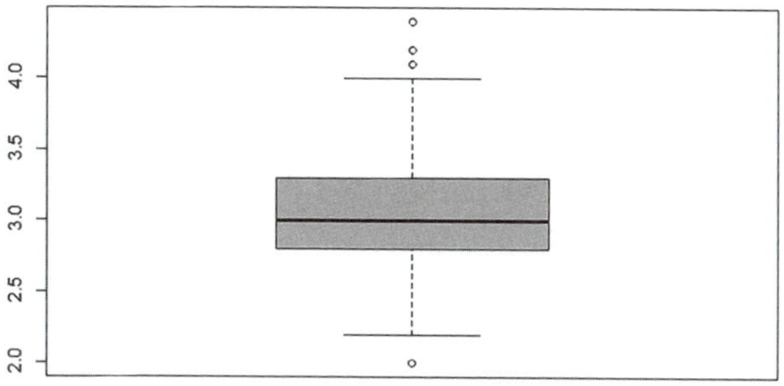

boxplot.stats() 함수는 리스트 형태로 결괏값을 반환해 준다. out은 특이값을 뜻하며, 4.4, 4.1, 4.2, 2.0이 특이값임을 알 수 있다. [코드 9-7]은 Sepal.Width(꽃받침의 폭)에 대한 특이값을 추출하여 이를 NA로 치환하고, 이 행을 제거하는 코드이다.

[코드 9-7]

```
out.value <- boxplot.stats(x$Sepal.Width)$out                    # 특이값 추출
x$Sepal.Width[x$Sepal.Width %in% out.value] <- NA                # 특이값을 NA로 치환

new.dataframe <- x[complete.cases(x),]                           # NA가 포함된 행 제거
boxplot(new.dataframe$Sepal.Width)
```

[실행 결과 9-7]

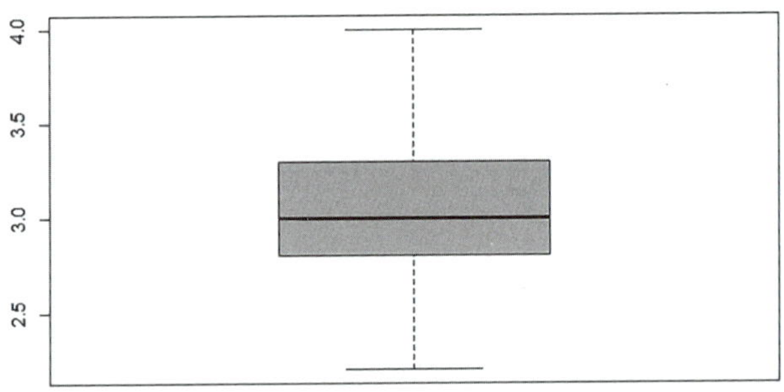

특이값을 추출하여 out.value에 저장한다. x$Sepal.Width[x$Sepal.Width %in% out.value] <- NA은 Sepal.Width열에서 out.value에 포함된 값이 있다면 Sepal.Width에 포함된 값을 NA로 치환하는 코드이다. x$Sepal.Width == out.value로 명령을 내려도 되나 out.value이 하나의 값이 아니라 여러 개의 특이값을 포함한 벡터일 수도 있기 때문에 사용하지 않았다. 어떤 벡터를 비교하고자 하는 값이 포함되어 있는지를 알고 싶을 때는 == 가 아닌 %in%를 사용한다. x 결과를 출력해 보면 Sepal.Width의 특이값이 NA로 변경된 것을 확인할 수 있다. complete.cases() 함수를 이용해 NA가 포함된 행을 제거 후, boxplot

을 이용해 특이값이 제거된 것을 확인할 수 있다.

05 데이터 정렬

정렬은 데이터를 기준에 따라 크기순으로 재배열하는 것을 말한다. 데이터 전처리 과정에서 빈번하게 수행하는 작업이다.

1) 벡터 정렬

[코드 9-8]은 벡터를 이용한 오름차순과 내림차순으로 정렬한 코드이다.

[코드 9-8]

```
a1 <- c(3,1,5,8,9)
order(a1)
a1 <- sort(a1)                      # 오름차순
a1
a2 <- sort(a1, decreasing = T)      # 내림차순
a2
```

[실행 결과 9-8]

```
[1] 2 1 3 4 5
```

```
[1] 1 3 5 8 9
```

```
[1] 9 8 5 3 1
```

sort() 함수는 디폴트로 오름차순으로 정렬되며, decreasing=T 옵션을 설정하면 내림차순으로 정렬할 수 있다.

2) 매트릭스와 데이터 프레임 정렬

매트릭스나 데이터 프레임에 저장된 데이터는 특정 열의 값들을 기준으로 행

들을 재배열하는 형태로 정렬하는 경우가 많다. [코드 9-9]는 iris 데이터 세트의 꽃잎의 폭(Petal.Width)를 기준으로 행들을 정렬하는 코드이다.

[코드 9-9]

```
head(iris)
order(iris$Petal.Width)
iris[order(iris$Petal.Width),]                          # 오름차순 정렬
iris[order(iris$Petal.Width, decreasing = T),]          # 내림차순 정렬
new.iris <- iris[order(iris$Petal.Width),]              # 정렬된 데이터를 저장
head(iris)
```

[실행 결과 9-9]

```
  Sepal.Length Sepal.Width Petal.Length Petal.Width Species
1          5.1         3.5          1.4         0.2  setosa
2          4.9         3.0          1.4         0.2  setosa
3          4.7         3.2          1.3         0.2  setosa
4          4.6         3.1          1.5         0.2  setosa
5          5.0         3.6          1.4         0.2  setosa
6          5.4         3.9          1.7         0.4  setosa
```

```
  [1]  10  13  14  33  38   1   2   3   4   5   8   9  11  12  15  21  23  25  26  28  29  30  31
34  35
                                   …중간 생략…
[126] 132 148 103 106 113 125 129 140 105 118 133 116 119 121 136 142 144 146 149 115 137 141
101 110 145
```

```
    Sepal.Length Sepal.Width Petal.Length Petal.Width   Species
10           4.9         3.1          1.5         0.1    setosa
13           4.8         3.0          1.4         0.1    setosa
14           4.3         3.0          1.1         0.1    setosa
                                   …중간 생략…
110          7.2         3.6          6.1         2.5 virginica
145          6.7         3.3          5.7         2.5 virginica
```

```
    Sepal.Length Sepal.Width Petal.Length Petal.Width   Species
101          6.3         3.3          6.0         2.5 virginica
```

```
110         7.2         3.6         6.1         2.5  virginica
                                    …중간 생략…
33          5.2         4.1         1.5         0.1    setosa
38          4.9         3.6         1.4         0.1    setosa
```

```
  Sepal.Length Sepal.Width Petal.Length Petal.Width Species
1          5.1         3.5          1.4         0.2  setosa
2          4.9         3.0          1.4         0.2  setosa
3          4.7         3.2          1.3         0.2  setosa
4          4.6         3.1          1.5         0.2  setosa
5          5.0         3.6          1.4         0.2  setosa
6          5.4         3.9          1.7         0.4  setosa
```

head() 함수를 실행해 보면 각 행의 맨 앞에 1, 2, 3 등 숫자가 있는데 이는 입력된 순서대로 행들의 순서를 나타낸 것이다. order() 함수는 주어진 열의 값들에 대해 순서를 붙이며, 값의 크기를 기준으로 작은 값부터 번호를 붙여준다. 실행 결과 첫 번째 값 10은 전체에서 크기순으로 10번째임을 나타낸다. iris[order(iris$Petal.Width),]는 order() 함수를 이용하여 Petal.Width의 오름차순으로 정렬한 결과이며, 그 다음 코드는 decreasing = T을 추가하여 내림차순으로 정렬한 것이다. 이렇게 정렬한 코드는 어떤 모양인지를 보여줄 뿐 실제 iris 데이터 세트가 정렬된 것은 아니다. 따라서 정렬된 결과를 유지하기 위해서는 따로 변수(new.iris)에 저장해야 한다.

06 데이터 분리와 선택

분석할 대상에 따라 필요할 시 하나의 데이터 세트를 열의 값을 기준으로 여러 개의 데이터 세트를 분리하거나 조건에 맞는 행들을 추출할 필요가 있다. 이에 대한 각각의 함수를 실습해 보자.

1) 데이터 분리

[코드 9-10]은 split() 함수를 이용하여 iris 데이터 세트의 품종별로 데이터를 분리한 코드이다.

[코드 9-10]

```
exam <- split(iris, iris$Species)          # 품종별(Species) 데이터 분리
exam
summary(exam)                              # 데이터 세트 요약
exam$virginica                             # virginica 품종 데이터 확인
```

[실행 결과 9-10]

```
$setosa
  Sepal.Length Sepal.Width Petal.Length Petal.Width Species
1          5.1         3.5          1.4         0.2  setosa
2          4.9         3.0          1.4         0.2  setosa
                    …중간 생략…
$versicolor
   Sepal.Length Sepal.Width Petal.Length Petal.Width    Species
51          7.0         3.2          4.7         1.4 versicolor
52          6.4         3.2          4.5         1.5 versicolor
                    …중간 생략…
$virginica
    Sepal.Length Sepal.Width Petal.Length Petal.Width   Species
101          6.3         3.3          6.0         2.5 virginica
102          5.8         2.7          5.1         1.9 virginica
                    …중간 생략…
--------------------------------------------------------------------
           Length Class      Mode
setosa     5      data.frame list
versicolor 5      data.frame list
virginica  5      data.frame list
--------------------------------------------------------------------
    Sepal.Length Sepal.Width Petal.Length Petal.Width   Species
101          6.3         3.3          6.0         2.5 virginica
```

```
102      5.8      2.7      5.1      1.9 virginica
103      7.1      3.0      5.9      2.1 virginica
                    …중간 생략…
```

split() 함수를 이용해 품종을 기준으로 분리시켜 exam에 데이터를 저장하였다. exam의 내용을 확인하면 품종별로 데이터가 분리된 것을 확인할 수 있다. summary(exam)을 이용해 저장된 형태를 확인하면, Length는 분리된 데이터에서 열의 개수를 의미하며 5개의 열이 있음을 나타낸다. class는 데이터 프레임이며, mode는 리스트인 것을 확인할 수 있다. 마지막으로 exam$virginica 코드를 이용해 분리된 데이터 중 virginica 품종 데이터만 출력한다.

2) 데이터 선택

[코드 9-11]은 subset() 함수를 이용하여 iris 데이터 세트 중 versicolor 품종과 꽃잎의 폭(Petal.Width) 조건에 따른 행들을 추출하는 코드이다.

[코드 9-11]

```
subset(iris, Species == "versicolor")                  # versicolor 품종만 출력
subset(iris, Petal.Width > 2.0)                        # 조건에 맞는 값만 출력
subset(iris, Petal.Width > 2.0 & Petal.Length > 5.5)

subset(iris, Petal.Width > 2.0,
       select = c(Sepal.Length, Sepal.Width))
```

[실행 결과 9-11]

```
   Sepal.Length Sepal.Width Petal.Length Petal.Width    Species
51          7.0         3.2          4.7         1.4 versicolor
52          6.4         3.2          4.5         1.5 versicolor
53          6.9         3.1          4.9         1.5 versicolor
                    …중간 생략…
```

```
    Sepal.Length Sepal.Width Petal.Length Petal.Width   Species
101          6.3         3.3          6.0         2.5 virginica
103          7.1         3.0          5.9         2.1 virginica
105          6.5         3.0          5.8         2.2 virginica
113          6.8         3.0          5.5         2.1 virginica
                        …중간 생략…
```

```
    Sepal.Length Sepal.Width Petal.Length Petal.Width   Species
101          6.3         3.3          6.0         2.5 virginica
103          7.1         3.0          5.9         2.1 virginica
                        …중간 생략…
144          6.8         3.2          5.9         2.3
145          6.7         3.3          5.7         2.5
```

```
    Sepal.Length Sepal.Width
101          6.3         3.3
103          7.1         3.0
                        …중간 생략…
146          6.7         3.0
149          6.2         3.4
```

subset() 함수를 이용해 iris 데이터 세트에서 Species가 virginica인 품종만 출력한다. 조건문을 이용해 Petal.Width 〉 2.0의 조건을 만족하는 행들을 출력한다. Petal.Width 〉 2.0 & Petal.Length 〉 5.5의 조건을 만족하는 행을 출력한다. select는 출력할 열을 지정해 주는 역할을 한다.

07 데이터 샘플링과 조합

분석 방법에 따라 전체 데이터를 분석 대상으로 하여 분석을 진행할 수도 있지만 데이터 세트의 크기가 너무 커서 일부 데이터만 가지고 분석을 진행해야 할 경우도 생긴다. 이럴 때 샘플링(Sampling) 방법을 이용하면 된다. 샘플링은 통계 용어로 주어진 값들이 있을 때 그 중에서 임의의 개수의 값들을 추출하는 작업을 의미한다.

먼저 생각할 수 있는 방법은 특정 간격으로 데이터를 추출하는 방법으로 이전 벡터 생성 시 설명했던 것과 같이 seq(from, to, by)를 사용하여 추출하는 것이다. 여기서 from은 시작 숫자를 의미하며, to는 종료 숫자, by는 간격을 의미한다. 따라서 seq(from=1, to=10, by=2) 이런 식으로 작성하면 1~10까지 숫자 중 2씩 증가하며 숫자를 생성하도록 하는 방법으로 전체 데이터 중 일부의 데이터를 추출하여 샘플링할 수 있다.

또 다른 방법으로는 sample() 함수를 이용하여 무작위로 데이터를 추출하는 방법이 있다. sample() 방법에는 복원 추출과 비복원 추출 방법이 있다. 예를 들자면 주머니에 1~10까지 씌여져 있는 공이 있다고 하자. 3개의 공을 임의로 뽑는다고 했을 때 뽑은 공의 번호를 확인하고 다시 주머니에 넣은 후 새로운 공을 뽑는 방식을 복원 추출이라고 하며, 한 번 뽑은 공은 다시 주머니에 넣지 않는 방식으로 뽑는 방식을 비복원 추출이라고 한다. 데이터 분석에서는 주로 비복원 추출 방법을 사용한다.

1) 샘플링

[코드 9-12]는 1~50까지의 숫자 중 5개를 임의로 추출하는 비복원추출 방법에 대한 예이다.

[코드 9-12]

```
x <- 1:50
y <- sample(x, size = 5, replace = FALSE) #비복원추출
y
```

[실행 결과 9-12]

```
[1] 11 14 34 27  5
```

sample() 함수에서 size는 출력할 값의 개수를 지정해 주는 매개변수이다.

replace = FALSE는 비복원 추출로 출력한 값을 중복시키지 않는다는 것을 의미한다. 실행해 보면 알겠지만 임의의 값이므로 코드가 실행될 때마다 다른 값들을 출력한다.

[코드 9-13]은 iris 데이터 세트에서 임의의 20개 행을 비복원 추출 방법으로 데이터를 추출하는 예이다.

[코드 9-13]

```
idx <- sample(1:nrow(iris), size = 20,    # 20개 행만 추출
              replace = FALSE)
iris.20 <- iris[idx,]
dim(iris.20)                              # 행과 열 개수 확인
head(iris.20)
```

[실행 결과 9-13]

```
[1] 20  5
```

```
    Sepal.Length Sepal.Width Petal.Length Petal.Width    Species
88           6.3         2.3          4.4         1.3 versicolor
130          7.2         3.0          5.8         1.6  virginica
103          7.1         3.0          5.9         2.1  virginica
129          6.4         2.8          5.6         2.1  virginica
16           5.7         4.4          1.5         0.4     setosa
66           6.7         3.1          4.4         1.4 versicolor
```

nrow() 함수는 행의 개수를 나타내는 함수이다. nrow(iris)는 전체 150행이며, 이 코드는 1:150 중 20개를 임의로 추출하여 idx에 저장한다. 그리고 이 20개의 행를 iris.20 변수에 저장하고 행과 열의 개수를 확인하면 20개 행과 5열로 출력된다. 결과를 출력하면 맨 앞에 이들 행의 번호가 임의의 수로 추출된 것을 알 수 있다.

위의 결과들을 살펴보면 임의의 추출 방법 결과가 실행할 때마다 다르게 나오는데 경우에 따라 하나의 결과가 다음번에 다시 추출해도 동일한 결과가 나오도록 하기 위해 [코드 9-14]와 같이 set.seed() 함수를 이용하여 코드를 작성해 보고 결과를 확인해 보자.

[코드 9-14]

```
sample(1:15, size = 3)
sample(1:15, size = 3)          # 추출된 세 개의 수가 실행할 때마다 다르게 나옴

set.seed(5)                     # 추출된 세 개의 수가 동일하게 나오는 역할을 함
sample(1:15, size = 3)
set.seed(5)
sample(1:15, size = 3)
```

[실행 결과 9-14]

```
[1] 12 13  9
```

```
[1] 10  3 15
```

```
[1]  2 11  9
```

```
[1]  2 11  9
```

sample() 함수는 임의로 추출하는 방식으로 매번 결과가 다르다. 하지만 set.seed() 함수를 이용하면 출력한 결과가 같아진다. 이와 같이 임의의 추출을 하되 다음번에도 다시 추출 시 동일한 결과가 나오도록 해야하는 경우에는 set.seed() 함수를 sample() 함수 실행 전에 먼저 실행하도록 하자. 참고로 set.seed() 함수의 매개변수 값이 같아야 sample() 함수의 결과도 같다.

2) 데이터 조합

조합(Combination)은 글자 그대로 주어진 데이터값들 중에서 몇 개씩 짝을 지어 추출하는 것이다. [코드 9-15]와 같이 combn() 함수를 사용하며, 결과에서 각 열이 하나의 조합을 의미한다.

[코드 9-15]

```
combn(1:5, 2)

x = c("apple", "banana", "orange", "lemon")
com1 <- combn(x, 2)
com1
```

[실행 결과 9-15]

```
     [,1] [,2] [,3] [,4] [,5] [,6] [,7] [,8] [,9] [,10]
[1,]    1    1    1    1    2    2    2    3    3     4
[2,]    2    3    4    5    3    4    5    4    5     5
```

```
     [,1]     [,2]     [,3]    [,4]     [,5]     [,6]
[1,] "apple"  "apple"  "apple" "banana" "banana" "orange"
[2,] "banana" "orange" "lemon" "orange" "lemon"  "lemon"
```

combn(1:5, 2)는 1~5에서 2개를 뽑는 조합을 말하며, combn(x, 2)는 x에 정의된 4개의 과일들("apple", "banana", "orange", "lemon")에서 2개를 뽑는 조합을 의미한다.

08 데이터 집계와 병합

1) 데이터 집계

2차원 데이터인 매트릭스와 데이터 프레임은 데이터 그룹에 대해 합계 또는 평균을 계산해야 하는 일이 많다. 이들을 집계(aggregation)이라 한다. [코드 9-16]과 같이 R에서 제공하는 데이터 집계 방법에 대해 알아보자.

[코드 9-16]

```
agg1 = aggregate(mtcars[,1:5], by = list(sum_am = mtcars$am),
                 FUN = sum)
agg1
```

[실행 결과 9-16]

```
  sum_am   mpg cyl   disp   hp  drat
1      0 325.8 132 5517.2 3045 62.44
2      1 317.1  66 1865.9 1649 52.65
```

위 코드는 mtcars 데이터 세트에 aggregate() 함수를 이용하여 am 기준으로 합계를 출력하기 위한 코드이다. 데이터 집계 결과를 확인하면, 첫 번째 열(sum_am)이 집계의 기준이 된다. 0과 1을 기준으로 mtcars[,1:5] (mpg, cyl, disp, hp, drat)의 데이터 세트에서 각 열의 합이 계산되었다. 이 외에도 sd(표준편차), mean(평균), var(분산), max(최댓값) 등과 같은 작업을 할 수 있다.

[코드 9-17]은 mtcar 데이터 세트에 aggregate() 함수를 사용하여 vs와 cyl를 기준으로 다른 열들의 최솟값을 나타내는 예이다.

[코드 9-17]

```
agg <- aggregate(mtcars, by=list(vs=mtcars$vs, cyl=mtcars$cyl),
              FUN = min)
agg
```

[실행 결과 9-17]

```
  vs cyl mpg  cyl  disp  hp  drat    wt  qsec vs am gear carb
1  0   4 26.0   4 120.3  91  4.43 2.140 16.7  0  1    5    2
2  1   4 21.4   4  71.1  52  3.69 1.513 16.9  1  0    3    1
3  0   6 19.7   6 145.0 110  3.62 2.620 15.5  0  1    4    4
4  1   6 17.8   6 167.6 105  2.76 3.215 18.3  1  0    3    1
5  0   8 10.4   8 275.8 150  2.76 3.170 14.5  0  0    3    2
```

2) 데이터 병합

데이터 분석을 위한 자료가 여러 파일에 나뉘어 저장되어 있으면 병합(Merge) 방법을 이용하면 된다. 데이터 병합을 위해 a와 b 데이터 프레임을 [코드 9-18]과 같이 생성한 후 merge() 함수를 이용하여 결과를 출력해 보자.

[코드 9-18]

```
a <- data.frame(id=c(1,2,3), score_1=c(80,70,95))
b <- data.frame(id=c(1,2,4), score_2=c(55,40,20))
a
b
c <- merge(a,b, by = "id")
```

```
c
```

[실행 결과 9-18]

```
  id score_1
1 1     80
2 2     70
3 3     95
```

```
  id score_2
1 1     55
2 2     40
3 4     20
```

```
  id score_1 score_2
1 1     80      55
2 2     70      40
```

데이터 병합(merge)를 설명하기 위해 데이터 프레임 a와 b를 생성한다. a와 b는 id라는 공통적인 열을 갖고 있다. merge() 함수는 데이터 세트를 병합시켜 주며, 병합할 데이터 세트를 먼저 지정해 준다. 그 후 병합의 기준이 되는 열을 "by = "를 이용해 선택한다. 결과를 보면 x와 y에서 id 열의 값이 일치하는 행들이 연결된 것을 알 수 있다. id 값이 3과 4는인 경우에는 상대방 데이터 세트에 대응하는 값이 없기 때문에 병합에서 제외되었다. 병합하는 두 데이터 세트의 병합 기준이 되는 열의 이름이 같은 경우에는 c <- merge(a,b, by = "id")에서 병합의 기준이 되는 열의 이름인 by="id" 이 부분을 생략해도 결과는 동일하게 나온다.

[코드 9-19]는 병합의 기준이 되는 열의 이름이 서로 다른 경우에 병합하는 코드 예이다.

[코드 9-19]

```
a <- data.frame(id = c(1,2,3), score_1=c(80,70,95))
b <- data.frame(user = c(1,2,4), score_2=c(55,40,20))
```

```
a
b
merge(a, b, by.x = c("id"), by.y = c("user"))
```

[실행 결과 9-19]

```
  id score_1
1 1      80
2 2      70
3 3      95
```

```
  user score_2
1    1      55
2    2      40
3    4      20
```

```
  id score_1 score_2
1 1      80      55
2 2      70      40
```

merge() 함수의 매개변수 by.x는 두 개의 a, b 데이터 세트 중에서 병합할 a 데이터 병합 기준 열의 이름 id로 지정하고, by.y는 두 번째 b 데이터에서의 병합 기준의 열의 이름을 user로 지정한 것이다. 이와 같이 병합하고자 하는 데이터 열의 이름이 다른 경우에는 기준 열을 각각 정의하여 사용하면 된다. 또한, merge() 함수에서 by 대신 all을 사용할 수 있는데 위 코드에 mergae(a, b, all.a=T)로 작성하면 첫 번째 데이터 세트의 행들은 일단 모두 출력하고 이 행들과 대응되는 행이 두 번째 데이터 세트에 있으면 병합해서 출력하고 없으면 NA를 출력하라는 의미이다. mergae(a, b, all.b=T)는 반대로 두 번째 데이터 세트의 행들을 일단 모두 출력하고 이 행들과 대응되는 행이 첫 번째 데이터 세트에 있으면 병합해서 출력하고 없으면 NA로 출력하라는 의미가 된다. all=T는 두 데이터 세트에서 공통 열의 값들이 어느 쪽에 있더라도 모두 출력하고, 두 데이터 세트에서 대응되는 행들이 있으면 병합하고 없으면 NA를 출력하라는 의미가 된다. 참고로 이에 대해서도 실습을 해보도록 하자.

[활동 9-1] R에서 제공하는 state.x77 데이터 세트를 이용하여 다음 코드들을 작성하시오.

st<-data.frame(state.x77)

1) st의 각 열에 대해 특이값이 존재하는지 상자그림을 작성하여 확인하시오.

2) 특이값이 존재하는 경우 이를 NA로 대체하고 이를 제거하시오.

3) 2)번 결과를 population(인구수)를 기준으로 내림차순 정렬하시오.

4) illiteracy(문맹률)이 낮은 상위 5개 주의 이름과 문맹률을 출력하시오.

[활동 9-2] R에서 제공하는 mtcars 데이터 세트를 이용하여 다음 코드들을 작성하시오.

1) gear(기어)의 개수에 따라 split() 함수를 사용하여 그룹을 나누어 mt.gear에 저장하시오.

2) mt.gear에서 gear(기어)의 개수가 3인 그룹과 5인 그룹의 데이터를 합쳐서 mtgear35 변수에 저장하고 내용을 출력하시오.

3) mtcars 데이터 세트에서 wt(중량)이 1.5~3.0 사이인 행들을 추출하여 출력하시오.

텍스트 마이닝

빅데이터를 기반으로 하는 분석 방법에는 텍스트 마이닝, 데이터 마이닝, 평판 분석 등 다양한 방법들이 있다. 교재에서는 문자로 된 데이터에서 가치 있는 정보를 얻어 내는 텍스트 마이닝에 대해서 알아보자.

CHAPTER

10

학습 목표

- 공공 빅데이터를 제공하는 사이트에 대해서 알아보고 이를 활용할 수 있다.
- 텍스트 마이닝을 하기 위한 패키지 및 실행 환경을 설치할 수 있다.
- 텍스트 마이닝을 통해 분석하고자 하는 정제 및 추출 할 수 있다.
- 분석된 정보를 바탕으로 워드클라우드로 표현할 수 있다.

인터넷, 스마트폰과 같은 스마트기기의 확산을 통해 발생한 다양한 소비활동과 SNS의 등장으로 텍스트, 사진, 동영상, 위치정보 등 다양한 데이터들이 폭발적으로 증가되고 있다. 이와같이 폭증하는 데이터를 효과적으로 관리하고 그 속에서 유용한 정보를 추출해낼 수 있는 빅데이터 기술이 관심을 끌게 되었다. IT를 활용한 다양한 산업 분야의 전자화와 자동화가 보편화됨에 따라 처리 및 분석에 활용할 수 있는 대용량 데이터가 축적되고 있어 축적된 데이터의 유용성과 정제되지 않은 데이터의 활용 등 데이터의 가치에 주목하고 있다. 이런 빅데이터를 기반으로 하는 분석 방법에는 텍스트 마이닝, 데이터 마이닝, 평판 분석 등 다양한 방법들이 있다. 교재에서는 문자로 된 데이터에서 가치 있는 정보를 얻어 내는 텍스트 마이닝에 대해서만 초점을 맞춰 설명하도록 한다.

텍스트 마이닝은 고객들이 남기는 리뷰, 문서 등의 텍스트에서 유의미한 정보를 발견하는 방법을 말한다. 텍스트 마이닝 기법에는 단어 빈도 분석, 군집 분석, 감정 분석, 연관 분석이 있으나 교재에서는 가장 기본적이며, 쉽고 보편적으로 활용되는 단어 빈도 분석에 대해서만 설명한다.

텍스트 마이닝은 〈그림 10-1〉과 같이 4단계의 과정을 거친다. 첫 단계인 '정보 수집'에서는 분석하고자 하는 데이터와 자료를 수집한다. 교재에서는 이러한 공공 빅데이터를 다운로드할 수 있는 정부의 웹 사이트를 소개한다. 두 번째 단

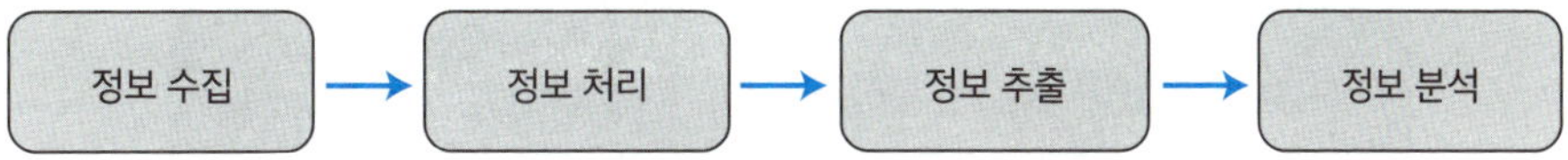

〈그림 10-1〉 텍스트 마이닝의 4단계 과정

계인 '정보 처리'에서는 데이터 전처리로 텍스트 마이닝을 하기 위한 패키지 및 실행 환경 설치와 형태소 분석을 한다. 세 번째 단계인 '정보 추출'에서는 정제된 결과에 따른 빈도수 높은 단어를 파악한다. 네 번째 단계인 '정보 분석'을 처리하기 위해 교재에서는 앞에서 분석한 내용으로 토대로 워드클라우드를 작성하도록 한다.

01 공공 빅데이터

비즈니스 및 산업 전반에 데이터를 활용할 수 있다고 인식되면서 정부에서는 국가가 보유하고 있는 데이터 중 민감한 정보를 포함하고 있지 않은 데이터를 공개하고 있다. 빅데이터를 수집할 때 가장 중요하게 고민해야 할 것은 '어떤 데이터를 어디에서 어떻게 수집하느냐'를 결정하는 것이다. 그 중에서 '어디에서'에 해당하는 내용을 정리하고자 한다. 데이터를 수집할 수 있는 사이트는 여러 곳이지만 그 중에서도 무료이며 쉽고 빠르게 데이터를 수집할 수 있는 공공 데이터 포털 위주로 소개하도록 한다. 이제 우리는 다양한 종류의 공공 데이터 정보를 제공하고 있는 주요 웹사이트들에 대해 살펴보고, 분석하고자 하는 데이터들을 수집해 보자.

1) 공공 데이터 포털

공공 데이터 포털(https://www.data.go.kr)은 가장 풍부한 공공 데이터를 제공하는 웹사이트로 공공기관이 관리하고 많은 양의 데이터를 무료로 활용할 수 있다. 이 웹사이트는 '공공 데이터의 제공 및 이용 활성화에 관한 법률'에 따라

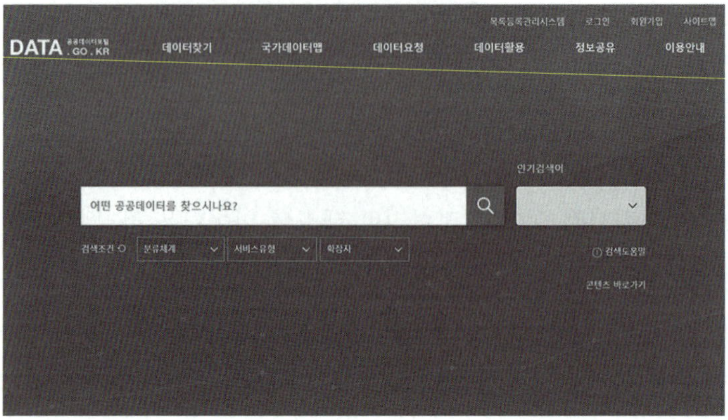

〈그림 10-2〉 공공 데이터 포털(https://www.data.go.kr)

각 기관별로 생성·보유하고 있는 공공 데이터의 통합 관리 및 민간 개방을 위한 범정부 통합 단일 창구로 구축되어 운영 중인 시스템이다. 빅데이터가 카테고리별로 분류되어 있고 재미있는 주제의 데이터들이 많다. 관심 있는 키워드를 검색해서 다운로드 버튼을 클릭하면 csv, pdf, xls 등 다양한 파일 형식으로 된 데이터를 쉽게 다운로드할 수 있고, 오픈 API 같은 경우는 데이터 활용 신청서를 제출하면 받을 수 있다. 공공 데이터 포털에서는 데이터를 비즈니스에 활용한 사례도 제공하고 있기 때문에 창업을 하고자 하는 사람들에게 좋은 참고 자료가 되고 있다.

2) 국가통계 포털

국가통계 포털(https://kosis.kr/)은 국내외 주요 통계를 한곳에 모아 이용자가 원하는 통계를 한 번에 찾을 수 있도록 통계청이 제공하는 원스톱(One Stop) 통계 서비스 웹사이트이다. 현재 300여개 기관이 작성하는 경제, 사회, 환경에 관한 1,000여 종의 국가 승인 통계를 수록하고 있으며, 국제 금융과 경제에 관한 국제통화기금(IMF), 월드뱅크(Worldbank), 경제협력개발기구(OECD) 등의 최신 통계도 제공하고 있다. 편리한 검색 기능과 일반인들도 쉽게 이해할 수 있는 다양한 콘텐츠 및 통계 설명 자료 서비스를 제공하고 있으니 통계 자료가 필요

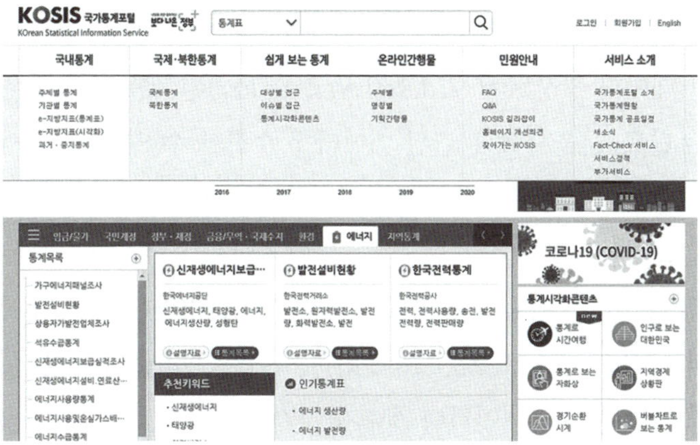

〈그림 10-3〉 국가통계포털(https://kosis.kr/)

할 때 좋은 사이트이다.

3) 기상청 날씨누리

기상청 날씨누리(https://www.weather.go.kr/)는 기상청에서 기상 관련 데이터를 공개하고 있는 사이트이며 필요시 다운로드하여 활용할 수 있다. 기상예보, 태풍, 황사, 위성, 레이더 등 25종 자료를 쉽게 이용할 수 있으며, 현재 기상자료를 실시간으로 얻을 수 있다. 이러한 정보를 이용하여 기상 관련 앱을 개발할 때 참고하면 좋은 사이트이다.

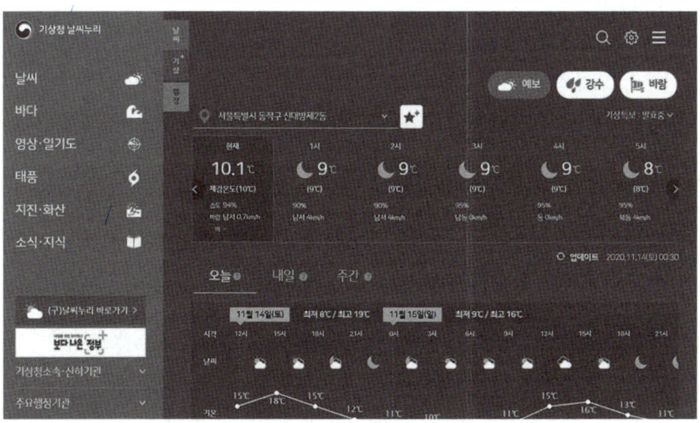

〈그림 10-4〉 기상청 날씨누리(https://www.weather.go.kr/)

4) 서울 열린 데이터 광장

서울 열린 데이터 광장(http://data.seoul.go.kr/)은 서울시에서 운영하는 공공 데이터 포털로 '서울시'에 관련된 데이터를 수집할 수 있다. 서울시에 관련된 주제로 데이터 분석 시 참고하면 좋은 사이트이다. 공공 데이터 포털과 마찬가지로 다운로드 버튼을 클릭하면 무료로 쉽게 다운로드할 수 있고 오픈 API는 신청 후 사용할 수 있다. 서울시 외에도 경기도에서 운영하는 공공 데이터 포털인 경기 데이터 드림(https://data.gg.go.kr/) 사이트가 있는데 서울시 공공 데이터 사이트와 비교했을 시 데이터의 개수가 많지 않다.

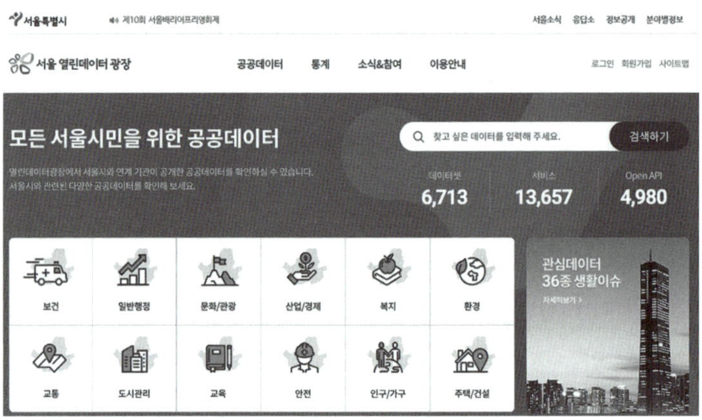

〈그림 10-5〉 서울 열린 데이터 광장(http://data.seoul.go.kr/)

5) 네이버 데이터 랩

네이버 데이터 랩(https://datalab.naver.com/)은 공공기관에서 운영하는 사이트는 아니지만 가장 쉽게 데이터를 수집할 수 있는 곳이다. 급상승 검색어나 지역별, 연령별 등 각종 통계를 확인할 수 있고, 블로그나 유튜브 등의 콘텐츠를 제작하는 과정에서 빠르게 해당 키워드의 검색량이나 추이 등을 확인할 수 있다는 장점이 있다. 단점으로는 심도 있게 데이터를 수집하기에는 한계가 있으므로 빠르게 키워드 검색량 정도를 확인할 때 사용하면 좋은 사이트이다.

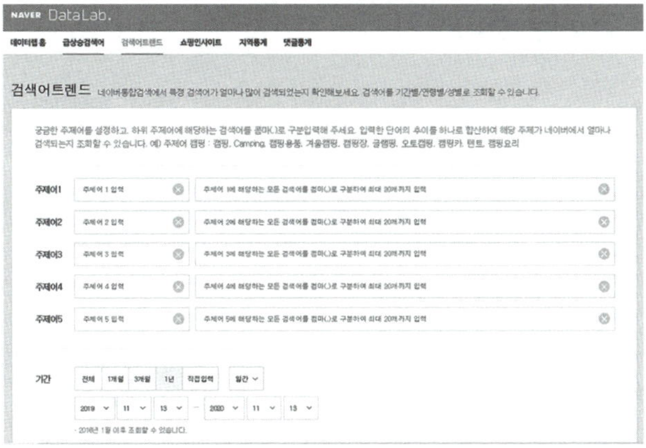

〈그림 10-6〉 네이버 데이터 랩(https://datalab.naver.com/)

6) SK Data Hub

SK Data Hub(https://www.bigdatahub.co.kr/)는 공공 데이터 포털은 아니지만 빅데이터를 수집할 때 유용하게 사용할 수 있는 사이트이다. 음성통화 이용 데이터, T-map 이용 데이터, 유동인구 데이터, 로밍 서비스 이용 데이터를 제공하고 있다. 다른 사이트들과 마찬가지로 로그인을 하면 해당 데이터를 무료로 다운로드할 수 있고, Open API를 제공하고 있다.

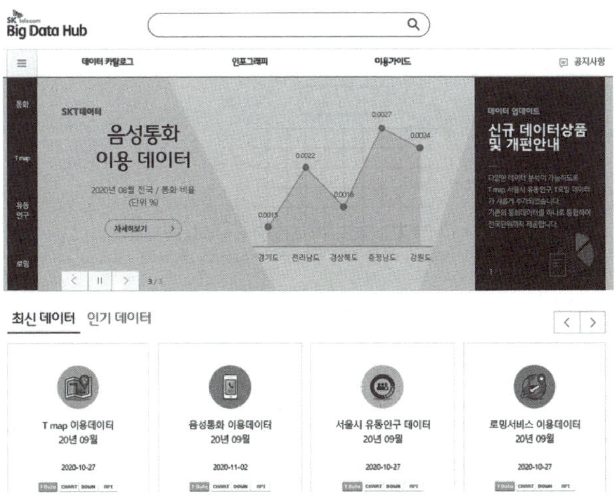

〈그림 10-6〉 SK Date Hub(https://datalab.naver.com/)

02 텍스트 마이닝 준비하기

한글 자연어 분석 패키지인 KoNLP를 이용하면 한글 데이터로 형태소 분석을 할 수 있다. 따라서, 한국어를 분석하는 KoNLP 패키지와 이를 실행할 수 있는 JRE 환경을 설치하는 방법에 대해 알아보자.

1) JRE 설치

KoNLP 패키지(Korean Natural Language Processing)는 자바 버전 1.6 이상 환경에서 실행할 수 있다. 만약 실행하고자 하는 컴퓨터에 1.6 버전 이상의 JDK(Java Development Kit) 또는 JRE(Java Runtime Environment)가 설치되어 있지 않다면 먼저 자바 홈페이지를 방문해 자신의 컴퓨터의 운영 체제 버전에 맞게 JRE 설치 파일을 내려받아 설치한 후 KoNLP 패키지를 로드해야 한다.

먼저 자신의 컴퓨터에 Java가 설치되어 있는지 확인해 보자. 일반적으로 Java가 설치되는 경로는 'C:₩Program Files₩Java' 이다. 이 폴더 안에 〈그림 10-8〉과 같이 'jre'로 시작하는 폴더가 없다면 새로 설치해야 한다.

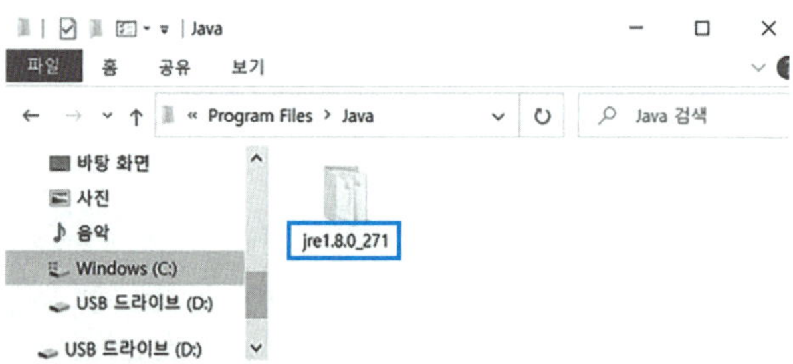

〈그림 10-8〉 자바 설치 경로 확인

JRE를 다운로드 할 수 있는 'https://www.java.com/ko/download/'에 접속하여 [무료 Java 다운로드]를 클릭하면 설치 파일을 다운로드할 수 있다. 현재 사용자가 사용 중인 운영 체제에 맞게 다운로드 창이 나오니 운영 체제가 32비트인지, 64비트인지 확인만 하면 된다.

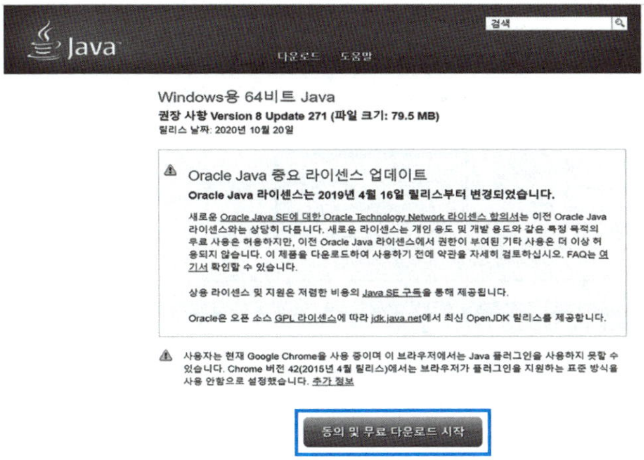

〈그림 10-9〉 JRE 다운로드(https://www.java.com/ko/download/)

2) 시스템 환경 변수 설정

한국어 자연어 처리를 지원하는 KoNLP 패키지를 이용하려면 Java를 설치하고 자바 실행 환경(JRE)를 이용할 수 있도록 설정해 주어야 한다. 컴퓨터에 따라 설치된 폴더와 JRE 버전이 다를 수 있으니 자신의 컴퓨터에 맞게 〈그림 10-10〉과 같이 경로를 설정해주어야 한다. 우선 [내컴퓨터]-[속성]-[고급시스템 설정]을 클릭하고 시스템 속성에서 [고급]-[환경변수]를 클릭한다.

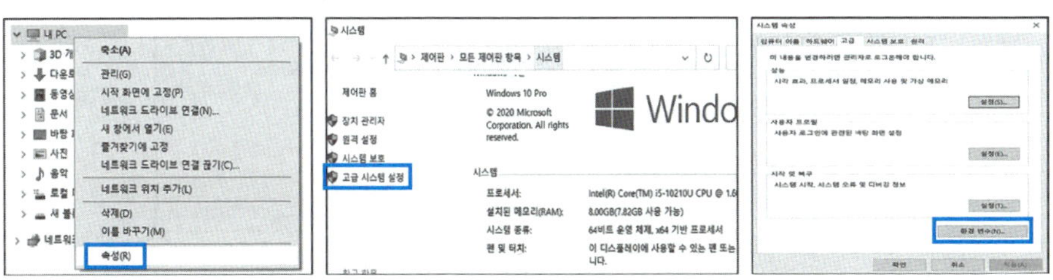

〈그림 10-10〉 시스템 환경 변수 설정

[새로 만들기] 클릭 후 새 시스템 변수 창에서 변수 이름은 'JAVA_HOME', 변수 값은 'C:₩Program Files₩Java₩jre1.8.0_271'(JRE가 설치된 경로)를 입력하고 [확인] 버튼을 클릭한다.

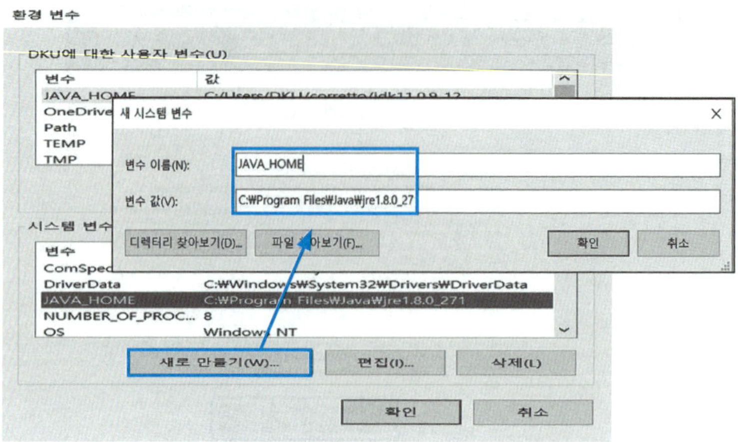

〈그림 10-11〉 JAVA_HOME 환경 변수 설정

그리고, 환경 변수 편집로서 Path를 추가한다. 시스템 목록 중 'Path'선택하고 [편집] 버튼을 클릭한다. [새로만들기]를 클릭한 후 '%JAVA_HOME% ₩bin'를 입력하여 추가하고 [확인] 버튼을 클릭한다. 마지막으로 [시스템 속성] 창에서도 [확인] 버튼을 클릭한다.

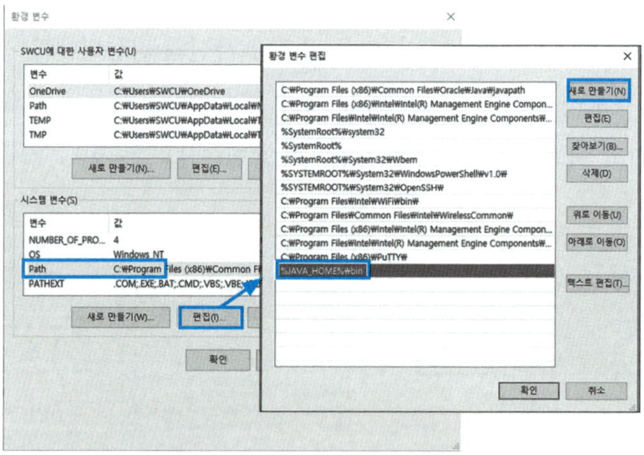

〈그림 10-12〉 PATH에서 JAVA_HOME 추가

3) KoNLP 설치 전 관련 패키지

KoNLP 패키지를 설치해야 하는데 RStudio 최신 버전에서는 해당 패키지를

지원하지 않는다. 따라서 이러한 문제를 해결하기 위해 우선, R이 업데이트 되면서 Rtools가 Rtools40으로 변경되었다. Rtools는 R 값들을 Excel로 추출하려면 필요한 tool이며, R의 여러 패키지에서 필수로 사용하는 tool이기도 하다. 따라서 Rtools40을 'https://cran.r-project.org/bin/windows/Rtools/'에서 64비트 다운로드를 받아 설치하도록 한다.

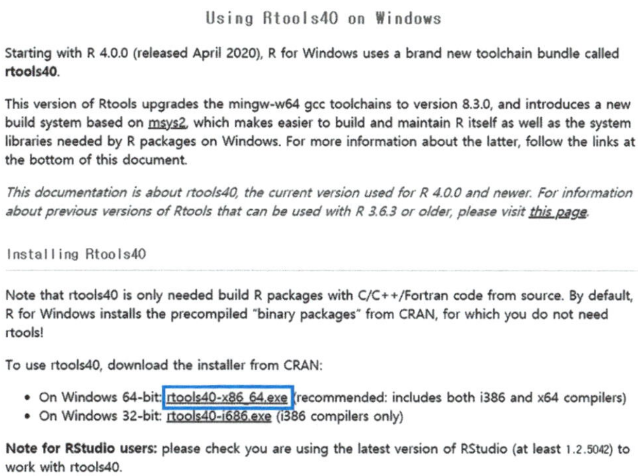

Using Rtools40 on Windows

Starting with R 4.0.0 (released April 2020), R for Windows uses a brand new toolchain bundle called **rtools40**.

This version of Rtools upgrades the mingw-w64 gcc toolchains to version 8.3.0, and introduces a new build system based on msys2, which makes easier to build and maintain R itself as well as the system libraries needed by R packages on Windows. For more information about the latter, follow the links at the bottom of this document.

This documentation is about rtools40, the current version used for R 4.0.0 and newer. For information about previous versions of Rtools that can be used with R 3.6.3 or older, please visit this page.

Installing Rtools40

Note that rtools40 is only needed build R packages with C/C++/Fortran code from source. By default, R for Windows installs the precompiled "binary packages" from CRAN, for which you do not need rtools!

To use rtools40, download the installer from CRAN:

- On Windows 64-bit: rtools40-x86_64.exe (recommended: includes both i386 and x64 compilers)
- On Windows 32-bit: rtools40-i686.exe (i386 compilers only)

Note for RStudio users: please check you are using the latest version of RStudio (at least 1.2.5042) to work with rtools40.

〈그림 10-13〉 Rtools40 다운로드 화면

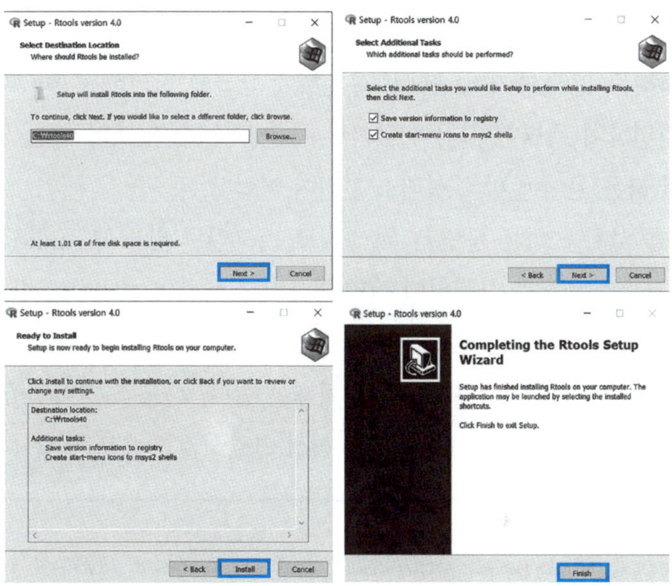

〈그림 10-14〉 Rtools40 설치 화면

Rtools40 설치가 완료되면 RStudio에서 나머지 필요한 작업을 진행하겠다. KoNLP 설치를 위해서 필요한 패키지들이 많이 있는데 먼저 rJava 패키지와 memorise 패키지를 설치한다. 그리고 multilinguer 패키지와 의존성 패키지들를 설치한다. 이때 RStudio를 관리자 권한으로 실행한다.

```
# java, rJava 설치
install.packages("rJava")
install.packages("memoise")
library("rJava")

install.packages("multilinguer")
library(multilinguer)
install_jdk()

# 의존성 패키지 설치
install.packages(c('stringr', 'hash', 'tau', 'Sejong', 'RSQLite', 'devtools'), type = "binary")
```

4) KoNLP 패키지 설치

KoNLP 패키지는 패키지 내에 포함된 사전을 통해 문서에 포함된 단어의 품사를 분석해준다. R 패키지 중에서 유일하게 한글을 처리하는 패키지이다. 한글 분석과 관련하여 특별한 지식이 없어도 사용할 수 있다. 한국어는 알파벳을 기반으로 한 다른 언어에 비해 형태소 분석이 어렵다.

패키지를 설치를 하는 방법은 두 가지로 스크립트 창과 RStudio의 Package 창에서 [install] 버튼을 클릭하여 팝업 창에서 검색하여 설치하는 방식이 있으나 KoNLP 패키지는 버전이 업그레이드 되면서 직접 설치할 수 있는 경로가 풀렸기 때문에 다른 방식으로 패키지를 설치해야 한다. 다음과 같이 remoters 패키지를 사용하여 KoNLP Github 경로와 직접 연결시켜 다운로드 해야 한다.

```
install.packages("remotes")
remotes::install_github('haven-jeon/KoNLP', upgrade = "never", INSTALL_opts = c("—
no-multiarch"))
```

설치 후 KoNLP 라이브러리가 다음와 같이 출력되면 설치가 잘 된 것이다.

```
> library(KoNLP)
Checking user defined dictionary!
```

03 형태소 분석하기

필요한 패키지 및 JAVA 설치를 마쳤다면 형태소를 분석해야 한다. 형태소 분석은 분석하고자 하는 문장에 포함된 단어가 품사별로 구분되어 있어야 하므로 사전(Dictionary) 설정이 필요하다.

1) 사전 설정하기

KoNLP에는 NIADic 사전, 세종 사전, 시스템 사전이 포함되어 있다. 사전마다 포함하는 단어 수가 다른데 NIADic 사전에는 120만 단어, 세종 사전에는 37만 단어, 시스템 사전에는 28만 단어가 포함되어 있다. KoNLP 패키지를 로드한 후 이들 중 교재에서 사용하는 NIADic 사전과 세종 사전에 대해 설정하는 함수를 실행해 보자.

```
> library(KoNLP)
> useNIADic()
Backup was just finished!
1213109 words dictionary was built.
> useSejongDic()
Backup was just finished!
370957 words dictionary was built.
```

위의 코드를 실행 결과를 보면 NIADic 사전과 세종 사전에 대해 사전별로 포함한 단어 수가 정확하게 표시된다.

2) 분석 데이터 준비

분석할 문서는 텍스트 파일 형태로 준비한다. 텍스트 파일을 만들 때 주의해야 할 두 가지 사항이 있다. 첫 번째로는 파일의 끝부분 처리를 〈그림 10-15〉와 같이 마지막 문장이 끝나면 반드시 줄 바꿈을 한 후 저장해야 한다. 이렇게 하지 않으면 R에서 텍스트 파일을 읽을 때 에러가 발생할 수 있다.

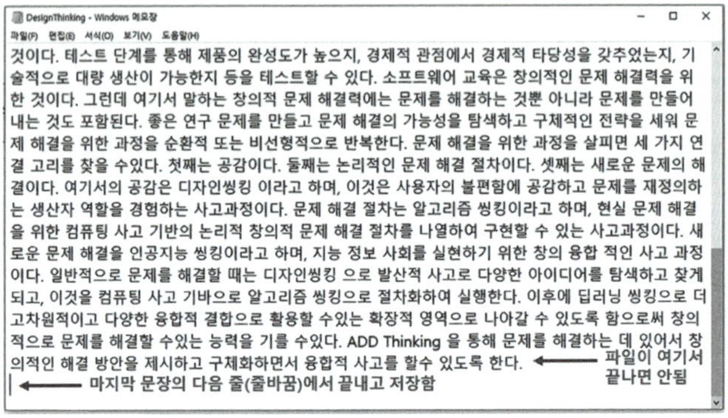

〈그림 10-15〉 텍스트 파일 내용 끝에서의 줄 바꿈 후 저장

두 번째로는 파일을 저장할 때 〈그림 10-16〉과 같이 [다른 이름으로 저장]을 선택하고 [인코딩] 부분을 'UTF-8' 설정하고 저장한다. R에서 사용하는 한글 인코딩이 'UTF-8'이기 때문에 여기에 맞추어 한글 파일을 작성하는 것이 필요하다. 파일 이름이나 파일이 저장된 폴더 경로에 한글이 포함되어 있으면 파일을 읽을 때 에러가 발생하는 경우가 있으므로 파일을 저장할 때는 파일 이름을 영어로 작성한다.

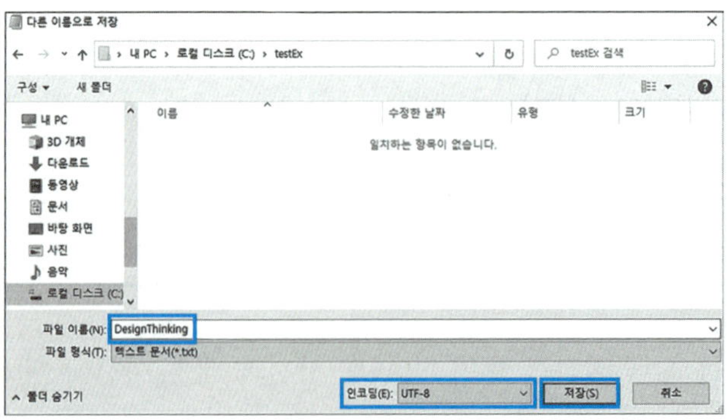

〈그림 10-16〉 'UTF-8'로 설정한 후 영어 이름으로 파일 저장

교재에서는 '창의적사고와 코딩' 과목에서의 디자인씽킹에 관한 내용 중 일부분이 작성된 'DesignThinking.txt' 텍스트 파일을 이용하여 분석하도록 한다.

우선, 한국어 자연어 처리를 지원하는 KoNLP 패키지를 불러온다. 해당 패키지들은 앞에서 이미 설치하였기 때문에 'DesignThinking.txt' 파일을 읽어서 txt에 저장한다. setwd() 함수 안에 'DesignThinking.txt' 파일이 저장된 폴더를 지정한다. readLines()는 파일을 행단위로 읽어 벡터로 저장해주는 함수이다. 간단한 확인을 위해 head() 함수를 이용해 일부 내용을 출력해본다.

[코드 10-1]

```
# KoNLP와 관련된 rJava, memorise, multilinguer 패키지와 의존성 패키지 설치, remotes 설치에 이어서 코드를 작성하면 되며, 이후 작성된 코드만 언급함
library(KoNLP)
setwd("C:/REx")
txt <- readLines("DesignThinking.txt", encoding="UTF-8")
head(txt)
```

[실행 결과 10-1]

```
[1] "4차 산업혁명에서 지속적인 혁신을 위해서 창의적 사고에 접근하는 방법 즉 창의적인 문제 해결 방법론으로 디자인씽킹 을 제시한다. 혁신적인 사업 방식으로 잘 알려진 IDEO는 작은 회사지만 사용자의 경험에 초점을 두어 좋은 디자인을 정의하고 만들어감으로써 지속적인 혁신을 주도해온 회사이다. - 이하 생략 -
```

3) 명사 추출하기

이제 'DesignThinking.txt' 내용(txt)로부터 명사를 추출하여 noun1에 저장하고 noun1의 내용을 출력한다. KoNLP 패키지의 extractNoun() 함수는 입력받은 문장에서 단어를 추출해 벡터로 반환한다. extractNoun() 함수를 통해 438(이 단어의 개수는 사전 종류에 따라 등록된 개수만큼 변경될 수 있음)개의 단어가 추출된 것을 볼 수 있다.

[코드 10-2]

```
# 검색 문장 내 단어 추출
noun1 <- extractNoun(txt)
#단어 추출 결과 확인
str(noun1)
#추출된 단어 중 일부를 확인(앞에서부터 40개)
noun1[1:40]
```

[실행 결과 10-2]

```
 chr [1:438] "4" "차" "산업혁명" "지속" "적" "혁신" "창의" ...
------------------------------------------------------------------
 [1] "4"        "차"        "산업혁명"  "지속"
 [5] "적"       "혁신"      "창의"      "적"
                  …중간 생략…
[33] "적"       "혁신"      "주도"      "회사"
[37] "IDEO"     "CEO"       "팀브라운은" "디자인씽킹"
```

위의 코드 말고도 extractNoun() 함수에 sapply() 함수를 사용하여 리스트형태로 리턴하고 분석을 위해 이를 unlist()함수를 사용해 벡터를 변환해주는 부분을 사용해도 된다. unlist()는 리스트를 벡터로 변환하는 함수이다. 자세한 코드는 다음과 같다. 이때의 'USE.NAMES = F' 옵션은 텍스트 파일이므로 컬럼명을 빼라는 것을 의미한다. 결과는 동일하게 나온다.

```
# 단어 추출을 위해 sapply을 사용하는 방법
data <- sapply(txt, extractNoun, USE.NAMES = F)
noun1 <- unlist(data)
str(noun1)
noun1[1:40]
```

4) 필터링하기

추출된 단어 중 1~40까지만 일부를 확인해 보니 "4", "차", "적", "을", "두" 등

의미 없는 단어들이 보인다. 따라서, 글자 길이가 1인 단어들을 noun1에서 제거하도록 한다. Filter() 함수를 이용하여 두 글자 이상인 단어만 선별한다. 이렇게 필터링하면 공백이나 한 자리 숫자가 걸러진다. Fiter()는 내가 만든 함수를 적용시키는 함수이다. 함수의 기본 구조는 아래와 같으며, 이를 이용하여 필터링한 코드는 〈코드 10-3〉과 같다.

```
function(파라미터) { 함수 내용 }
```

[코드 10-3]

```
#2인 이상의 단어만 걸러주는 함수
noun1 <- Filter(function(x) {nchar(x)>=2}, noun1)
noun1
str(noun1)
```

[실행 결과 10-3]

```
  [1] "산업혁명"   "지속"     "혁신"     "창의"
  [5] "사고"      "접근"     "방법"     "창의"
  [9] "문제"      "해결"     "방법론"    "디자인씽킹"
                ...중간 생략...
[325] "창의"      "해결"     "방안"     "제시"
[329] "구체"      "융합"     "사고"
```

```
 chr [1:331] "산업혁명" "지속" "혁신" "창의" "사고" "접근" ...
```

따라서 Filter() 함수 안에 쓰인 nchar(x)는 파라미터 x의 길이를 구해주는 함수이다. 즉, noun1에 들어 있는 데이터들이 하나씩 function() 안에 x로 들어가고, nchar(x)>=2를 통해 두 글자 이상인 단어만 살아남아 다시 noun1에 저장되는 구조이다. 이것으로 도, 수 등과 같은 수많은 의존명사들을 제거할 수 있다. 한국어 문법상 의존명사도 실질형태소이자 자립형태소이기 때문에 이 과정은 필수이다.

또 다른 방법으로는 Fiter() 함수를 사용하지 않고 nchar(x) 문자 함수를 바로 이용하는 방법이다. nchar(x) 함수는 문자형 벡터 x의 구성요소 개수를 구하는 것으로 다음과 같이 간단한 예를 보자. 아래 예를 살펴보면 "Bu san"의 경우 스페이스바 공간이 하나 있는데 이것도 1개로 카운트해서 총 6개로 출력되는 것을 알 수 있다.

```
> #nchar(x)
> x <- c("Seoul", "Bu san", "1234")
> nchar(x)
[1] 5 6 4
```

이와 같이 nchar() 함수를 이용해서 길이가 1인 문자를 제외하기 위해서는 다음과 같이 작성해도 Filter() 함수를 이용한 것과 동일하게 107개가 제거된 331개의 단어 결과(사전 종류에 따라 추출된 단어 개수는 변경 가능)가 나온다.

```
#길이가 1인 문자를 제외
noun1 <- noun1[nchar(noun1)>1]
noun1
str(noun1)
```

5) 특정 단어 제외

다음은 불용어를 처리하기 위한 과정으로, 불용어란 주제색인어로서 의미가 없는 단어들을 의미한다. 추출한 데이터에서 제외하고 싶은 단어나 원치 않는 데이터가 있다면 gsub() 함수를 이용하여 삭제할 수 있다. gsub() 함수는 다음과 같은 형식으로 사용한다.

```
gsub(찾는 단어, 바꿀 단어, 찾을 위치)
```

예를 들어 위의 실행 결과에서 gsub() 함수를 이용하여 맨 앞에 있는 "산업혁명", "구체" 단어를 제외하고 싶다면 [코드 10-4]와 같이 작성하면 된다.

[코드 10-4]

```
# noun1의 형태를 분석하여 정규식으로 문자열 ""로 변경
# 제거할 단어들
noun1 <- gsub("산업혁명","", noun1)
noun1 <- gsub("구체","", noun1)
noun1
#2인 이상의 단어만 걸러주는 함수
noun1 <- Filter(function(x) {nchar(x)>=2}, noun1)
str(noun1)
```

[실행 결과 10-4]

```
  [1] ""        "지속"     "혁신"     "창의"
  [5] "사고"     "접근"     "방법"     "창의"
  [9] "문제"     "해결"     "방법론"    "디자인씽킹"
 [13] "제시"     "혁신"     "사업"     "방식"
                 …중간 생략…
[321] "ADD"     "Thinking" "문제"     "해결"
[325] "창의"     "해결"     "방안"     "제시"
[329] ""        "융합"     "사고"
```

```
chr [1:328] "지속" "혁신" "창의" "사고" "접근" "방법" "창의" ...
```

위의 특정 문자인 "산업혁명", "구체" 단어를 제외하기 위해 " " 비어 있는 다른 문자로 변경하여 없는 것처럼 눈속임이 가능하다. 이와 같은 방법으로 필요없는 단어들을 제거할 수 있으며, 위의 결과를 보면 총 3개가 제거됨을 알 수 있다. 이외에 아래와 같은 특정 문자를 제거하거나 모든 특수 문자를 제거할 수 있다.

```
# 모든 특수 문자를 제거
noun1 <- gsub("[[:punct:]]", "", noun1)
# 특정 특수문자만 제거
noun1 <- gsub("[₩₩$,]", "", noun1)
# 자음 삭제(ㅋㅋ, ㅎㅎ, ㅇㅇ 등 )
noun1 <- gsub("[ㄱ-ㅎ,]", "", noun1)
# ㅜ ㅜ ㅏ ㅠ ㅠ 등 삭제
```

```
noun1 <- gsub("(ㅜ|ㅠ)", "", noun1)
# 숫자 삭제
noun1 <- gsub("₩₩d+", "", noun1)
```

이렇게 여러 불용어 처리 후에는 위의 필터를 이용해 한 번 더 두 글자 미만 단어를 제거해야 원하는 결과가 나온다.

04 가장 많이 사용된 단어 알아보기

1) 데이터 정렬하기

분석할 단어 자료들을 확보했으니 이제 sort() 함수를 사용하여 추출한 단어를 빈도순으로 정렬해 보자. sort() 함수는 기본 값이 오름차순 정렬이다. [코드 10-5]에서는 빈도수가 높은 것부터 내림차순으로 정렬하기 위해 decreasing = T 옵션을 추가함을 알 수 있다.

[코드 10-5]

```
# 빈도수(table)를 기준으로 내림차순 정렬
temp <- sort(table(noun1), decreasing =T)[1:40]
temp
```

[실행 결과 10-5]

```
noun1
   문제    해결  아이디어     창의 디자인씽킹     공감
    28      19      9        9       8        7
   과정    단계     도출     모형     번째     사고
     7       7      6        6       5        5
                 …중간 생략…
     4       4      4        4       4        4
                 …중간 생략…
     3       3      3        3       3        3
```

…중간 생략…

```
    2        2        2        2        2        2
```

…중간 생략…

```
    2        2        2        2        2        2
 방법론   사고과정     사람      순환
    2        2        2        2
```

2) 막대그래프로 작성하기

지금까지 'DesignThinking.txt' 에 관련한 자료를 가지고 형태소를 분석했다. 최종 결과를 막대그래프를 사용하여 확인하면 가장 많이 사용되는 단어를 쉽게 파악할 수 있다. [코드 10-6]은 정렬된 단어들이 있는 temp 자료를 이용하여 막대그래프를 작성한 코드이다.

[코드 10-6]

```
# 막대그래프로 확인해보기
barplot(temp, names.arg = names(temp), col = "blue", main = "빈도수 높은 단어", ylab
= "단어 빈도수")
```

[실행 결과 10-6]

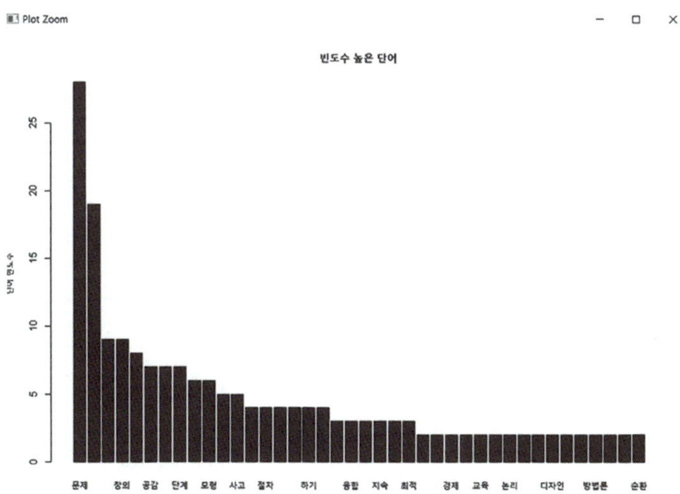

물론 이 결과는 가장 기본적인 전처리 과정만을 거쳐 보조사와 명사가 하나로 출력되는 등 정확한 데이터는 아니다. 데이터 전처리 과정을 얼마나 깊이 있게 하느냐에 따라 데이터 분석의 결과 및 정확도가 달라질 수 있다.

05 워드클라우드 만들기

워드클라우드(wordcloud)는 단어(word) 모음이 구름(cloud)과 유사하다고 해서 붙여진 이름으로 텍스트 데이터를 분석하는 대표적인 방법이다. 이것은 대상 데이터에서 단어(주로 명사)를 추출하고 단어들의 출현 빈도수를 계산하여 시각화하는 기능을 한다. 출현 빈도수가 높은 단어는 그만큼 중요하거나 관심도가 높다는 것을 의미한다. 워드클라우드에서는 단어의 출현 빈도수가 높을수록 큰 글씨로 표현된다. 이제 앞에서 분석한 형태소를 기반으로 다양한 모양의 워드클라우드를 만들어보자. 워드클라우드를 만들려면 wordcloud2 패키지 설치 및 로드가 선행되어 한다.

1) wordcloud2 설치 및 wordcloud2() 함수의 옵션 알기

코드를 실행하기 전에 wordcloud2 패키지 설치를 하고 패키지를 로드해 보자.

```
#wordcloud2 패키지 설치
install.packages("wordcloud2")
#패키지 로드
library(wordcloud2)
```

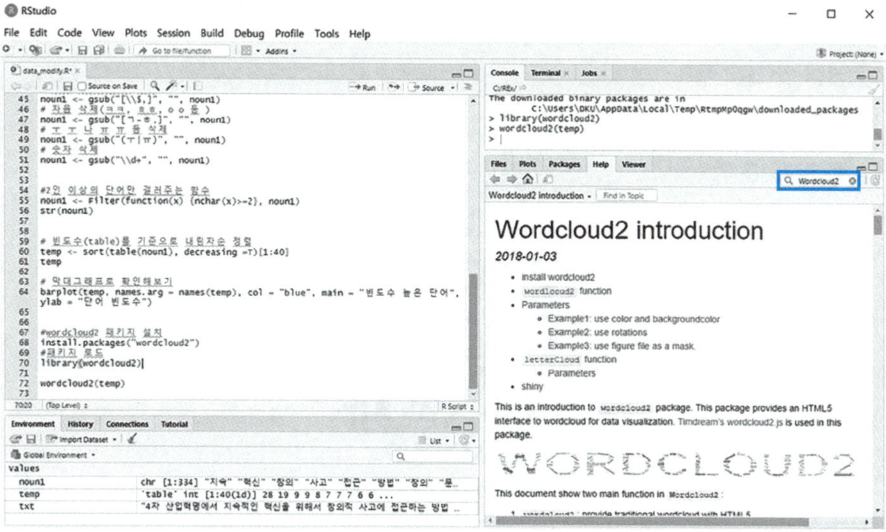

〈그림 10-17〉 Help 창 검색한 wordcloud2() 함수의 정보

그리고 〈그림 10-17〉과 같이 Help 창을 이용하여 wordcloud2() 함수에 대한 내용을 살펴보면 wordcloud2() 함수는 wordcloud2(데이터, 옵션) 형식으로 사용한다. 사용할 수 있는 옵션은 매우 다양하지만 주로 사용하는 옵션들은 시각화할 최소 빈도 수 설정을 하는 minSize, 배수 기준 워드클라우드 크기 변경을 하는 size, 색상 설정을 하는 col, 회전율 옵션인 rotaeRatio, 배경색을 설정하는 backgroundColor, 이미지 설정을 하는 figPath 정도가 있다.

2) 다양한 모양의 워드클라우드 만들기

기본 형태의 워드클라우드를 생성한 후 옵션들을 활용하여 다양한 모양의 워드클라우드를 만들어보자.

첫 번째로 기본형 워드클라우드를 생성해 보자. 기본 형태는 [코드 10-7]와 같이 워드클라우드를 만들 데이터만 인수로 지정하면 된다. 앞에서 추출된 데이터 temp 변수의 데이터를 인수로 지정하여 워드클라우드를 생성한다. 가장 많이 언급된 단어가 가장 크고 굵게 표시된다.

[코드 10-7]

```
#기본형 워드클라우드
wordcloud2(temp)
```

[실행 결과 10-7]

두 번째로 배경 및 색상을 변경을 해 보자. [코드 10-8]과 같이 배경은 하늘색으로 설정하고, 각 단어의 색상을 조금 밝게 수정한다. color에 'random-dark'라고 하면 진하고 어두운 색상이 랜덤으로 지정되고, 'random-light'이면 밝은 색상이 지정된다.

[코드 10-8]

```
#배경 및 단어 색상 변경
wordcloud2(temp, color="random-light", backgroundColor = "skyblue")
```

[실행 결과 10-8]

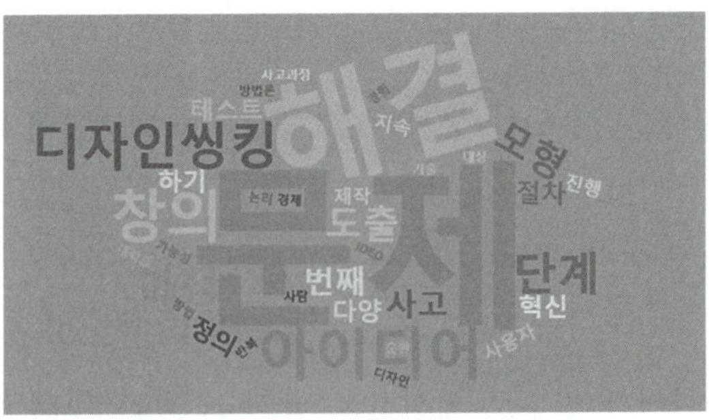

세 번째로 모양을 변경해 보자. [코드 10-9]과 같이 크기를 '1.2'로 설정하고

글꼴은 '맑은 고딕'으로 모양은 'diamond'로 변경해 보자. 모양의 기본값은 원형(circle)이며, 이외에도 마름모꼴(diamond), 별(star), 삼각형(triangle), 오각형(pentagon) 등의 모양으로 변경할 수 있다.

[코드 10-9]

```
#크기, 글꼴, 모양 변경
wordcloud2(temp,fontFamily = "맑은 고딕", size=1.2, color="random-light",
backgroundColor = "skyblue", shape = "diamond")
```

[실행 결과 10-9]

이 밖에도 선택한 색상만 반복되는 워드클라우드, 일정한 방향으로 정렬된 워드클라우드 및 원하는 이미지에 워드클라우드를 표시하는 등 다양한 모양으로 워드클라우드를 표현할 수 있다. 이처럼 워드클라우드는 주제를 대표하는 핵심 단어들을 시각화함으로써 데이터 소비자들에게 특정 주제를 쉽고 직관적으로 설명할 수 있다는 장점이 있다. 지금까지 데이터를 관찰하는 방법들을 간단히 살펴보았다. 데이터 원본을 직접 확인하는 것보다 '데이터 집단을 대표할 수 있는 지표'와 '시각화'를 통해 쉽고 빠르게 데이터에 대한 통찰을 이끌어 낼 수 있다. 따라서, 먼저 분석하고자 하는 데이터의 생김새를 살펴본 후 어떻게 분석할지 접근 방법에 대해 생각해 보자.

[활동 10-1] 스티브 잡스의 스탠포드 대학 졸업식 연설문에 대해 워드클라우드를 작성하시오.

[활동 10-2] 분석하고자 하는 관심 주제를 선정하여 워드클라우드를 작성하시오.

공공 데이터를 활용한 데이터 분석

지금까지 데이터를 분석하기 위해 필요한 다양한 방법들에 대해 배웠다. 이러한 방법들을 토대로 실제 공공 데이터를 분석하는 사례를 살펴보고 이를 활용할 수 있도록 하자. 이 장에서는 분석을 위해 작성되는 그래프 또는 워드클라우드 표현 방법과 함께 사용되는 구글맵을 이용한 지도 사용 방법에 대해 추가적으로 설명한다. 먼저, 분석할 공공 데이터를 준비하고, 어떤 내용들이 들어 있는지 데이터 탐색을 한 후 전처리 과정을 거쳐 데이터 분석을 하도록 한다.

11

학습 목표

- 공공 데이터를 분석하는 데 사용되는 다양한 기법들을 활용할 수 있다.
- 공공 데이터 준비하고 탐색하여 이를 분석하는 전체적인 과정을 알 수 있다.
- 구글맵을 중심으로 R에서 지도를 연동하는 방법에 대해 알 수 있다.
- 지도 위에 필요한 정보를 표현할 수 있다.

01 분석 대상 공공 데이터 준비

데이터를 수집할 때 가장 중요하게 고민해야 할 것은 '어떤 데이터를 어디에서 어떻게 수집하느냐'를 결정하는 것이다. 그 중에서 '어디에서'에 해당하는 내용을 위해 10장에서 언급한 공공 데이터 포털들을 이용하여 수집해 보자.

공공 데이터 포털('https://www.data.go.kr')에서 실습을 위해 데이터를 다운로드 받아 분석해보도록 한다. 〈그림 11-1〉과 같이 공공 데이터 포털에 접속하여 검색창에 분석하고자 하는 키워드를 입력하자.

〈그림 11-1〉 공공 데이터 포털

〈그림 11-2〉는 공공 데이터포털 홈페이지에 있는 검색창에 '보호관찰'을 입력한 것이다. 교재에서 활용한 데이터는 현재 2021년 1월 기준으로 검색했을 시 제공되었던 '전국 보호관찰소별 보호관찰 실시 대상자 사범별 분포 현황(2015년

〈그림 11-2〉 "보호관찰" 검색 시 결과

1월~12월)'에 대한 내용으로 작성된 공공 데이터이다. 공공 데이터포털에서는 〈그림 11-3〉과 같이 바로 다운로드 가능하거나 기관자체에서 다운로드를 제공하도록 하는 두 가지 방법이 있다.

〈그림 11-3〉 기관자체에서 다운로드 url를 통한 데이터 정보 제공

현재 분석하고자 하는 데이터는 기관 자체에서 다운로드하도록 url을 제공하고 있으며, 클릭하면 '법무부 범죄예방정책국' 사이트로 이동된다.

〈그림 11-4〉는 '법무부 범죄예방정책국' 사이트이며, 정책 자료에서 분석하고자 하는 데이터를 다운로드 한다.

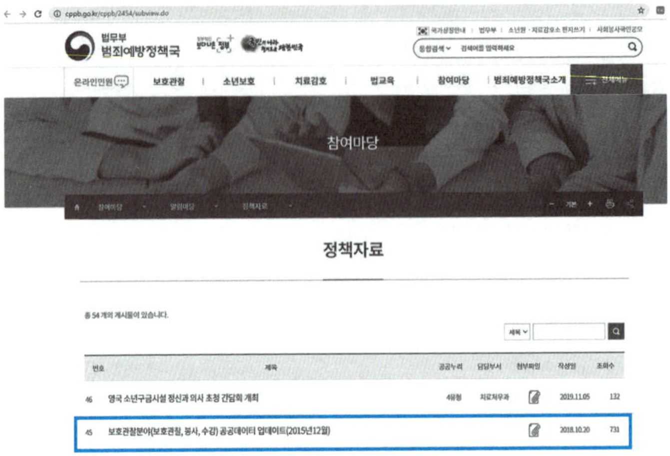

〈그림 11-4〉 분석하고자 하는 데이터 자료 다운로드

위 데이터를 다운로드 받을 시 파일명을 'probation.xlsx' 로 하였으며, 이 파일은 엑셀 파일로 작성되었다. 분석을 위해 〈그림 11-5〉와 같이 'probation.csv'로 파일을 변경하였다.

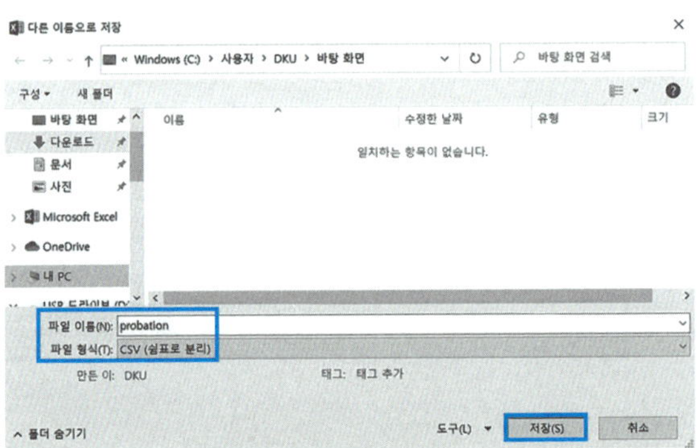

〈그림 11-5〉 "probation.csv"로 파일 변환

'probation.csv' 파일의 내용을 살펴보면 〈그림 11-6〉과 같다. 첫 번째 열은 전국의 보호관찰소명으로 구성되고 있고 두 번째 열은 세 번째 ~ 열 두 번째까지의 '보호관찰 실시 대상자 사범별' 합계로 구성되어 있으며, 열 세 번째와 열 네 번째는 위치 정보(경도와 위도)에 대한 정보가 들어가 있다.

	A	B	C	D	E	F	G	H	I	J	K	L	M	N
1	구분	계	강력사범	경제사범	교통사범	마약사범	사기횡령사범	성폭력사범	절도사범	폭력사범	풍속사범	기타사범	x좌표	y좌표
2	전국	96,419	3,310	1,053	13,117	3,336	8,441	9,010	16,431	25,208	3,328	13,185		
3	서울보호관찰소	5,176	183	82	358	293	479	480	762	1,589	261	689	127.0687	37.58547
4	서울동부보호관찰소	2,654	66	32	245	120	240	259	355	833	86	418	127.1167	37.48164
5	서울남부보호관찰소	3,475	111	41	201	119	311	305	578	1,050	118	641	126.8691	37.51145
6	서울북부보호관찰소	2,077	73	34	137	78	146	183	372	747	64	243	127.0224	37.63437
7	서울서부보호관찰소	1,987	73	23	121	107	200	192	303	580	64	324	126.9502	37.55729
8	의정부보호관찰소	3,507	118	35	380	147	319	365	648	1,001	111	383	127.0709	37.75572
9	의정부보호관찰소고양지소	2,008	65	21	233	89	211	171	333	566	59	260	126.7712	37.66171
10	인천보호관찰소	3,992	142	48	299	325	432	319	746	853	152	676	126.6673	37.44593
11	인천보호관찰소서부지소	1,709	49	29	121	100	204	139	362	381	61	263	126.7204	37.5434
12	인천보호관찰소부천지소	1,910	88	22	180	91	184	195	299	511	97	243	126.8053	37.48661
13	수원보호관찰소	4,957	163	64	690	143	459	418	894	1,231	224	671	127.0339	37.28258
14	수원보호관찰소성남지소	2,337	75	38	251	85	218	252	416	606	116	280	127.1266	37.42002
15	수원보호관찰소여주지소	912	33	20	196	24	71	101	121	250	8	88	127.6396	37.293
16	수원보호관찰소안산지소	3,018	96	33	357	107	220	360	609	735	96	405	126.8298	37.31892
17	수원보호관찰소평택지소	1,877	56	21	549	59	129	177	197	448	68	173	127.0991	37.0095
18	수원보호관찰소안양지소	1,370	75	18	123	30	144	142	257	336	58	187	126.9473	37.38794
19	춘천보호관찰소	1,222	30	5	272	44	89	101	143	361	32	145	127.7502	37.8891
20	춘천보호관찰소강릉지소	1,020	17	6	191	15	59	105	140	320	27	140	128.8908	37.76147
21	춘천보호관찰소원주지소	1,083	21	4	243	27	68	91	164	285	24	156	127.941	37.35486
22	춘천보호관찰소속초지소	416	11	0	82	7	23	33	52	157	8	43	128.6008	38.18563
23	춘천보호관찰소영월지소	402	13	1	87	9	34	39	62	113	3	41	128.4625	37.18205
24	대전보호관찰소	3,989	142	64	515	71	364	405	714	853	240	621	127.4216	36.32791
25	대전보호관찰소홍성지소	911	39	11	234	34	56	73	152	194	19	99	126.6745	36.60252
26	대전보호관찰소공주지소	395	38	3	16	56	20	55	60	97	7	43	127.14	36.47404
27	대전보호관찰소논산지소	865	24	18	223	8	79	83	119	196	16	99	127.0951	36.19363
28	대전보호관찰소서산지소	776	34	7	97	49	63	84	153	167	32	90	126.4578	36.78998

〈그림 11-6〉 '보호관찰 실시 대상자 분포 현황' 파일의 내용

이 데이터파일들이 'C:₩REx' 폴더에 있다고 가정하고 [코드 11-1]을 실행해 보자.

[코드 11-1]

```
setwd("c:/REx")

data.set <- read.csv("probation.csv")
head(data.set)

col_data <- data.set[,-2]       # 합계(계) 열 제거
head(col_data)

col_data[!complete.cases(col_data),]   # NA가 포함된 행을 출력
recol_data <- col_data[complete.cases(col_data),]  # NA가 포함된 행을 제거
head(recol_data)                  # 새로운 데이터 세트 recol_data의 내용 확인
```

[실행 결과 11-1]

```
              구분    계 강력사범 경제사범 교통사범 마약사범
1             전국 96419    3310     1053    13117     3336
2   서울보호관찰소  5176     183       82      358      293
3 서울동부보호관찰소  2654      66       32      245      120
                        …중간 생략…
  사기횡령사범 성폭력사범 절도사범 폭력사범 풍속사범 기타사범   x좌표   y좌표
1    8441       9010     16431    25208     3328    13185    NA      NA
```

```
2    479     480     762    1589     261     689  127.0687 37.58547
3    240     259     355     833      86     418  127.1167 37.48164
                              …중간 생략…
```

```
              구분 강력사범 경제사범 교통사범 마약사범 사기횡령사범
1             전국     3310    1053   13117    3336       8441
2      서울보호관찰소      183      82     358     293        479
3 서울동부보호관찰소        66      32     245     120        240
                              …중간 생략…
  성폭력사범 절도사범 폭력사범 풍속사범 기타사범    x좌표     y좌표
1       9010    16431    25208     3328    13185        NA        NA
2        480      762     1589      261      689 127.0687 37.58547
3        259      355      833       86      418 127.1167 37.48164
                              …중간 생략…
```

```
  구분 강력사범 경제사범 교통사범 마약사범 사기횡령사범 성폭력사범
1 전국     3310    1053   13117    3336         8441       9010
  절도사범 폭력사범 풍속사범 기타사범 x좌표 y좌표
1    16431    25208     3328    13185    NA    NA
> recol_data <- col_data[complete.cases(col_data),]   # NA가 포함된 행을 제거
```

```
              구분 강력사범 경제사범 교통사범 마약사범 사기횡령사범
2      서울보호관찰소      183      82     358     293        479
3 서울동부보호관찰소        66      32     245     120        240
4 서울남부보호관찰소       111      41     201     119        311
                              …중간 생략…
  성폭력사범 절도사범 폭력사범 풍속사범 기타사범    x좌표     y좌표
2        480      762     1589      261      689 127.0687 37.58547
3        259      355      833       86      418 127.1167 37.48164
4        305      578     1050      118      641 126.8691 37.51145
                              …중간 생략…
```

setwd() 함수를 이용해 작업공간을 지정하고 파일을 읽어온다. 데이터 내용을 확인해보면 두 번째 열의 합계는 분석 시 필요가 없는 부분으로 이 열을 삭제한다. 그리고 NA가 포함된 행을 찾아 확인 후 제거하였다. recol_data에 정보가

잘 저장되었는지 확인해본다. 이제 분석을 위한 데이터 준비가 다 되었다.

02 데이터 탐색

[코드 11-2]와 같이 recol_data 변수에 어떤 데이터가 들어 있는지 알아보자.

[코드 11-2]

```
View(recol_data) # 데이터 세트 내용 확인
str(recol_data)  # 데이터 조회, 변수와 클래스 확인
summary(recol_data[,-1]) # 구분을 제외한 요약 통계량
```

[실행 결과 11-2]

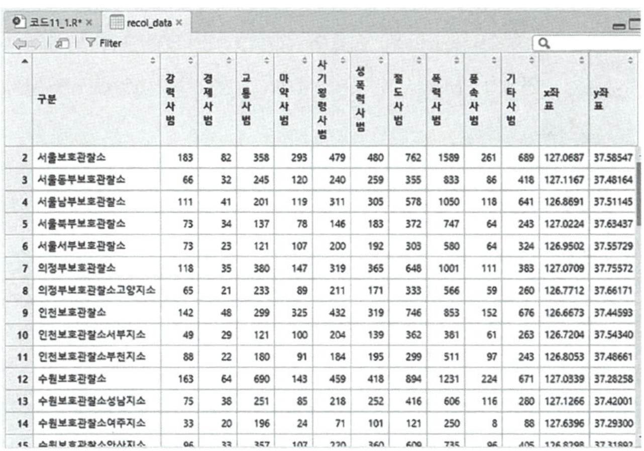

	구분	강력사범	경제사범	교통사범	마약사범	사기횡령사범	성폭력사범	절도사범	폭력사범	풍속사범	기타사범	x좌표	y좌표
2	서울보호관찰소	183	82	358	293	479	480	762	1589	261	689	127.0687	37.58547
3	서울동부보호관찰소	66	32	245	120	240	259	355	833	86	418	127.1167	37.48164
4	서울남부보호관찰소	111	41	201	119	311	305	578	1050	118	641	126.8691	37.51145
5	서울북부보호관찰소	73	34	137	78	146	183	372	747	64	243	127.0224	37.63437
6	서울서부보호관찰소	73	23	121	107	200	192	303	580	64	324	126.9502	37.55729
7	의정부보호관찰소	118	35	380	147	319	365	648	1001	111	383	127.0709	37.75572
8	의정부보호관찰소고양지소	65	21	233	89	211	171	333	566	59	260	126.7712	37.66171
9	인천보호관찰소	142	48	299	325	432	319	746	853	152	676	126.6673	37.44593
10	인천보호관찰소서부지소	49	29	121	100	204	139	362	381	61	263	126.7204	37.54340
11	인천보호관찰소부천지소	88	22	180	91	184	195	299	511	97	243	126.8053	37.48661
12	수원보호관찰소	163	64	690	143	459	418	894	1231	224	671	127.0339	37.28258
13	수원보호관찰소성남지소	75	38	251	85	218	252	416	606	116	280	127.1266	37.42001
14	수원보호관찰소여주지소	33	20	196	24	71	101	121	250	8	88	127.6396	37.29300

```
'data.frame':      56 obs. of  13 variables:
 $ 구분      : chr  "서울보호관찰소" "서울동부보호관찰소" "서울남부보호관찰소" "서울북부보호관찰소" ...
 $ 강력사범  : int  183 66 111 73 73 118 65 142 49 88 ...
 $ 경제사범  : int  82 32 41 34 23 35 21 48 29 22 ...
 $ 교통사범  : int  358 245 201 137 121 380 233 299 121 180 ...
                      …중간 생략…
 $ 기타사범  : int  689 418 641 243 324 383 260 676 263 243 ...
```

```
$ x좌표      : num  127 127 127 127 127 ...
$ y좌표      : num  37.6 37.5 37.5 37.6 37.6 ...
```

```
   강력사범        경제사범       교통사범       마약사범        사기횡령사범
 Min.   :  3.00  Min.   : 0.0  Min.   : 16.0  Min.   :  1.00  Min.   : 12.00
 1st Qu.: 21.75  1st Qu.: 5.0  1st Qu.: 99.5  1st Qu.: 12.75  1st Qu.: 52.25
 Median : 51.50  Median :12.0  Median :198.5  Median : 34.50  Median :109.50
 Mean   : 59.11  Mean   :18.8  Mean   :234.2  Mean   : 59.57  Mean   :150.73
 3rd Qu.: 75.00  3rd Qu.:29.5  3rd Qu.:277.2  3rd Qu.: 89.50  3rd Qu.:218.50
 Max.   :184.00  Max.   :82.0  Max.   :788.0  Max.   :325.00  Max.   :479.00
  성폭력사범       절도사범        폭력사범          풍속사범         기타사범
 Min.   : 19.0  Min.   : 38.0  Min.   :  65.0  Min.   :  3.00  Min.   : 30.00
 1st Qu.: 57.5  1st Qu.:117.0  1st Qu.: 188.2  1st Qu.: 12.25  1st Qu.: 90.75
 Median :115.0  Median :242.0  Median : 333.5  Median : 45.00  Median :174.00
 Mean   :160.9  Mean   :293.4  Mean   : 450.1  Mean   : 59.43  Mean   :235.45
 3rd Qu.:206.2  3rd Qu.:395.5  3rd Qu.: 624.2  3rd Qu.: 81.50  3rd Qu.:335.75
Max.   :480.0  Max.   :894.0  Max.   :1589.0  Max.   :261.00  Max.   :689.00
    x좌표          y좌표
 Min.   :126.4  Min.   :33.49
 1st Qu.:126.9  1st Qu.:35.66
 Median :127.4  Median :36.51
 Mean   :127.7  Mean   :36.45
 3rd Qu.:128.4  3rd Qu.:37.40
 Max.   :129.4  Max.   :38.19
```

데이터 세트의 정보를 확인하기 위해 여러 함수를 이용한다. View() 함수를 실행하면 RStudio에서 데이터 세트의 내용을 확인할 수 있다. str() 함수를 실행하면 데이터 세트의 클래스, 변수와 같은 정보가 출력된다. 데이터 내용을 보면 첫 번째 열의 관찰소 구분 열은 문자이므로 제외하고 summary() 함수를 이용하여 요약통계량을 확인해 본다.

03 데이터 분석

이제 위의 데이터를 이용하여 [코드 11-3]과 같이 관찰소별 전체 인원수를 파악해보고, [코드 11-4]를 작성하여 보호관찰 실시 대상자가 가장 많은 관찰소도 알아보자.

[코드 11-3]

```
library(ggplot2)                          # 상단에 ggplot2 추가
sum_data <- apply(recol_data[,2:11], 1, sum) # row 방향으로 sum를 구함
recol_data <- data.frame(recol_data, sum_data)  # 마지막열에 sum_data 추가
recol_data
# 관찰소별 전체 데이터 출력
ggplot(data=recol_data, aes(y=sum_data))+geom_boxplot(fill="yellow")
boxplot.stats(recol_data$sum_data)  # 최솟값 최댓값, 중앙값, 특이값 등의 내용 확인
```

[실행 결과 11-3]

```
                    구분 강력사범 경제사범 교통사범 마약사범 사기횡령사범
2          서울보호관찰소      183       82      358      293          479
3      서울동부보호관찰소       66       32      245      120          240
                              …중간 생략…
56   전주보호관찰소남원지소        6        3       72        1           19
57           제주보호관찰소       55        5      100       29           73
  성폭력사범 절도사범 폭력사범 풍속사범 기타사범    x좌표    y좌표 sum_data
2        480      762     1589      261      689 127.0687 37.58547     5176
3        259      355      833       86      418 127.1167 37.48164     2654
                              …중간 생략…
56        20       39       85        8       30 127.3746 35.40036      283
57       121      273      421       23      152 126.5251 33.49083     1252
```

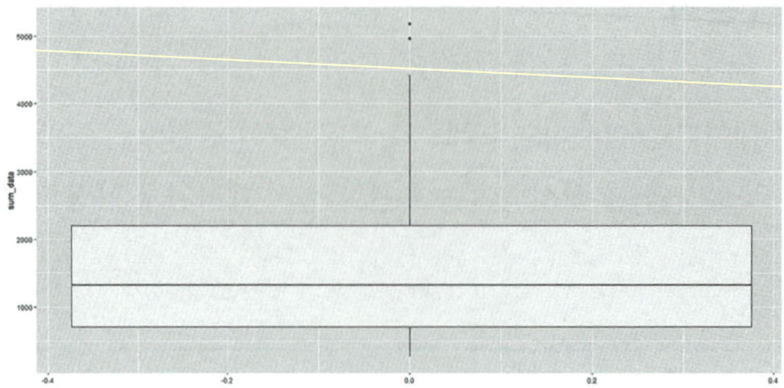

```
$stats
[1]  272.0  695.0 1321.5 2245.5 4425.0
$n
[1] 56
$conf
[1]  994.133 1648.867
$out
[1] 5176 4957
```

[코드 11-3]은 관찰소별 전체 인원수를 파악하기 위해 행 방향으로 sum() 함수를 이용하여 합계를 구하고 마지막열에 sum_data 열을 추가한다. 그리고 이를 이용하여 관찰소별 전체 데이터를 상자그림으로 출력한다. boxplot.stats() 함수를 이용하여 전체 인원수들은 대부분 695에서 2,245명 정도의 보호관찰 실시 대상자가 있음을 자세히 알 수 있으며, $n은 자료에 있는 관측값들의 개수로 총 56개의 데이터가 있음을 알 수 있다. $conf는 중앙값에 관련된 신뢰 구간을 의미한다. $out의 상자 그림에서의 특이값의 목록을 알려준다. 상자그림에서의 두 개의 점(5176, 4957)이 이에 대한 내용이다.

[코드 11-4]

```
sort_data <- recol_data[order(recol_data$sum_data,decreasing = T),]
head(sort_data)
top8_data <- sort_data[1:8, ]     # 상위 8개의 관찰소 추출
```

```
ggplot(top8_data, aes(x=구분, y=sum_data)) +
  geom_bar(stat="identity", width = 0.7, fill="steelblue") +
  ggtitle("보호관찰 실시 대상자가 가장 많은 관찰소") +
  theme(plot.title=element_text(color = "black", size=14, face = "bold"))
```

[실행 결과 11-4]

```
          구분 강력사범 경제사범 교통사범 마약사범 사기횡령사범 성폭력사범
2  서울보호관찰소    183    82    358    293      479     480
12 수원보호관찰소    163    64    690    143      459     418
                          …중간 생략…
23 대전보호관찰소    142    64    515     71      364     405
   절도사범 폭력사범 풍속사범 기타사범    x좌표    y좌표 sum_data
2     762   1589   261    689 127.0687 37.58547   5176
12    894   1231   224    671 127.0339 37.28258   4957
                          …중간 생략…
23    714    853   240    621 127.4216 36.32791   3989
```

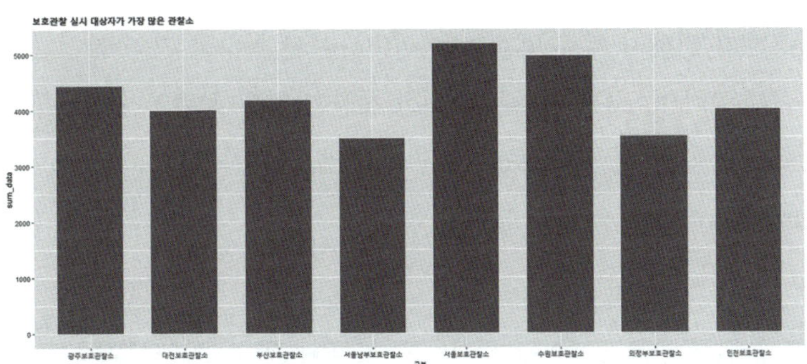

[코드 11-4]는 행별 합계를 기준으로 내림차순 정렬을 하여 상위 8개의 관찰소 데이터를 추출하여 top8_data에 저장한다. 그리고 관찰소와 보호관찰 실시 대상자를 x축과 y축으로 하여 막대그래프를 그려보았다. 보호관찰 실시 대상자가 가장 많은 곳은 서울보호관찰소이며, 그 다음으로 많은 곳은 수원보호관찰소임을 알 수 있다.

04 구글맵를 이용한 데이터 표현

인터넷이 발전하면서 지도 서비스는 중요한 요소가 되었으며, 내비게이션 서비스를 이용하면서 더욱 발전되었다. 데이터 분석 분야에서도 정보를 전달하기 위한 중요한 수단으로 지도가 활용되고 있다. R에서 구글맵을 사용하기 위해서는 몇 가지 준비가 필요하다. 우선 구글맵을 사용하기 위한 API 키를 얻는다. 그리고 R과 ggplot2을 최신 버전으로 업데이트한다. 그 다음 ggmap 패키지를 설치한다. 마지막으로 구글맵을 활용하여 지도 상에 데이터를 표현해 보자.

1) 구글맵

구글맵을 사용하기 위해서는 프로그램과 구글을 연결할 때 필요한 API 키가 필요하다. 먼저 API 키를 얻기 위해서는 구글 계정이 필요하다. 구글 계정이 없는 학생들은 가입을 한 후 구글 계정으로 로그인 후 진행을 한다. (구글맵 플랫폼을 사용하기 위해서 무료 체험판을 선택하여 신청하나 가입 작성 시 개인 정보를 입력해야 하며, API 키 사용에 대한 제한이 있으니 주의가 필요하다.)

〈그림 11-7〉과 같이 구글 로그인 후 구글맵 플랫폼('https://cloud.google.com/maps-platform')에 접속한다.

〈그림 11-7〉 구글맵 플랫폼에 접속화면

화면을 위해 다양한 언어들이 지원되는데 '한국어'로 설정한 후 콘솔(Console) 버튼을 누르면 구글 클라우드 플랫폼으로 이동한다. 서비스 약관에 동의 후 계속하기 버튼을 클릭한다.

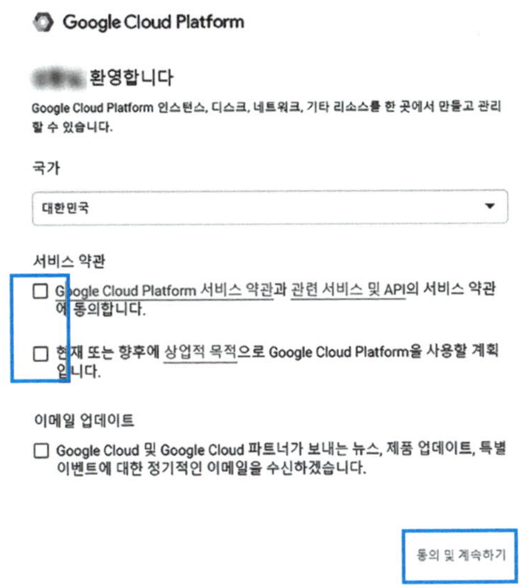

〈그림 11-8〉 구글맵 플랫폼의 서비스 약관 동의 화면

〈그림 11-9〉와 같이 Google 지도 탭 우측 상단에 있는 프로젝트 만들기 버튼을 클릭한다.

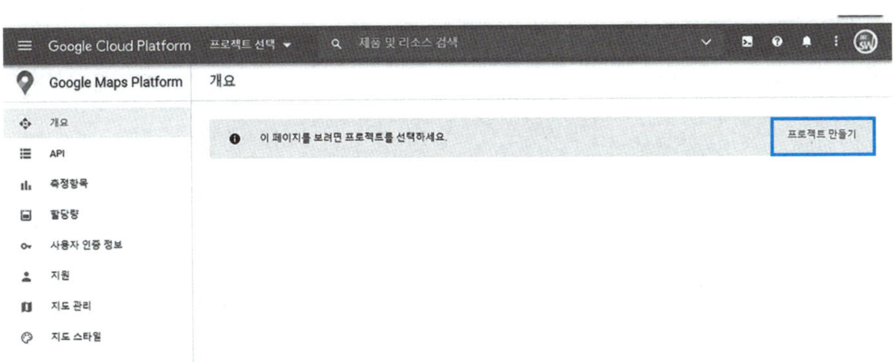

〈그림 11-9〉 프로젝트 만들기

프로젝트 이름은 임의로 R-project라고 작성하였다. 만들기 버튼을 클릭하면 된다.

〈그림 11-10〉에서 보는 바와 같이 프로젝트 할당량이 제한되어 있으니 참고하

기 바란다.

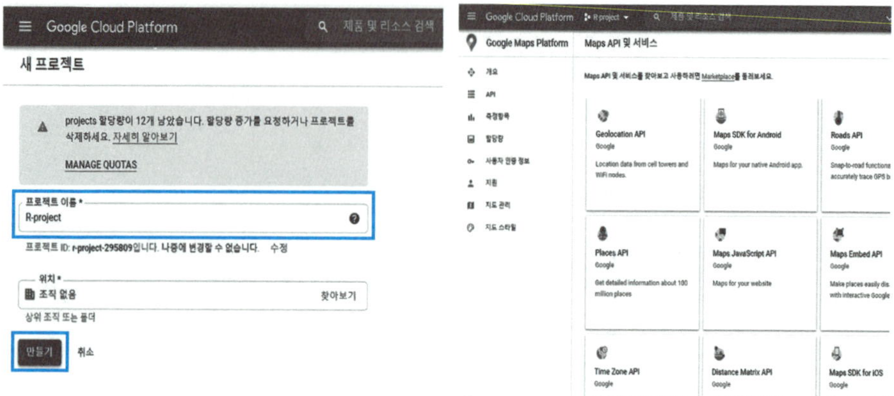

〈그림 11-10〉 새 프로젝트 생성하기

다시 구글맵 플랫폼에 접속 후 [시작하기] 버튼을 클릭하면 〈그림 11-11〉과 같은 창이 나타난다.

〈그림 11-11〉 구글맵 플랫폼에 재접속

[결제 계정 만들기] 버튼을 클릭한다.

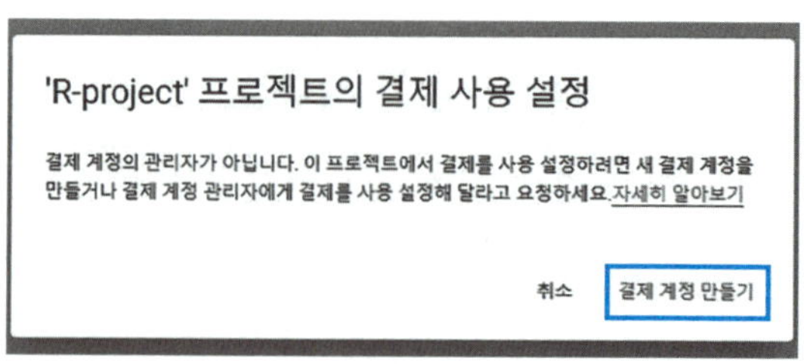

〈그림 11-12〉 결제 계정 만들기

서비스 약관 체크 박스를 클릭 후 [계속] 버튼을 클릭한다.

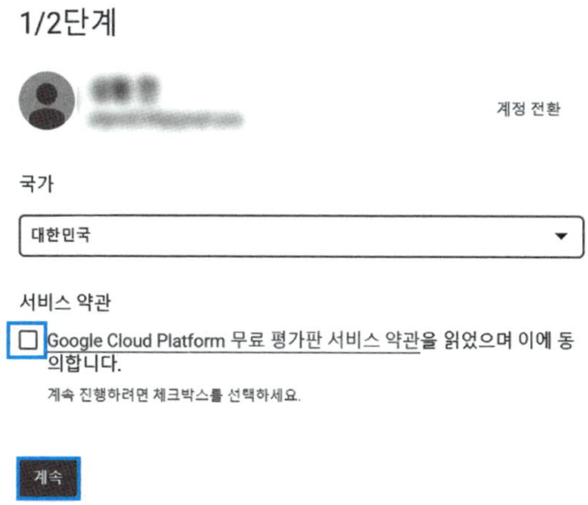

〈그림 11-13〉 서비스 약관 후 계속

개인정보 입력 후 진행한다.

〈그림 11-14〉 결제 계정 정보 등록

이후 안내에 따라 결제 계정 정보를 입력한다. 구글맵은 일정 기간 동안 무료로 사용할 수 있다. 다만 결제 계정 정보는 등록해야 한다. 설정이 끝나면 〈그림 11-15〉와 같은 화면이 표시된다. 모두 체크 후 사용 설정을 클릭한다.

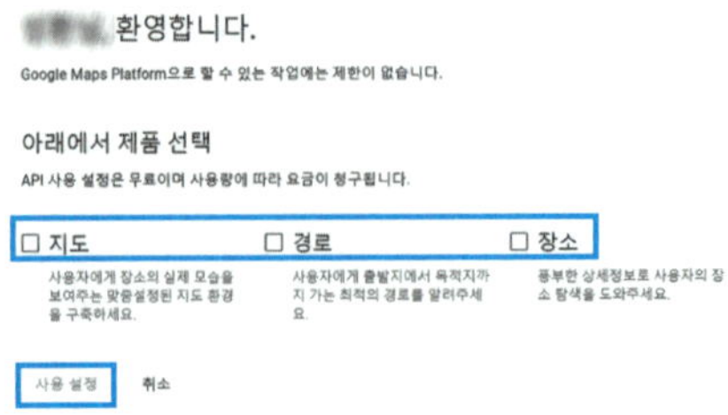

〈그림 11-15〉 구글 지도 플랫폼 사용 설정

〈그림 11-16〉과 같이 API 키가 생성되면 메모장 등에 복사하고 저장한다. 이 API 키가 있어야 구글맵에 연결할 수 있다.

〈그림 11-16〉 구글 지도 플랫폼 사용 완료

2) R과 ggplot2 최신 버전으로 업데이트

R을 최신 버전으로 새로 설치하는 이유는 지도 서비스 관련 패키지들이 계속해서 새 버전을 내어 놓고 있어 이전 버전의 R에서는 작동이 잘 되지 않는 경우가 많기 때문이다. 따라서 처음에 R을 설치했던 것과 동일한 방법으로 R의 최신 버전을 새로 다운로드하여 설치한다. 새로 설치한 다음에는 R 스튜디오에 새 버전을 등록시켜 주어야 한다. RStudio의 메뉴에서 [Tools]-[Global Options]를 선택하면 Options 대화상자가 열리는데 [General] 항목의 [R version:]에서 R의 버전을 바꾼 후 [Change] 버튼을 클릭하여 새로 설치한 버전으로 바꾼다. 이후 RStudio를 종료하고 다시 시작한다. (교재 작업 시 최신 버전은 4.0.3이었으며, 주기적으로 업데이트가 되므로 〈그림 11-17〉과는 버전이 다를 수 있다.)

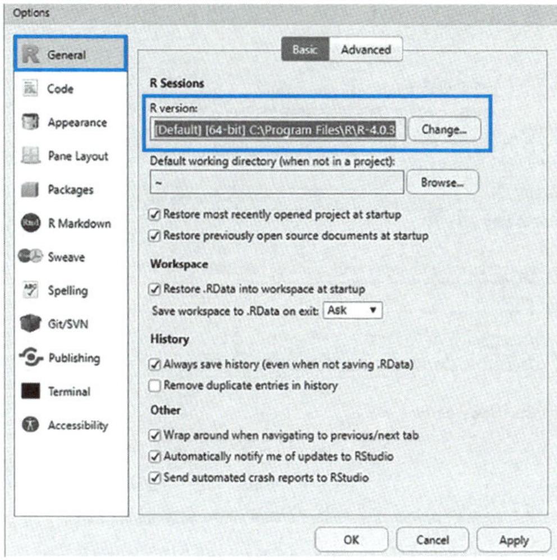

〈그림 11-17〉 R의 최신 버전으로 업데이트

이제 ggplot2 패키지를 업데이트 해 보자. 구글맵상에 데이터를 표현할 때 ggplot2 패키지를 이용하기 때문에 최신 버전으로 업데이트하도록 한다. 패키지 업데이트는 RStudio 상에서 가능하다. 〈그림 11-18〉과 같이 패키지 창에서 ggplot2를 검색한 후 [Update]를 누른다.

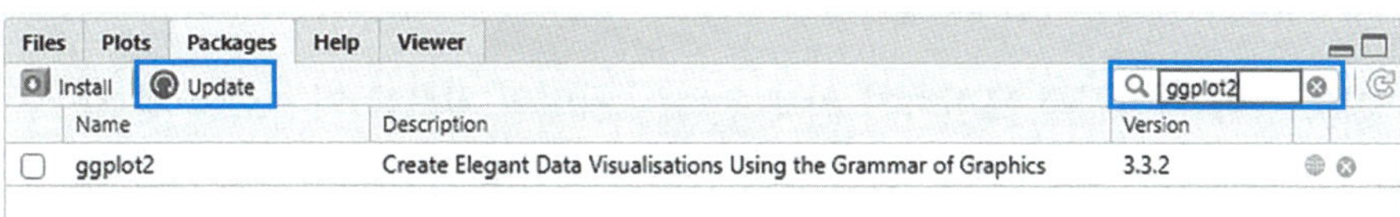

〈그림 11-18〉 ggplot2 패키지 업데이트

3) ggmap 패키지 설치

RStudio 패키지 창에서 [Install]을 클릭하고 다음과 같이 ggmap 패키지를 입력한 후 설치한다.

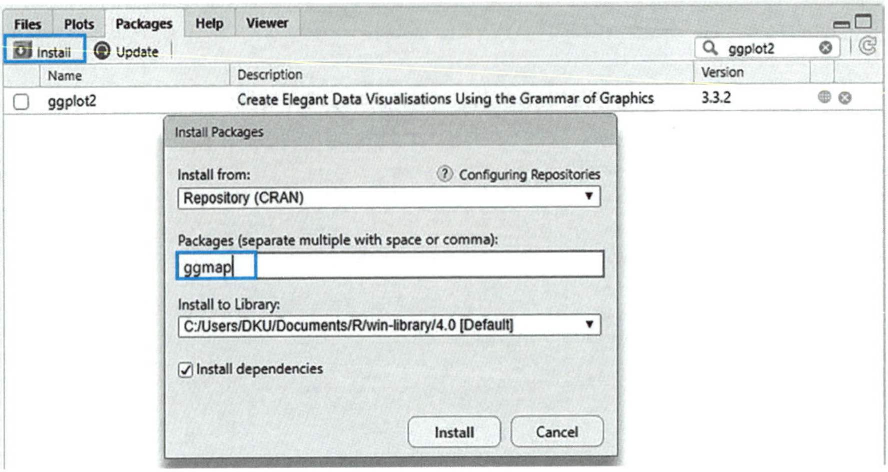

〈그림 11-19〉 ggmap 패키지 설치

이제 구글맵 사용을 위한 준비가 모두 마무리되었다. 이제 구글맵을 활용하는 방법에 대해 알아보자.

4) 지도 위에 데이터 표시

지도 상에 데이터를 표현하기 위해 원하는 지역의 지도를 가져오는 것부터 시작하자. [코드 11-5]는 '수지구' 근방의 지도를 가져와 표시하는 코드 예이다.

[코드 11-5]

```
library(ggmap)
register_google(key='AIzaSyB6 ———생략 ——Tz6Y5dmaQJHE')

gm <- geocode(enc2utf8('수지구'))
gm
cn <- as.numeric(gm)
cn
map <- get_googlemap(center=cn)
ggmap(map)
```

[실행 결과 11-5]

```
Source : https://maps.googleapis.com/maps/api/geocode/json?address=%EC%88%98%EC%A7%80%EA%B5%AC&key=xxx
```

```
# A tibble: 1 x 2
    lon   lat
  <dbl> <dbl>
1  127.  37.3
```

```
[1] 127.09744  37.32215
```

```
Source : https://maps.googleapis.com/maps/api/staticmap?center=37.32215,127.097437&zoom=10&size=640x640&scale=2&maptype=terrain&key=xxx
```

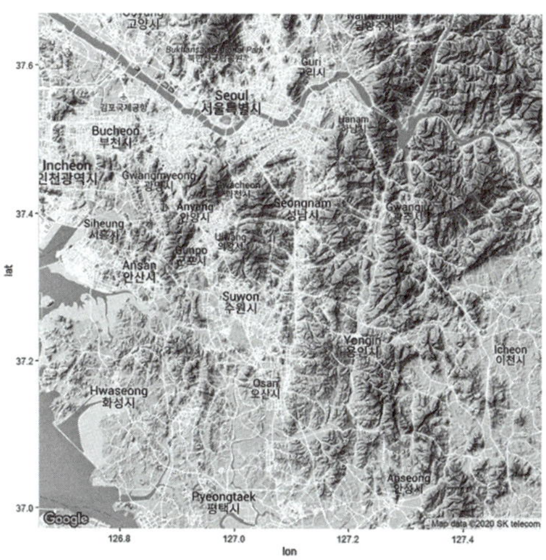

우선 구글맵을 사용하기 위해 library(ggmap) 패키지를 불러온 후 register_google() 함수를 이용하여 구글 API 키를 등록한다. geocode() 함수는 지명을 경도와 위도로 바꾸는 기능을 하며, enc2utf8() 함수는 한글 인코딩을 utf8 포맷으로 바꾸어주는 기능을 제공한다. '수지구'를 입력하면 이에 대응하는 경도와 위도의 값이 gc에 저장되며, 경도(lon)127.09744, 위도(lat) 37.32215의 값을 확인할 수 있다. 이후 경도와 위도의 값을 as.numeric을 이용하여 숫자 벡터로 변환한 후 get_googlemap() 함수를 이용하여 지도를 가져온다. 매개변수 center=cn는 지도에서 중심점의 좌표를 cn에 입력된 값으로 하라는 것이다. get_

googlemap() 함수는 다양한 매개변수를 제공하는데 zoom(지도의 확대 크기 지정), size(지도의 가로와 세로의 픽셀 크기를 입력), maptype(출력될 지도 유형을 지정–terrain(기본값), roadmap, satellite, hybrid) 등이 있다.

이제 [코드 11–6]과 같이 지도의 중심 지점에 마커를 표시하도록 하자. 마커란 지도 상에서 특정 지점의 위치에 표시하는 기호이다. get_googlemap() 함수의 매개변수인 market에 마커를 이용하여 '용인'을 표시한다.

[코드 11–6]

```
library(ggmap)
register_google(key='AIzaSyB6 …생략 … Tz6Y5dmaQJHE')  #API 코드 입력

gm <- geocode(enc2utf8('용인'))
cn <- as.numeric(gm)

map <- get_googlemap(center=cn, maptype = "roadmap", marker=gm)
ggmap(map)
```

[실행 결과 11–6]

```
Source : https://maps.googleapis.com/maps/api/geocode/json?address=%EC%9A%A9%EC%9D%B8&key=xxx
```

```
Source : https://maps.googleapis.com/maps/api/staticmap?center=37.241086,127.177554&zoom=10&size=640x640&scale=2&maptype=roadmap&markers=37.241086,127.177554&key=xxx
```

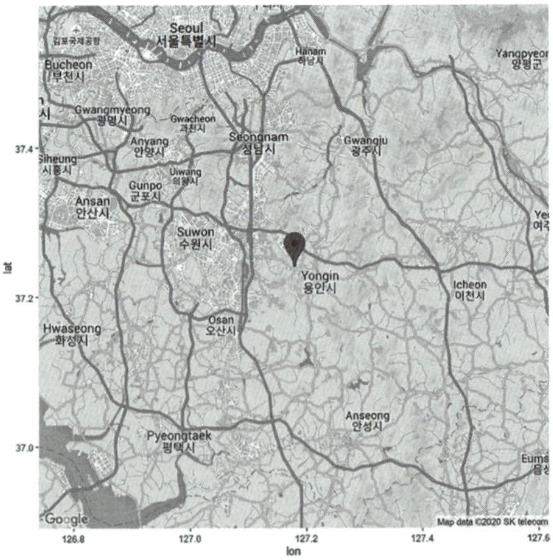

마지막으로 [코드 11-4]에서 이용하였던 '보호관찰 실시 대상자가 가장 많은 관찰소' 상위 8개의 데이터를 가지고 지도에 표시해 보자. [코드 11-4]에 이어서 [코드 11-7]을 작성하도록 하자.

[코드 11-7]

```
library(ggmap)
register_google(key='AIzaSyB6 …생략… Tz6Y5dmaQJHE')  #API 코드 입력

…〈코드 11-4〉 작성 부분 생략…

# 보호관찰소 구분 열에 대한 경도와 위도로 변환
gc <- geocode(enc2utf8(top8_data$구분))
gc

# 보호관찰소 이름과 좌푯값으로 데이터 프레임 생성
df <- data.frame(name=top8_data$구분, lon=gc$lon, lat=gc$lat)
df

cn <- c(mean(df$lon),mean(df$lat))      # 지도의 중심점
cn

# 지도 가져오기, 지도의 형태, 확대 크기, 지도의 크기, 마커의 위치
map <- get_googlemap(center=cn, maptype = "roadmap", zoom=7, size=c(640,640),
marker=gc )
ggmap(map)                              # 지도와 마커 화면에 보이기

# 보호관찰소 이름 지도 위에 표시하기
gmap<- ggmap(map)
# 지도 위에 텍스트 표시, 텍스트 위치(보호관찰소 좌표), 텍스트 크기, 텍스트 내용
gmap + geom_text(data=df, aes(x=lon, y=lat), size=5, label=df$name)
```

[실행 결과 11-7]

```
…위의 코드 생략…
```

```
Source : https://maps.googleapis.com/maps/api/geocode/json?address=%EC%84%9C%EC%9A%B8%EB%B3%B4%ED%98%B8%EA%B4%80%EC%B0%B0%EC%86%8C&key=xxx
Source : https://maps.googleapis.com/maps/api/geocode/json?address=%EC%88%98%EC%9B%90%EB%B3%B4%ED%98%B8%EA%B4%80%EC%B0%B0%EC%86%8C&key=xxx
"수원보호관찰소" not uniquely geocoded, using "190-1 uman 2(i)-dong, paldal-gu, suwon, gyeonggi-do, south korea"
…생략…
```

```
# A tibble: 8 x 2
    lon   lat
  <dbl> <dbl>
1  127.  37.6
2  127.  37.3
3  127.  35.1
4  129.  35.2
5  127.  37.4
6  127.  36.3
7  127.  37.8
8  127.  37.5
```

```
           name      lon      lat
1  서울보호관찰소 127.0682 37.58545
2  수원보호관찰소 127.0339 37.28250
3  광주보호관찰소 126.8766 35.14572
4  부산보호관찰소 128.9621 35.21644
5  인천보호관찰소 126.6685 37.44598
6  대전보호관찰소 127.4205 36.32855
7  의정부보호관찰소 127.0710 37.75567
8  서울남부보호관찰소 126.8689 37.51146
```

```
[1] 127.24622  36.78397
```

```
Source : https://maps.googleapis.com/maps/api/staticmap?center=36.78397,127.246219&zoom=7&size=640x640&scale=2&maptype=roadmap&markers=37.585451,127.06821%7C37.282496,127.033936%7C35.145724,126.876636%7C35.216437,128.962096%7C37.445977,126.668468%7C36.328547,127.420527%7C37.755668,127.070976%7C37.511458,126.868902&key=xxx
```

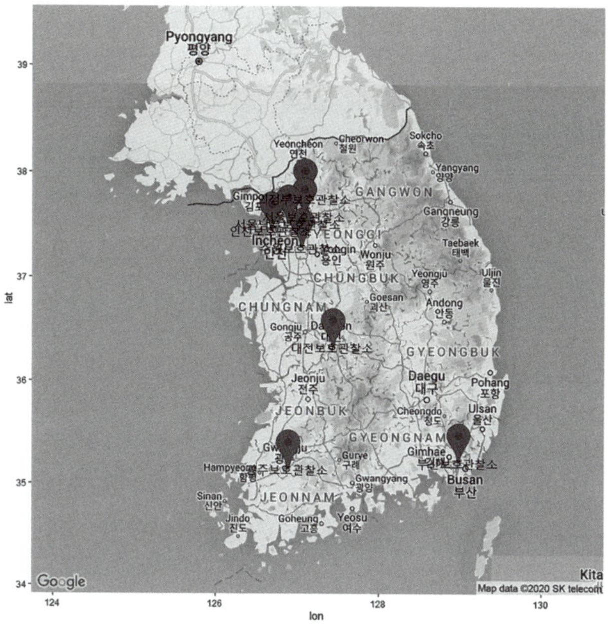

'보호관찰 실시 대상자가 가장 많은 관찰소' 상위 8개의 데이터에 대해 첫 번째 열의 "구분" 으로 주소를 경도와 위도로 변환하였으며, 이후 작업을 편하게 하기 위해 보호관찰소 이름과 좌푯값으로 데이터 프레임 생성하였다. 지도의 중심점을 계산하여 cn에 저장하고 지도의 중심점은 상위 8개의 보호관찰소 좌표의 평균을 구하여 계산한다. ggmap() 함수를 이용하여 지도를 화면에 표시하면 8개의 보호관찰소에 대한 마커를 확인할 수 있다. 이때 zoom의 값이 크면 표시가 잘 보이지 않을 수도 있다. ggmap(map)을 gmap에 저장한 결과 gmap에는 지도가 저장된다. 마지막으로 geom_text() 함수를 이용하여 보호관찰소 이름을 지도 위에 겹쳐서 출력하도록 하였다. 최종 결과 지도를 보면 마커와 보호관찰소가 함께 표시됨을 확인할 수 있다.

[활동 11-1] 분석하고 싶은 공공 데이터를 직접 다운로드 받아 다음 절차에 따라 작성하시오.

1) 공공 데이터 준비

2) 데이터 탐색

3) 데이터 분석

4) 지도 위에 데이터 표시

[활동 11-2] 단국대학교(죽전캠퍼스와 천안캠퍼스)의 위치값을 찾아 마커와 캠퍼스명을 지도 위에 표시하시오.

머신러닝 활용 사례

본 장에서는 실제 기업, 기관 등에서 문제 상황을 해결하기 위해 데이터 분석 및 머신러닝이 어떻게 활용되는지 다양한 사례를 통해 학습한다. 본 교재의 1, 2장에서 배운 인공지능에 대한 개요와 4장~11장에서 다룬 데이터 분석 기초에 해당하는 내용이 실제 현업에서 어떻게 활용되는지 거시적 관점에서 이해할 수 있다. 또한 4장~11장에서 학습한 '데이터 이해'에 해당하는 과정 이후에 머신러닝을 어떻게 활용할 수 있는지 구체적인 예시를 통해 확인함으로써 인공지능 활용 가능성을 탐색할 수 있다.

12

학습 목표

- 데이터 분석 방법론을 토대로 데이터 분석 및 머신러닝 활용 프로세스에 대해 이해한다.
- 데이터 분석(이해 및 준비) 과정에서 도출한 문제 해결을 위한 아이디어를 머신러닝 활용 방안으로 확장시킬 수 있다.

인공지능을 활용한 문제 해결을 위하여 데이터 분석을 효과적으로 수행하는 단계가 중요하다. 지금까지 인공지능에 대한 전반적인 이해와 데이터 분석의 기본적인 내용에 대하여 학습했다. 이제부터 데이터 분석 과정부터 인공지능 기술인 머신러닝을 어떻게 활용하는지 실제 활용 사례를 살펴보고자 한다.

실제 기업, 기관 등에서는 발생하는 문제 상황을 분석하고 해결하기 위한 데이터 분석 방법론을 체계화하고 있다. 본 교재에서는 빅데이터 분석 방법론 중 일반적으로 많이 사용하는 CRISP-DM 프로세스를 접목하여 실제 현장사례를 소개하고자 한다. 현장에서 발생할 수 있는 문제 상황 및 해결 과정을 CRISP-DM

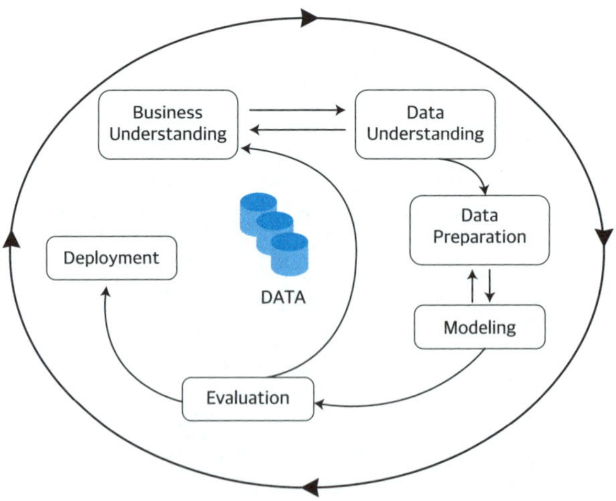

〈그림 12-1〉 데이터 분석 방법론 CRISP-DM

방법론을 통해 체계화해 보고, 특히 데이터 분석과 머신러닝을 활용하여 문제를 해결해 나가는 과정을 구체적으로 살펴보자.

CRISP-DM(Cross Industry Standard Process For Data Mining)은 1996년 유럽연합의 ESPRIT에서 있었던 프로젝트에서 시작되었으며, 총 6개의 단계로 구성된다. 각 단계는 일방향으로 구성되어 있지 않고 단계 간 피드백을 통해 단계별 완성도를 높이게 되어 있다.

〈표 12-1〉 본 수업 내 CRISP-DM 프로세스

1) 업무 이해(Business Understanding): 비즈니스 관점 프로젝트의 목적과 요구사항을 이해하기 위한 단계임. 초기 프로젝트 계획을 수립하는 단계임. 업무 이해 단계에서는 업무 목적 파악, 상황 파악, 데이터 분석 목표 설정, 프로젝트 계획 수립을 하게 됨
2) 데이터 이해(Data Understanding): 데이터 이해는 분석을 위한 데이터를 수집하고 데이터 속성을 이해하기 위한 과정으로 구성됨. 데이터 내 숨겨진 인사이트를 발견하는 단계임. 데이터 이해 단계에서는 초기 데이터 수집, 데이터 기술 분석, 데이터 탐색, 데이터 품질 확인 등이 요구됨
3) 데이터 준비(Data Preparation): 데이터준비는 분석을 위하여 수집된 데이터에서 분석기법에 적합한 데이터 세트을 편성하는 단계로 많은 시간이 소요될 수 있음. 데이터준비 단계에서는 데이터 세트 선택, 데이터 정제, 데이터 통합, 데이터 포맷팅이 해당됨
4) 모델링(Modeling): 다양한 모델링 기법과 알고리즘을 선택한 후 모델링 과정에서 사용되는 파라미터를 최적화해나가는 단계임. 모델링 단계를 통해 찾아낸 모델은 테스트용 프로세스와 데이터 세트으로 평가하여 모델 과적합(Overfitting) 등의 문제를 발견하고 대응 방안을 마련함. 모델링 단계는 모델링 기법 선택, 모델 테스트 계획 설계, 모델 작성, 모델 평가가 해당됨
5) 평가(Evaluation): 모델링 단계에서 얻은 모델이 프로젝트의 목적에 부합하는지를 평가함. 이 단계의 목적은 데이터 마이닝 결과를 수용할 것인지 최종적으로 판단하는 것에 있음. 분석 결과 평가, 모델링 과정 평가, 모델 적용성을 평가함
6) 전개(Deployment): 모델링과 평가 단계를 통하여 완성된 모델을 실제 업무에 적용하기 위한 계획을 수립하고 모니터링과 모델의 유지보수 계획을 마련함. 전개 계획 수립, 모니터링과 유지보수 계획 수립, 프로젝트 종료 보고서 작성, 프로젝트 리뷰가 포함됨

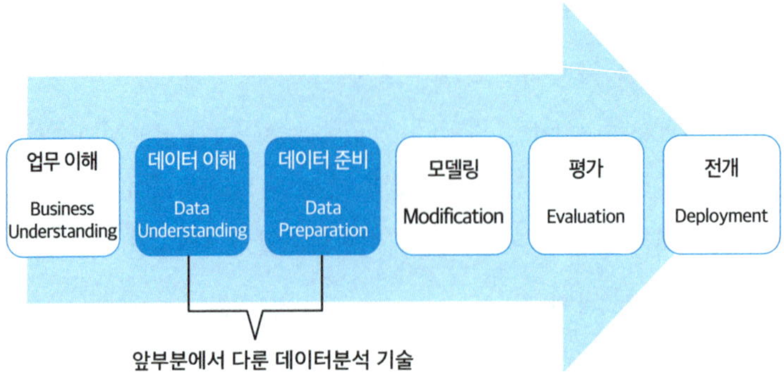

〈그림 12-2〉 CRISP-DM 프로세스

본 수업에서는 데이터 이해, 데이터 준비 단계에 해당하는 데이터 분석 기술을 이해하고 실습하였다. 실제 머신러닝을 활용한 데이터 분석에는 모델링 및 평가 과정이 요구된다. 실제 머신러닝을 활용한 사례를 통해 전체 데이터 분석 프로세스를 이해해 보자. 또한 우리가 앞에서 실습한 내용에 머신러닝을 활용하기 위해서 어떤 아이디어를 구상할 수 있을지 생각해 보자.

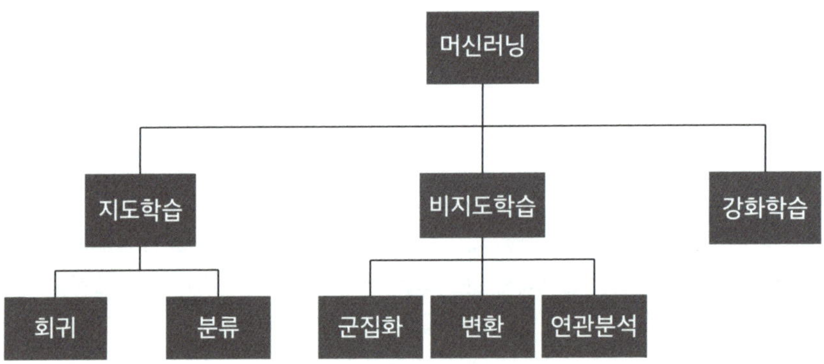

〈그림 12-3〉 머신러닝 종류

머신러닝 개념

머신러닝은 일반적으로 '지도형 머신러닝', '비지도형 머신러닝', '강화형 머신러닝'으로 구분된다. '지도형 머신러닝'은 '미리 정답 데이터를 제공한 후, 거기에서 규칙과 패턴을 스스로 학습하도록 하는 방법'이다. 지도학습은 과거의 데이터로부터 학습해서 결과를 예측하는 데에 주로 사용된다. (2장. 머신러닝 개요 참고)

● 종속변수가 없는 경우, 비지도학습을 활용한다.
● 종속변수가 있는 경우, 지도학습을 활용한다.
– 종속변수가 연속형 변수일 때, 회귀분석을 사용한다.
– 종속변수가 범주형 변수일 때, 분류분석을 사용한다.

앞으로 소개하는 머신러닝 활용 사례는 머신러닝에서 사용 빈도가 가장 높은 '지도형 머신러닝' 기술을 활용한 사례를 중심으로 살펴보고자 한다.

지도형 머신러닝

'미리 정답 데이터를 제공한 후, 거기에서 규칙과 패턴을 스스로 학습하도록 하는 방법'

● 지도학습은 '과거 데이터'을 통해 학습
● 원인이 발생했을 때 어떤 결과가 발생할지 추측에 목적
● 과거 데이터에서 독립변수, 종속변수 구분하여 제공 필요
○ **회귀(Regression):** 보유 데이터에 독립변수, 종속변수가 있고 종속변수가 숫자일 경우
○ **분류(Classification):** 보유 데이터에 독립변수와 종속변수가 있고 종속변수가 이름(범주형) 일 경우

01 뉴스 토픽 모델링

■ 프로젝트 개요

배경	데이터의 홍수 속에 살고 있는 우리는 방대한 데이터를 분석하는 것이 중요해짐을 깨닫고 있다. 정량적인 분석만 수행하던 기존의 방식에서 벗어나 비정형 데이터로 불리우던 텍스트 데이터까지 분석함으로써 우리는 대중의 기분을 감지하거나 선거 결과를 예측할 수 있을 뿐만 아니라 누가 무엇을 왜 좋아하는지에 대한 인사이트도 도출할 수 있다. 최근 코로나19 상황을 살펴보고자 토픽 모델링을 통해 초기 연구 동향을 살펴보기도 하였는데, 분석 결과에 의하면 감염 확산 모델이나 역학 특성 분석, 빠른 감염 확산세와 더불어 증례 중심의 임상특성연구가 대세임을 확인하였다고 한다. 원문 출처 : http://www.newsfreezone.co.kr/news/articleView.html?idxno=227221 이렇듯 토픽 모델링은 방대한 기사, 뉴스 속에서 주제를 쉽게 도출할 수 있는 기법으로 설문조사나 인터뷰 자료처럼 인위적으로 제어된 데이터가 아닌 다양한 자료들로부터 주제와 흐름을 파악할 수 있다는 면에서 각광 받고 있다. 이에, 뉴스 토픽 모델링을 통해 각 뉴스는 어떤 주제를 포함하고 있는지 확인할 수 있다.

목표	기분류된 신문기사 7600건을 통해 토픽 모델링을 수행하며 **토픽 모델링의 분류 방법**을 확인한다.
문제 해결 방법	1) 업무 이해(Business Understanding) 2) 데이터 이해(Data Understanding) 3) 데이터 준비(Data Preparation) 4) 모델링(Modeling) 5) 평가(Evaluation) 6) 전개(Deployment) *활용 사례 내 문제 해결 방법은 2)~5)에 해당하는 내용을 구체화함
기대 효과	• 기업 측면에서는 토픽 모델링을 통해 관심 분야의 트렌드나 흐름을 파악하여 사업 의사 결정에 참고할 수 있다. • 행정 측면에서는 코비드19 연구 문헌 분석을 통해 연구 동향을 살펴 적재적소에 지원을 하거나 선제적 대응 방안을 마련하여 국민 건강 안정을 확보할 수 있다.

■ 데이터 분석 및 머신러닝 활용

4차 산업 혁명 시대를 맞이하여 인공지능에 대해서 많이 들어보았을 것이다. 그 중에서도 언어 영역, 텍스트 마이닝(Text Mining)에 대해서 다루어 보고자 한다. 텍스트 마이닝은 10장에서 설명한 것과 같이 말 그대로 문자로부터 도움이 될만한 것들을 도출해내는 기법을 의미한다.

이번 장에서는 토픽 모델링(Topic modeling)이라는 조금은 생소한 기법에 대해 설명하고자 한다. 신문 기사 데이터를 통하여 실습을 진행하며, 이미 분류가 되어 있는 신문 기사를 통해 토픽 모델링 개념을 살펴보도록 하자.

1) 데이터 이해

우선, 필요한 패키지를 설치하고, 작업 공간을 설정하도록 한다. tidyverse 패키지는 데이터 사이언스를 위해 개발된 패키지의 묶음이다. 여기에 속한 패키지들은 모두 공통된 분석 방식을 공유하고 있어 활용이 매우 용이한 편이다. tidyverse에 속하는 대표적인 패키지는 아래와 같다.

〈표 12-2〉 tidyverse에 속하는 패키지들〉

패키지	설 명
readr	자료 불러오기
dplyr	데이터 프레임 다루기
stringr	문자열 다루기
ggplot2	자료의 시각화
tibble	개선된 형태의 데이터 프레임
tidyr	분석이 편리한 형태인 tidy 자료 생성
forcats	요인 다루기
purr	함수형 프로그래밍

그리고 이미 분류되어 있는 신문 기사 데이터를 불러와서 살펴보자. 원시 데이터는 12만개의 데이터가 있으나 실습을 위해 7,600개로 줄인 데이터('test.csv')를 사용하도록 한다.

[코드 12-1]

```
library(tidyverse)   # 패키지창에서 install 한 후 실행하도록 함
setwd("c:/REx")      # 작업공간 설정
dataset <- read.csv("test.csv", stringsAsFactors = FALSE, encoding = "UTF-8")
dim(dataset)         #7600개 데이터 확인
head(dataset)
```

[실행 결과 12-1]

```
[1] 7600    3
```

	Class.Index	Title	Description
1	3	Fears for T N pension after talks	Unions representing workers at Turner Newall say they are ...
2	4	The Race is On: Second Private Team Sets Launch Date for H...	SPACE.com - TORONTO, Canada -- A second\team of rocket...
3	4	Ky. Company Wins Grant to Study Peptides (AP)	AP - A company founded by a chemistry researcher at the U...
4	4	Prediction Unit Helps Forecast Wildfires (AP)	AP - It's barely dawn when Mike Fitzpatrick starts his shift wi...
5	4	Calif. Aims to Limit Farm-Related Smog (AP)	AP - Southern California's smog-fighting agency went after ...
6	4	Open Letter Against British Copyright Indoctrination in Scho...	The British Department for Education and Skills (DfES) recen...
7	4	Loosing the War on Terrorism	\\"Sven Jaschan, self-confessed author of the Netsky and Sa...
8	4	FOAFKey: FOAF, PGP, Key Distribution, and Bloom Filters	\\FOAF/LOAF and bloom filters have a lot of interesting pro...
9	4	E-mail scam targets police chief	Wiltshire Police warns about "phishing" after its fraud squad...
10	4	Card fraud unit nets 36,000 cards	In its first two years, the UK's dedicated card fraud unit, has ...
11	4	Group to Propose New High-Speed Wireless Format	LOS ANGELES (Reuters) - A group of technology companies...
12	4	Apple Launches Graphics Software, Video Bundle	LOS ANGELES (Reuters) - Apple Computer Inc.<AAPL.O&...
13	4	Dutch Retailer Beats Apple to Local Download Market	AMSTERDAM (Reuters) - Free Record Shop, a Dutch music ...
14	4	Super ant colony hits Australia	A giant 100km colony of ants which has been discovered in...
15	4	Socialites unite dolphin groups	Dolphin groups, or "pods", rely on socialites to keep them fr...
16	4	Teenage T. rex's monster growth	Tyrannosaurus rex achieved its massive size due to an enor...
17	4	Scientists Discover Ganymede has a Lumpy Interior	Jet Propulsion Lab -- Scientists have discovered irregular lu...
18	4	Mars Rovers Relay Images Through Mars Express	European Space Agency -- ESAs Mars Express has relayed pi...
19	4	Rocking the Cradle of Life	When did life begin? One evidential clue stems from the fos...

2) 데이터 준비

데이터의 내용을 살펴보면 class.index, Title(제목), Description(본문)으로 구성되어 있다. 데이터 설명을 찾아보면 class index가 뉴스 기사 주제를 분류하고 있는 것을 확인할 수 있다. 가독성을 위해 다음과 같이 숫자값(1~4)을 문자로 바꾸도록 하자.

1 : World, 2 : Sports, 3 : Business 4 : Science / Tech.

[코드 12-2]

```
names(dataset)[1] <- c("class")   # class.index 명을 class로 변경함
View(dataset)
dataset$class <- ifelse(dataset$class == 1, 'World',
                   ifelse(dataset$class == 2, 'Sports',
                     ifelse(dataset$class == 3, 'Business','Science/Tech.')))
table(dataset$class)          # 제대로 변경되었는지 확인
View(dataset)
```

[실행 결과 12-2]

	class	Title	Description
1	3	Fears for T N pension after talks	Unions representing workers at Turner Newall say they are ...
2	4	The Race is On: Second Private Team Sets Launch Date for H...	SPACE.com - TORONTO, Canada -- A second\team of rocket...
3	4	Ky. Company Wins Grant to Study Peptides (AP)	AP - A company founded by a chemistry researcher at the U...
4	4	Prediction Unit Helps Forecast Wildfires (AP)	AP - It's barely dawn when Mike Fitzpatrick starts his shift wi...
5	4	Calif. Aims to Limit Farm-Related Smog (AP)	AP - Southern California's smog-fighting agency went after ...
6	4	Open Letter Against British Copyright Indoctrination in Scho...	The British Department for Education and Skills (DfES) recen...
7	4	Loosing the War on Terrorism	\\"Sven Jaschan, self-confessed author of the Netsky and Sa...

```
Business Science/Tech.        Sports        World
    1900          1900          1900          1900
```

	class	Title	Description
1	Business	Fears for T N pension after talks	Unions representing workers at Turner Newall say they are ...
2	Science/Tech.	The Race is On: Second Private Team Sets Launch Date for H...	SPACE.com - TORONTO, Canada -- A second\team of rocket...
3	Science/Tech.	Ky. Company Wins Grant to Study Peptides (AP)	AP - A company founded by a chemistry researcher at the U...
4	Science/Tech.	Prediction Unit Helps Forecast Wildfires (AP)	AP - It's barely dawn when Mike Fitzpatrick starts his shift wi...
5	Science/Tech.	Calif. Aims to Limit Farm-Related Smog (AP)	AP - Southern California's smog-fighting agency went after ...
6	Science/Tech.	Open Letter Against British Copyright Indoctrination in Scho...	The British Department for Education and Skills (DfES) recen...
7	Science/Tech.	Loosing the War on Terrorism	\\"Sven Jaschan, self-confessed author of the Netsky and Sa...
8	Science/Tech.	FOAFKey: FOAF, PGP, Key Distribution, and Bloom Filters	\\FOAF/LOAF and bloom filters have a lot of interesting pro...
9	Science/Tech.	E-mail scam targets police chief	Wiltshire Police warns about "phishing" after its fraud squad...
10	Science/Tech.	Card fraud unit nets 36,000 cards	In its first two years, the UK's dedicated card fraud unit, has ...
11	Science/Tech.	Group to Propose New High-Speed Wireless Format	LOS ANGELES (Reuters) - A group of technology companies...

이제 텍스트 마이닝을 위한 전처리용 tm 패키지를 설치하고 불러온다. 그리고 본문을 벡터 형태로 corpus로 만들고 만들어진 corpus docs를 전부 소문자로 만든다. 이렇게 하는 이유는 대문자와 소문자를 구별하기 때문에 전부 소문자로 만들기 위함이다.

[코드 12-3]

```
library(tm)
docs <- VCorpus(VectorSource(dataset$Description))
docs <- tm_map(docs, content_transformer(tolower))
lapply(docs, content)[1:3]
```

[실행 결과 12-3]

```
$`1`
```

```
[1] "unions representing workers at turner   newall say they are 'disappointed' after talks with stricken parent firm federal mogul."

$`2`
[1] "space.com - toronto, canada -- a second₩₩team of rocketeers competing for the #36;10 million ansari x prize, a contest for₩₩privately funded suborbital space flight, has officially announced the first₩₩launch date for its manned rocket."

$`3`
[1] "ap - a company founded by a chemistry researcher at the university of louisville won a grant to develop a method of producing better peptides, which are short chains of amino acids, the building blocks of proteins.
```

이제 불필요한 단어들을 제거해 보자. 앞으로 하는 이러한 작업은 분석을 하면서 지속적으로 해주어야 좋은 결과를 얻을 수 있다. 우선, pattern을 찾아 지울 수 있는 remove 함수, 빈칸으로 바꿀 수 있는 space함수를 만든다. 그리고, 정규식을 이용하여 URL을 지우고, 'www'로 시작하는 URL도 지운다. 불용어를 제거하기 위해 불용어(분석 안함) 리스트를 새로 만들고, 기존 불용어 리스트에 토픽 모델링을 하면서 의미가 없어 보이는 단어들을 추가해 준다. 그리고 이를 토대로 불용어들을 제거한다. 마지막으로 특수 문자, 숫자, 구두점, 빈 공간, 단어의 앞뒤 공간에 있는 것까지 제거한다.

[코드 12-4]

```
#전처리 전반 따라해보기
#pattern을 찾아 지울 수 있는 remove함수, 빈칸으로 바꿀 수 있는 space함수를 만듬
myRemove <- content_transformer(function(x, pattern) gsub(pattern, "", x))
toSpace <- content_transformer(function(x, pattern) gsub(pattern, " ", x))
docs <- tm_map(docs, myRemove, "(f|ht)tp₩₩s+₩₩s*")
#정규식을 이용하여 URL을 지움 (ftp, http 시작 URL)
docs <- tm_map(docs, toSpace, "www₩₩.+₩₩S+")      # (www 시작 URL)

#불용어를 제거하기에 앞서 불용어(분석 안함) 리스트를 새로 만들어줌
```

```
myStopWords <- c(stopwords("english"),
              c("will", "week", "weeks", "day", "days", "next", "today", "yesterday",
                "may", "might", "year", "years", "monday", "tuesday", "wednesday",
"thursday",
                "friday", "saturday", "sunday", "said", "one", "two", "three", "four",
                "another", "last", "least", "just", "quot", "ago", "night",
                "nights", "month", "months", "now", "new","york", "according",
                "back", "say", "says", "can", "make", "made", "reuters","first",
"second","third"))
#기존 불용어 리스트에 토픽 모델링을 하면서 의미가 없어 보이는 단어들을 추가함
docs <- tm_map(docs, removeWords, myStopWords) #불용어들을 제거함

docs <- tm_map(docs, toSpace, ":")           #특수 문자들을 제거
docs <- tm_map(docs, toSpace, ",")
docs <- tm_map(docs, toSpace, "/")
docs <- tm_map(docs, toSpace, "₩₩.")
docs <- tm_map(docs, toSpace, "₩₩₩₩")
docs <- tm_map(docs, removeNumbers)       #숫자를 제거
docs <- tm_map(docs, removePunctuation)   #구두점들도 제거
docs <- tm_map(docs, stripWhitespace)      #빈 공간을 제거
docs <- tm_map(docs, content_transformer(trimws)) #단어 앞뒤 공간이 있다면 제거
lapply(docs, content)[1:3]
```

[실행 결과 12-4]

```
$`1`
[1] "unions representing workers turner newall disappointed talks stricken parent firm federal mogul"

$`2`
[1] "space com toronto canada team rocketeers competing million ansari x prize contest privately funded suborbital space flight officially announced launch date manned rocket"

$`3`
[1] "ap company founded chemistry researcher university louisville won grant develop method producing better peptides short chains amino acids building blocks proteins"
```

위 내용을 살펴보면 3개 문장이 모두 깔끔하게 정리되어 있는 것을 확인할 수 있다.

이제 전처리가 완료된 데이터를 가지고 토픽 모델링을 수행해보도록 하자.

토픽 모델링에서 가장 유명한 잠재 디리클레 할당(LDA:Latent Dirichlet Allocation) 기법을 이용할 것이다. 주어진 문서에 대하여 각 문서에 어떤 주제(토픽)들이 존재하는지를 서술하는 확률적 토픽 모델 기법 중 하나이다. 대부분의 사람은 문서를 작성할 때 주제를 생각하고 그 주제에 맞는 단어들을 가지고 문장을 구성한다는 것이 대전제이다. 따라서 문서와 단어 사이에 주제가 생략되어 있다고 하더라도 단어들이 묶여 다니는 패턴을 보면 주제가 추정 가능할 것이라는 논리다. 물론 이 주제가 정확히 무엇인지는 말해주지 않지만 함께 나오는 단어들이 토픽이 어떤것이라는 것을 예상할 수 있게 해준다. 여기서는 이미 주제가 분류된 기사들을 대상으로 수행하므로 나온 4개의 토픽들이 과연 우리가 초기에 넣은 주제들을 잘 설명하는지 체크해보면 된다.

이제 단계적으로 진행해보도록 하자. 먼저 문서-단어 매트릭스를 만들어서 문서 내에서 어떤 단어들이 출현하는지 매트릭스 형태로 만들어 준다.

[코드 12-5]

```
dtm <- DocumentTermMatrix(docs)
inspect(dtm)      # 데이터 내용 확인
```

[실행 결과 12-5]

```
<<DocumentTermMatrix (documents: 7600, terms: 20380)>>
Non-/sparse entries: 126173/154761827
Sparsity           : 100%
Maximal term length: 36
Weighting          : term frequency (tf)
Sample             :
      Terms
Docs   company corp government inc million oil president time united world
  1755       0    0          0   0       0   0         0    0      0     0
  2755       0    0          0   0       0   0         0    0      0     0
```

3110	0	0	0	0	0	0	0	0	0	0
5130	1	0	0	0	0	0	0	0	0	0
6	0	0	0	0	0	0	0	0	0	0
6307	0	0	0	0	0	0	0	0	0	0
6595	0	0	0	0	2	0	0	0	0	0
7	1	0	0	0	0	0	0	0	0	0
7000	0	0	0	0	1	0	0	0	0	0
8	0	0	0	0	0	0	0	0	0	0

7,600개의 뉴스 기사로부터 2만여 개 단어가 도출되어 있음을 확인할 수 있다. 행 하나하나가 뉴스 기사를 의미하며 열 하나하나가 단어를 의미한다. 예를 들어 5130번 기사에서는 company가 1번 나오고, 6595번 기사에서는 milion이 2번 나온다라고 해석할 수 있다.

3) 모델링

이제 LDA함수를 불러 토픽 모델링(Modeling)을 수행해 보자. 토픽 모델링을 위해 topicmodels 패키지를 설치하고 실행한다.

[코드 12-6]

```
library(topicmodels)          #토픽 모델링을 위해 topicmodels를 불러옴
#따라해보기
lda <- LDA(dtm, k=4, method = 'Gibbs', control = list(seed = 2020,
                                                        burnin = 1000,
                                                        iter = 1000,
                                                        thin = 100))
class(lda)
```

[실행 결과 12-6]

```
[1] "LDA_Gibbs"
attr(,"package")
[1] "topicmodels"
```

모든 모델링 기법들은 매개변수 옵션들을 사용자가 다룰 수 있게 되어 있다. k는 나눌 토픽 수이며, method는 확률분포를 계산하기 위해 수행하는 방법론이다. seed는 랜덤성 요소를 가지는 모델들에게 기준을 제공하는 값이며 재현성을 확보하는 데 필요하다. burnin는 버릴 횟수값으로, 깁스 샘플링의 초기 단계에서 분포의 특성을 잘 반영하지 못하므로 버릴 횟수가 꼭 필요하다. iter는 샘플링 반복횟수이며, thin는 샘플링을 위해서는 초기값이 필요한데 이러한 초기값을 변경하는 구간을 의미한다. 이것은 매 100번째 샘플링 값이 다음 샘플링 구간에서 초기값으로 사용된다는 것이다.

4) 평가

LDA를 통해 기사들이 4가지 토픽으로 나누어졌다. 숫자만 봐서는 초기 주제에 맞게 나누어져 들어간 것 같으니 이제 실제 단어 묶음을 보고 확인해 보자.

[코드 12-7]

```
table(topics(lda))      #현재 분류된 기사들의 분포
terms(lda, 10)          #토픽별 대표단어 10개
```

[실행 결과 12-7]

```
   1    2    3    4
2045 1894 1956 1705
```

```
      Topic 1       Topic 2       Topic 3   Topic 4
[1,]  "president"   "announced"   "world"   "inc"
[2,]  "united"      "microsoft"   "time"    "million"
[3,]  "government"  "software"    "game"    "company"
[4,]  "people"      "internet"    "season"  "oil"
[5,]  "iraq"        "plans"       "team"    "corp"
[6,]  "security"    "service"     "win"     "percent"
[7,]  "afp"         "technology"  "league"  "prices"
[8,]  "minister"    "companies"   "top"     "quarter"
[9,]  "officials"   "computer"    "victory" "stocks"
[10,] "states"      "news"        "home"    "international"
```

단어 묶음들이 초기 4가지 주제들을 잘 설명하고 있는가? 초기 4개 주제는 'world', 'business', 'sports', 'science/tech' 였다. Topic1은 'washington', 'international', 'european' 같은 표현을 통해 'business'로 추정되며, Topic2는 'president', 'iraq', 'united', 'security' 등을 통해 'world'로 추정된다. Topic3은 'game', 'season', 'league' 등을 통해 'sports'로 추정되며, Topic4는 'software', 'microsoft', 'internet', 'company' 등을 통해 science/tech로 추정된다.

이번 실습에서는 주제 카테고리가 기입된 뉴스 기사들을 통해 확인해 보았지만 실제 토픽 모델링에서는 주제도 토픽의 개수도 정해져 있지 않다. 반복적인 학습을 통해 불용어 사전도 많이 정리하고 토픽수도 조절해 볼 수 있다면 일반적인 뉴스들의 홍수 속에 트렌디한 주제들을 잘 확인할 수 있을 것이다.

■ 분석 결과 및 요청 사항

분석 결과	토픽 모델링을 수행하며 확인한 결과는 다음과 같다. 1. 토픽 모델링은 키워드를 중심으로 주제를 분류해 나가므로 불용어를 잘 처리해주는 것이 좋은 모델링을 가능하게 한다. 2. 반복적인 토픽 모델링을 통해 키워드를 살펴보고 유의미하지 않은 키워드는 지속적으로 불용어에 추가해줌으로써 점차 유의미한 모델로 접근이 가능하다. 3. 본 분석에 사용된 잠재 디리클레 할당(LDA) 기법은 깁스 샘플링 방법을 사용하였기 때문에 초기 수행은 무의미하다. 따라서 초기 값을 burnin 옵션을 통해 꼭 제거해 주어야 한다. 4. 본 분석에서는 기 분류된 주제가 정해져 있었으므로 쉽게 분류가 가능하였지만 실제 토픽 모델링에서는 주제의 개수를 가늠하기 어려우므로 반복적인 학습을 통해 주제를 파악할 수 있도록 다양한 시도와 노력이 필요하다.
요청 사항	1. 기획 부서에서 토픽 모델링을 수행할 필요가 있는 뉴스들을 제안하고, 분석된 분류가 유의미한지 확인한다. 2. IT부서에서는 기획부서에서 제안한 뉴스들에 대해서 지속적으로 수집할 수 있도록 크롤링 시스템을 구축하고 적재되는 데이터가 오류가 없는지 지속적으로 살펴본다. 3. 분석가에게 토픽 모델링을 개선하기 위하여, 토픽수, burnin수 등의 hyperparameter를 변경해보고, 유니그램 혼합모형, pLSI 모형등 다른 알고리즘을 활용하여 토픽 모델링을 테스트한다.

02 미드 감성 분석

■ 프로젝트 개요

<table>
<tr><td>배경</td><td>데이터의 홍수 속에 살고 있는 우리는 방대한 데이터를 분석하는 것이 중요해짐을 깨닫고 있다. 정량적인 분석만 수행하던 기존의 방식에서 벗어나 비정형 데이터로 불리우던 텍스트 데이터까지 분석함으로써 우리는 대중의 기분을 감지하거나 선거 결과를 예측할 수 있을 뿐만 아니라 누가 무엇을 왜 좋아하는지에 대한 인사이트도 도출할 수 있다. 감성 분석은 이러한 텍스트 마이닝에서 심도 있는 분석을 가능하게 한다. 각 기업마다 SNS나 리뷰 등을 분석하며 기업 제품이나 브랜드에 대해 어떤 뉘앙스로 이야기를 하는지 살펴보는 것은 이러한 기술의 발전이 있었기 때문이다. 설문조사나 인터뷰 자료처럼 인위적으로 제어된 데이터가 아닌 소비자가 날 것 그대로 표현한 텍스트 데이터들은 마케터들이 관심을 가지고 있는 금맥이라고 할 수 있다. 이에, 미드 '프렌즈'의 감성 분석을 통해 극중 인물들이 어떤 감정을 가지고 있는지 혹은 그 정도는 어떠한지 확인할 수 있다.</td></tr>
<tr><td>목표</td><td>미드 '프렌즈' 10개 시즌, 6만 개 문장 데이터를 통해 인물별 감정 분석을 수행하고 시즌별, 인물별, 시기별 긍부정 정도는 어떠한지 알아보고자 한다.</td></tr>
<tr><td>문제
해결
방법</td><td>1) 업무 이해(Business Understanding)
2) 데이터 이해(Data Understanding)
3) 데이터 준비(Data Preparation)
4) 모델링(Modeling)
5) 평가(Evaluation)
6) 전개(Deployment)
*활용 사례 내 문제 해결 방법은 2)~5)에 해당하는 내용을 구체화함</td></tr>
<tr><td>기대
효과</td><td>• 미드 감성 분석의 기대 효과는 미비하므로 감성 분석이 가능한 시나리오의 기대 효과를 기술한다.
• 기업 측면에서는 감성 분석을 통해 브랜드나 제품의 고객 호감도를 확인할 수 있으며 이를 통해 브랜드 방향성 혹은 제품 개선 방향을 도출할 수 있다.
• 행정 측면에서는 지역 커뮤니티의 감성 분석을 통해 만족도를 점검하고 그에 따른 공청회, 설문 조사 등을 실시하여 대응 방안을 추가 마련하거나 대응하는 것이 가능하다.</td></tr>
</table>

■ 데이터 분석 및 머신러닝 활용

실습을 통해 문장의 긍부정 분석은 어떻게 하는지 알아보자. 긍부정 분석은 크게 2가지 방법을 이용한다. 첫 번째는 단어마다 태그를 붙여 단어들의 출현 빈도를 통해 긍부정을 확인하는 사전 방식이며, 두 번째는 문장 전체에 긍정/부정 분류를 붙이고 분류 모델을 만들어 확인하는 방식이다.

이번 실습에서는 사전 방식의 긍부정 분석을 '프렌즈' 데이터를 이용하여 다루어 보자. '프렌즈' 데이터는 실생활에 자주 이용되는 언어 표현이 많아서 영어 공부에 많이 사용되곤 하였던 데이터이다.

1) 데이터 이해

실습을 위해 먼저 필요한 패키지를 설치하고, 작업 공간을 설정하도록 한다. tidyverse 패키지는 앞에서 이미 설명했으므로 패키지를 로드하여 사용하도록 한다. 나머지 tidytext, dplyr 패키지는 따로 설치한 후 실행하도록 한다. '프렌즈 데이터(friends_quotes.csv)' 파일을 불러와 dataset을 tibble 프레임 형태로 바꾼다. 여기서 tibble은 데이터 프레임이 개선된 자료 구조로 해당 데이터 내 변수가 어떤 자료형인지를 한눈에 파악할 수 있다. 자세한 부분은 구글링을 통해 찾아보길 바라며 데이터 프레임 외에 배워두면 좋다.

[코드 12-8]

```
library(tidyverse)
setwd("c:/REx")          # 작업공간 설정
library(tidytext)        #text mining을 위해 tidytext를 불러옴
library(dplyr)           #chain operator를 사용하기 위해 dplyr를 불러옴
dataset <- read.csv("friends_quotes.csv", stringsAsFactors = FALSE, encoding = "UTF-8")
#text 데이터를 불러옴.
dataset %>% as_tibble()  # chain operator를 통해 연속 연산을 수행하도록 함
# dataset을 tibble 프레임 형태로 바꿈.
names(dataset)           #dataset내 변수 이름들을 확인.
dim(dataset)
View(dataset)
```

[실행 결과 12-8]

```
# A tibble: 60,291 x 6
  author  episode_number episode_title  quote                     quote_order season
  <chr>            <dbl> <chr>          <chr>                           <dbl>  <dbl>
1 Monica               1 Monica Gets A ~ There's nothing to tell!~         0      1
```

```
 2 Joey            1 Monica Gets A ~ C'mon, you're going out ~        1     1
 3 Chandl~         1 Monica Gets A ~ All right Joey, be nice.~        2     1
 4 Phoebe          1 Monica Gets A ~ Wait, does he eat chalk?         3     1
 5 Phoebe          1 Monica Gets A ~ Just, 'cause, I don't wa~        4     1
 6 Monica          1 Monica Gets A ~ Okay, everybody relax. T~        5     1
 7 Chandl~         1 Monica Gets A ~ Sounds like a date to me.        6     1
 8 Chandl~         1 Monica Gets A ~ Alright, so I'm back in ~        7     1
 9 All             1 Monica Gets A ~ Oh, yeah. Had that dream.        8     1
10 Chandl~         1 Monica Gets A ~ Then I look down, and I ~        9     1
# ... with 60,281 more rows
```

```
[1] "author"         "episode_number" "episode_title"  "quote"
[5] "quote_order"    "season"
```

```
[1] 60291     6
```

	author	episode_number	episode_title	quote	quote_order	season
1	Monica	1	Monica Gets A Roommate	There's nothing to tell! He's just some guy I work with!	0	1
2	Joey	1	Monica Gets A Roommate	C'mon, you're going out with the guy! There's gotta be som...	1	1
3	Chandler	1	Monica Gets A Roommate	All right Joey, be nice. So does he have a hump? A hump an...	2	1
4	Phoebe	1	Monica Gets A Roommate	Wait, does he eat chalk?	3	1
5	Phoebe	1	Monica Gets A Roommate	Just, 'cause, I don't want her to go through what I went thro...	4	1
6	Monica	1	Monica Gets A Roommate	Okay, everybody relax. This is not even a date. It's just two p...	5	1
7	Chandler	1	Monica Gets A Roommate	Sounds like a date to me.	6	1
8	Chandler	1	Monica Gets A Roommate	Alright, so I'm back in high school, I'm standing in the middl...	7	1
9	All	1	Monica Gets A Roommate	Oh, yeah. Had that dream.	8	1
10	Chandler	1	Monica Gets A Roommate	Then I look down, and I realize there's a phone... there.	9	1
11	Joey	1	Monica Gets A Roommate	Instead of...?	10	1
12	Chandler	1	Monica Gets A Roommate	That's right.	11	1

dplyr 패키지는 %>% 기호를 이용해 함수들을 나열하는 방식으로 코드를 작성한다. %>% 기호는 "파이프 연산자"라고 읽으며, 물길을 연결하는 수도관(파이프)처럼 함수들을 연결하는 기능을 한다. 참고로, 단축키 [Ctrl]+[Shift]+[M]을 누르면 %>%가 삽입된다.

출력된 데이터의 구조를 살펴보면 author(화자), episode_number(에피소드 번호), episode_title(에피소드 타이틀), quote(인용문, 문장), quote_order(문장 순서), season(에피소드 시즌)으로 구성이 되어 있음을 알 수 있다. 총 10개 시즌에 대해서 6만여 문장으로 데이터가 구성되어 있다.

2) 데이터 준비

다른 머신 러닝 기법들과는 다르게 text mining에서는 할 일이 많지 않다. 문장으로 되어 있는 데이터를 단어 형태로 쪼개고 감탄사, 불필요한 단어(불용어) 등을 제거하면 분석할 준비가 다 된 것이다. 하나씩 수행해보도록 하자.

[코드 12-9]

```
dataset %>% group_by(season) %>% summarise(episode_number = max(episode_
number))
#dataset에서 %>% season을 변수에 대해 그룹으로 묶어서 %>% 에피소드 넘버의 최댓값을
구함
tidy_text <- dataset %>%
                #dataset에서 chain operations를 전부 실행한 후에 tidy_text에 저장
  unnest_tokens(word, quote) %>%  # N-Gram 모델을 적용하여 단어를 자름
  anti_join(stop_words) %>%        # 불용어를 제거
  filter(!word %in% tolower(author)) # 인물들의 이름도 제거
#일반적인 불용어들을 추가로 지움
tidy_text <- tidy_text %>%
  filter(!word %in% c("uhm", "it's", "ll", "im", "don't", "i'm", "that's", "ve", "that's","you're",
                      "woah", "didn", "what're", "alright", "she's", "we're", "dont", "c'mere",
"wouldn",
                      "isn","pbs", "can't", "je", "youre", "doesn", "007", "haven", "whoah",
"whaddya",
                      "somethin", "yah", "uch", "i'll","there's", "won't", "didn't", "you'll", "allright",
                      "yeah", "hey", "uh", "gonna", "umm","um", "y'know", "ah", "ohh",
"wanna", "ya", "huh", "wow",
                      "whoa", "ooh")) %>%
  mutate(word = str_remove_all(word, "'s"))
tidy_text %>% as_tibble()            #tibble 구조로 변환
```

[실행 결과 12-9]

```
`summarise()` ungrouping output (override with `.groups` argument)
```

```
# A tibble: 10 x 2
  season episode_number
   <dbl>          <dbl>
 1     1             24
 2     2             24
 3     3             25
 4     4             23
 5     5             23
 6     6             24
 7     7             24
 8     8             23
 9     9             23
10    10             17
```

```
Joining, by = "word"
```

```
# A tibble: 160,134 x 6
  author   episode_number episode_title     quote_order season word
  <chr>             <dbl> <chr>                   <dbl>  <dbl> <chr>
1 Joey                  1 Monica Gets A Roo~          1      1 gotta
2 Joey                  1 Monica Gets A Roo~          1      1 wrong
3 Chandler              1 Monica Gets A Roo~          2      1 nice
4 Chandler              1 Monica Gets A Roo~          2      1 hump
5 Chandler              1 Monica Gets A Roo~          2      1 hump
6 Chandler              1 Monica Gets A Roo~          2      1 hairpi~
7 Phoebe                1 Monica Gets A Roo~          3      1 wait
8 Phoebe                1 Monica Gets A Roo~          3      1 eat
9 Phoebe                1 Monica Gets A Roo~          3      1 chalk
10 Monica                 Monica Gets A Roo~          5      1 relax
# ... with 160,124 more rows
```

각 시즌마다 몇개의 에피소드로 구성되어 있는지 확인할 수 있다. 시즌 1은 24개 에피소드, 시즌 10은 17개로 대략 20개 내외의 에피소드로 구성되어 있다. 위의 N-Gwram 모델을 적용하여 단어를 자르고, 불용어, 인물들의 이름을 제거하고, 일반적인 불용어들을 추가로 제거하여 tibble 구조로 변환하였다. quote에서 문장으로 나오는 내용들이 word 단위로 내려간 것을 확인할 수 있다.

3) 모델링과 평가

긍부정 분석은 모델링(Modeling)과 평가(Evaluation)를 구분하기에 애매한 부분이 있어 함께 설명하도록 한다. 긍부정 분석을 위해서는 미리 만들어 놓은 긍부정 사전이 필요하다. 단어마다 긍정 단어, 부정 단어, 중립 단어라고 꼬리표를 붙이는 작업을 말한다. 이 사전은 생성을 하는 주체마다 조금은 다르게 만들어질 수 있는데 여기서는 3가지 사전을 가져오도록 한다.

- afinn: 일반적인 문서를 분석하기 위해 사용. −5점(negative)부터 +5점(positive)까지 점수로 감정의 정도를 나타냄
- nrc: 일반적인 문서를 분석하기 위해 사용. 10개의 감정이 존재 (negative/ positive/ anger/ anticipation/ disgust/ fear/ joy/ sadness/ surprise/ trust)
- bing: 일반적인 문서를 분석하기 위해 사용. 2개의 감정이 존재 (negative/ positive)

필요시 (적용산업 분야)에 따라서 특정 단어의 긍부정 형태를 바꿔 커스텀하여 사용하기도 한다. '세일' 이라는 단어가 나에게는 긍정 단어라면 기존에 중립 단어로 사용하였더라도 변경이 가능하다.

다음 코드 실습을 위해서는 우선 DT 패키지를 설치하고 로드하며, DT 패키지는 대화형 테이블을 생성하고 조작하는 패키지이다. datatable을 이용하여 실행하면 Viewer창에 화면이 출력되는데 표준 기능(페이지 넘기기, 정렬, 개수 표시 등)은 그대로 설명없이 직관적으로 사용할 수 있다.

[코드 12-10]

```
library(DT)     # 대화형 테이블을 생성하고 조작하는 패키지
```

```
#3가지 사전을 불러옵니다.
afinn <- read.csv("sentiment-lexicons/afinn.csv", stringsAsFactors = FALSE)[-1]
nrc <- read.csv("sentiment-lexicons/nrc.csv", stringsAsFactors = FALSE)[-1]
bing <- read.csv("sentiment-lexicons/bing.csv", stringsAsFactors = FALSE)[-1]

datatable(afinn) #afinn 사전입니다. 페이지를 넘기거나 검색하며 볼 수 있음
datatable(nrc) #nrc 사전입니다. 페이지를 넘기거나 검색하며 보실 수 있음
datatable(bing) #bing 사전입니다. 페이지를 넘기거나 검색하며 보실 수 있음

tidy_bing <- tidy_text %>% inner_join(bing) #inner_join은 교집합을 기준으로 두개의 테이블
을 병합
tidy_nrc <- tidy_text %>% inner_join(nrc) #bing, nrc, afinn 모두 word가 기준이 되어 테이블
병합
tidy_afinn <- tidy_text %>% inner_join(afinn) #tidy_text에 각 사전이 가지는 감정값이 기입될 것
fig <- function(width, heigth){
  options(repr.plot.width = width, repr.plot.height = heigth)
} #표의 크기를 조절할 수 있는 함수
fig(15,15) #표가 작아서 글씨가 안 보일수 있으니 크기를 키워줌

tidy_nrc %>%  #tidy_nrc에서
  filter(author %in% c("Ross")) %>% #Ross에 대해서
  ggplot(aes(sentiment, fill = author))+ #sentiment 그래프를 그려줌
  geom_bar(show.legend = FALSE)+
  facet_wrap(author~.) #상단에 author로 채워넣어줌
```

[실행 결과 12-10]

Viewer Zoom

Show 10 entries　　　　Search:

	word	value
1	abandon	-2
2	abandoned	-2
3	abandons	-2
4	abducted	-2
5	abduction	-2
6	abductions	-2
7	abhor	-3
8	abhorred	-3
9	abhorrent	-3
10	abhors	-3

Showing 1 to 10 of 2,477 entries　　Previous 1 2 3 4 5 … 248 Next

경고메시지(들):

In instance$preRenderHook(instance) :

It seems your data is too big for client-side DataTables. You may consider server-side processing: https://rstudio.github.io/DT/server.html

Viewer Zoom

Show 10 entries   Search:

	word	sentiment
1	abacus	trust
2	abandon	fear
3	abandon	negative
4	abandon	sadness
5	abandoned	anger
6	abandoned	fear
7	abandoned	negative
8	abandoned	sadness
9	abandonment	anger
10	abandonment	fear

Showing 1 to 10 of 13,901 entries   Previous 1 2 3 4 5 … 1391 Next

Viewer Zoom

Show 10 entries   Search:

	word	sentiment
1	2-faces	negative
2	abnormal	negative
3	abolish	negative
4	abominable	negative
5	abominably	negative
6	abominate	negative
7	abomination	negative
8	abort	negative
9	aborted	negative
10	aborts	negative

Showing 1 to 10 of 6,786 entries   Previous 1 2 3 4 5 … 679 Next

Joining, by = "word"

Joining, by = "word"

Joining, by = "word"

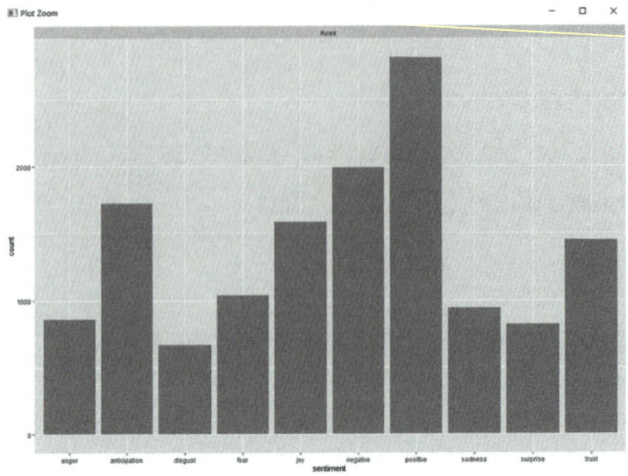

Ross는 시즌에 걸쳐서 positive한 단어를 자주 언급하는 것으로 보이며, disgust한 단어는 제일 적게 사용하는 편이다.

다른 인물들도 한번에 보자.

[코드 12-11]

```
tidy_nrc %>% #tidy_nrc에서
  filter(author %in% c("Ross", "Monica", "Rachel", "Joey", "Chandler", "Phoebe")) %>% #6명의 화자를 대상으로
  ggplot(aes(sentiment, fill = author))+ #sentiment plot을 그림
  geom_bar(show.legend = FALSE)+
  facet_wrap(author~.) #상단에 author로 채워넣어줌
```

[실행 결과 12-11]

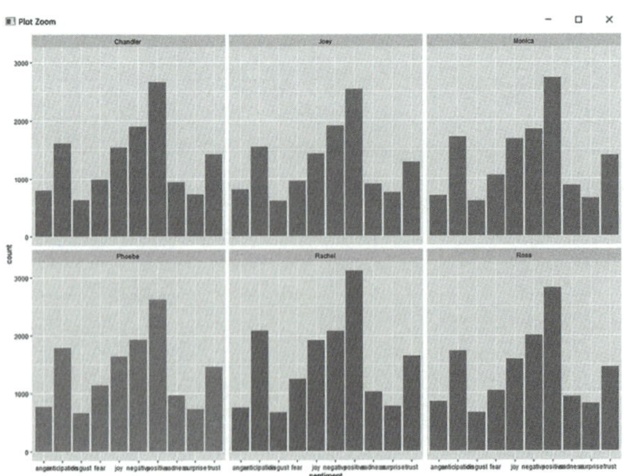

다들 패턴이 비슷해보이는 것을 보아 쓰는 감정 패턴이 크게 다르지 않아 보인다.

이번에는 bing을 통해 시즌별로 각 인물들이 긍부정 비율이 어떠한지 알아보자.

[코드 12-12]

```
tidy_bing %>% #tidy_bing 에서
  filter(author %in% c("Ross", "Monica", "Rachel", "Joey", "Chandler", "Phoebe")) %>% #6명의 인물에 대해서
  group_by(season, author) %>% #시즌과 인물 기준으로 묶어서
  count(sentiment) %>% #sentiment를 카운트함
  ungroup() %>% #기준을 해제합니다.
  ggplot(aes(season, n, fill = sentiment)) + #그래프로 그림
  geom_col(position = "fill") +
  geom_text(aes(label = n), position = position_fill(0.5), color = "white")+
  coord_flip()+ #x,y축값을 서로 바꿈
  facet_wrap(author~.) + #상단에 author로 채워넣어줌
  scale_x_continuous(breaks = scales::pretty_breaks(n = 10)) #일정한 간격으로 x,y축을 설정
```

[실행 결과 12-12]

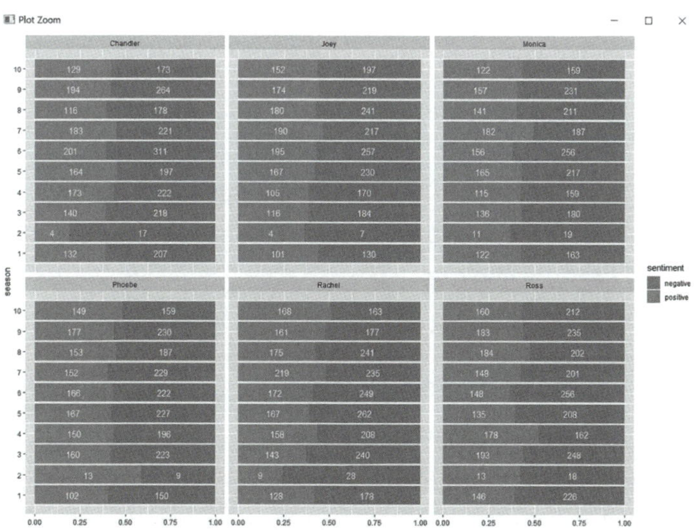

Chandler와 Rachel이 시즌 2에서 부정적인 경향이 두드러진다. 이렇게 살펴보니 Joey를 제외한 5명은 전반적으로 부정적인 경향성을 확인할 수 있다.

마지막으로 전 시즌에 걸쳐서 author들이 어떠한 감정을 보이고 있는지 살펴보자.

[코드 12-13]

```
tidy_afinn %>% #tidy_afinn에서
  filter(author %in% c("Ross", "Monica", "Rachel", "Joey", "Chandler", "Phoebe")) %>%
#Author를 기준으로 필터를 하고
  group_by(season, author) %>%  #시즌과 author로 그룹을 묶고
  summarise(total = sum(value), .groups = 'drop') %>%  #총합을 구하고
  ungroup() %>%  #그룹을 해제하고
  mutate(Neg = if_else(total < 0, TRUE, FALSE)) %>%
  ggplot()+
  geom_path(aes(season, total, color = author), size = 1.2)
```

[실행 결과 12-13]

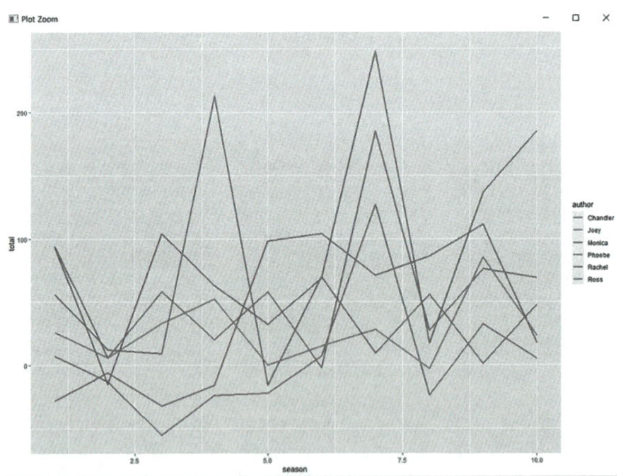

bing 사전과는 다르게 afinn 사전에서는 6명의 author들이 긍부정이 크게 요동치긴 하지만 전반적으로 긍정적인 영역에 있는 것을 볼 수 있다. 이렇듯 사전 기반의 분석을 통해서는 지속적인 시간의 흐름에 따라 전체적인 감정이 어떠한

지 살펴볼 수가 있다. 예를 들어 특정 주제의 기사에 대한 댓글들의 긍부정 분석을 시간의 흐름에 따라서 살펴본다면 사람들이 생각하는 방향이 일관된지 혹은 시간이 지나가면서 변화되는지를 확인할 수 있다.

이러한 다양한 분석이 가능한 만큼 다양한 시각에서 다양한 기준을 가지고 도전해 보자.

■ 분석 결과 및 요청 사항

분석 결과	감성 분석을 통해 도출된 결과는 다음과 같다. 1. 인물들 전반적으로 긍정적인 언어를 주되게 사용하며 부정적인(disgust) 단어는 가장 적게 사용하는 패턴을 보인다. 이는 긍정어는 단순하게 나뉘어져 있는 반면에 부정어는 더 세분화되어 있어서 발생한 패턴일 수 있다. 2. 인물별로 살펴 보았을때는 모든 인물들이 비슷한 패턴을 보였으나 시즌별로 나누어서 살펴보면 Chandler와 Rachel의 부정적인 경향이 시즌2에 두드러지는 것을 확인 할 수 있다. 3. Joey를 제외한 5명은 전반적으로 부정적인 경향성을 확인 할 수 있으며 극 중 인물의 캐릭터 때문으로 여겨진다. 4. 사전 방식으로 감성 분석을 수행하였기에 사전마다 긍부정 기준이 달라 분석 결과가 상이한 부분이 존재하며 따라서 사전 기반의 감성 분석을 수행할 때는 내가 적용하고자 하는 산업 도메인에 따라 사전을 잘 선택하는 것이 중요하다
요청 사항	1. 분석가에게 긍/부정 분석을 추가로 수행할 만한 그룹 분류 기준을 추가 파악하도록 요청하고, 해당 기준이 분석에 유의미한지 확인한다. 2. 연구 부서에서 산업 도메인에 맞는 신규 사전이 필요한지 검토하여 성능 개선 방안을 모색하고 이와 관련된 추가 실험을 진행할 수 있도록 요청한다. 3. 분석가에게 감성 분석 모델 성능을 개선하기 위하여, 불용어 사전 보강, 형태소 분석 등 분석의 기초가 되는 데이터, 알고리즘들의 개선을 요청한다.

03 월드 행복도 지수 예측

■ 프로젝트 개요

<table>
<tr><td>배경</td><td>사회가 고도화되고 급성장함에 삶의 질이 올라간 만큼 정신적인 행복도는 따라가지 못하는 것으로 보인다.
매년 자살하는 사람들의 수는 줄지 않고 있고 우울증으로 인해 고통받거나 의학적인 치료에 기대어 회복 중인 사람들을 심심치 않게 볼 수 있다.
행복이라는 추상적인 개념을 월드 행복도 지수라는 이름으로 매년 국가별로 조사하고 있으며 북유럽 국가들이 상위를 차지하고 있는 것을 볼 수 있다. 과연 북유럽 국가들은 어떠한 이유로 상위를 지속적으로 유지하고 있으며 우리는 어떠한 점을 배워야 할지 살펴볼 필요가 있다.
이에, 월드 행복도 지수 데이터 분석을 통해 국가들의 행복도 요인을 살펴보고 머신러닝을 활용한 행복도 예측 모델을 통해 행복도에 미치는 요소들과 그 정도를 확인할 수 있다.</td></tr>
<tr><td>목표</td><td>2019년 국가별 요소 데이터를 통해 국가별 행복도 지수값을 예측하여, 행복도에 영향을 미치는 요소들을 살펴보기 위함이다. 이에, 머신러닝 회귀 예측 모델을 통하여, 국가의 행복도에 영향을 미치는 요소들은 무엇인지 그리고 얼마나 영향을 미치는지 알아보고자 한다.</td></tr>
<tr><td>문제 해결 방법</td><td>1) 업무 이해(Business Understanding)
2) 데이터 이해(Data Understanding)
3) 데이터 준비(Data Preparation)
4) 모델링(Modeling)
5) 평가(Evaluation)
6) 전개(Deployment)
*활용 사례 내 문제 해결 방법은 2)~5)에 해당하는 내용을 구체화함</td></tr>
<tr><td>기대 효과</td><td>행정 측면에서는 행복도의 영향을 미치는 변수들을 파악하여 국민 행복도를 증진시키기 위한 노력을 수행할 수 있으며 만들어진 모델을 토대로 지속적인 추가 실험을 하여 변수 발굴 및 영향력 검토를 진행할 수 있다.</td></tr>
</table>

■ 데이터 분석 및 머신러닝 활용

전 세계에서 행복도가 가장 높은 나라는 어디일까?

2019년 기준으로 핀란드, 덴마크, 노르웨이, 아이슬란드, 네덜란드와 같이 북유럽 국가들이 상위를 차지하고 있다. 행복한 삶이란 무엇일까? 우리는 행복하기 위해서 인생을 열심히 살아간다. 행복하기 위해서 돈도 벌고 학교도 다니고 다양한 활동을 한다. 사람마다 가치관과 기준이 다르긴 하겠지만 전세계적으로 행복감을 느끼는 나라들은 어떤 나라들이 있는지 그 나라들은 왜 행복을 느끼는지 이번 실습에서 확인해보도록 하자.

이번 실습에서는 156개국의 데이터를 가지고 행복도를 예측하는 모델을 만들어 보고 어떤 요인들이 행복도를 구성하는 데 기여하는지 살펴볼 예정이다. 행복도 예측 예제는 종속 변수가 연속형 변수인 데이터이므로, 지도학습의 회귀분석을 사용하도록 한다.

1) 데이터 이해

본 실습에서 다루고자 하는 데이터는 2019년 국가별 행복도 지수와 국가별 요소들을 수치화 해놓은 것이다. 미국, 한국, 일본, 남아공 같은 나라들의 국가별 요소들을 토대로 중국의 행복도를 예측해보는 것이 이번 실습의 목표이다.

[코드 12-14]

```
library(tidyverse)    # metapackage of all tidyverse packages
setwd("c:/REx")
library(dplyr)        # 데이터 전처리를 위한 dplyr 패키지를 불러옴
dataset <- read.csv("2019.csv", header = TRUE) # 예제 파일을 읽어옴
names(dataset)        # 국가별 요소들이 수치화된 변수를 확인
dim(dataset)          # 156개 국가 데이터, 9개 요소로 구성되어 있음을 확인
head(dataset, 10)     #10개 국가 데이터를 읽어와서 살펴봄
View(dataset)
```

[실행 결과 12-14]

```
[1] "Overall.rank"                 "Country.or.region"
[3] "Score"                        "GDP.per.capita"
[5] "Social.support"               "Healthy.life.expectancy"
[7] "Freedom.to.make.life.choices" "Generosity"
[9] "Perceptions.of.corruption"
```

```
[1] 156   9
```

```
  Overall.rank Country.or.region Score GDP.per.capita Social.support
1            1           Finland 7.769          1.340          1.587
2            2           Denmark 7.600          1.383          1.573
3            3            Norway 7.554          1.488          1.582
```

```
4          4       Iceland 7.494      1.380      1.624
5          5   Netherlands 7.488      1.396      1.522
6          6   Switzerland 7.480      1.452      1.526
7          7        Sweden 7.343      1.387      1.487
8          8   New Zealand 7.307      1.303      1.557
9          9        Canada 7.278      1.365      1.505
10        10       Austria 7.246      1.376      1.475
  Healthy.life.expectancy Freedom.to.make.life.choices Generosity
1                   0.986                        0.596      0.153
2                   0.996                        0.592      0.252
3                   1.028                        0.603      0.271
4                   1.026                        0.591      0.354
5                   0.999                        0.557      0.322
6                   1.052                        0.572      0.263
7                   1.009                        0.574      0.267
8                   1.026                        0.585      0.330
9                   1.039                        0.584      0.285
10                  1.016                        0.532      0.244
  Perceptions.of.corruption
1                     0.393
2                     0.410
3                     0.341
4                     0.118
5                     0.298
6                     0.343
7                     0.373
8                     0.380
9                     0.308
10                    0.226
```

	Overall.rank	Country.or.region	Score	GDP.per.capita	Social.support	Healthy.life.expectancy	Freedom.to.make.life.choices	Generosity	Perceptions.of.corruption
1	1	Finland	7.769	1.340	1.587	0.986	0.596	0.153	0.393
2	2	Denmark	7.600	1.383	1.573	0.996	0.592	0.252	0.410
3	3	Norway	7.554	1.488	1.582	1.028	0.603	0.271	0.341
4	4	Iceland	7.494	1.380	1.624	1.026	0.591	0.354	0.118
5	5	Netherlands	7.488	1.396	1.522	0.999	0.557	0.322	0.298
6	6	Switzerland	7.480	1.452	1.526	1.052	0.572	0.263	0.343
7	7	Sweden	7.343	1.387	1.487	1.009	0.574	0.267	0.373
8	8	New Zealand	7.307	1.303	1.557	1.026	0.585	0.330	0.380
9	9	Canada	7.278	1.365	1.505	1.039	0.584	0.285	0.308
10	10	Austria	7.246	1.376	1.475	1.016	0.532	0.244	0.226
11	11	Australia	7.228	1.372	1.548	1.036	0.557	0.332	0.290

변수들의 실제 의미는 다음과 같다. Overall.rank는 행복도 순위이며, Country.or.region는 국가명, Score는 행복도 점수, GDP.per.capita는 1인당 GDP(국민총생산), Social.support는 사회적지지, Healthy.life.expectancy는 건강 수명(장애없이 살아갈 수 있는 건강한 나이), Freedom.to.make.life.choices는 하고 싶은 것을 할 수 있는 자유, Generosity는 인심이 후한, Perceptions.of.corruption는 부패의 인식을 의미한다.

본격적으로 데이터를 설명하고 예측하기 전에는 꼭 해야할 일들이 있다. Regression 모델을 만들때는 변수들의 값이 모두 할당되어 있어야 하며 최대한 정규 분포를 따를 때 정확한 모델이 만들어진다.

조건들을 만족시키기 위해 아래와 같은 프로세스를 거쳐 데이터를 준비하니 같이 해보도록 하자.

첫째, 결측치(Missing Value)가 있는지 없는지
둘째, 각각 변수들의 분포는 어떠한지
셋째, 연속형(Continuous) 변수간 상관성(correlation)이 지나치게 높지는 않은지

하나씩 살펴보자. 먼저, 결측치가 있는지 살펴보자. 결측치가 존재하게 되면 예측을 수행하는 데 있어서 문제가 발생하므로 9장 데이터 전처리에서 설명한 것과 같이 행 자체를 제거하거나, 결측치를 새로 채워넣거나, 결측치 자체를 새로운 값으로 정의하는 방법이 있다.

[코드 12-15]

```
sum(is.na(dataset)) #전체 데이터 세트에서의 NA값 확인, 결측값이 데이터내에 없음.
colSums(is.na(dataset)) #다시 한번 체크할겸 각 컬럼별로 NA값을 확인.
```

[실행 결과 12-15]

```
[1] 0

        Overall.rank    Country.or.region
                   0                    0
```

```
                    Score                GDP.per.capita
                        0                             0
              Social.support        Healthy.life.expectancy
                        0                             0
Freedom.to.make.life.choices                     Generosity
                        0                             0
   Perceptions.of.corruption
                        0
```

운이 좋게도 결측치가 하나도 없는 완벽한 데이터 세트이다. 일반적으로 예측값이 없는 경우는 행 자체를 제거하여 데이터 클렌징을 하며 변수가 없는 경우에는 통계적인 지표를 통해 최빈값, 평균값 등을 사용하거나 다른 변수와의 연관성을 통해 추정하여 채워 넣는다.

[코드 12-16]

```
str(dataset) #변수들을 간단히 살펴봄
myDataset <- select(dataset, -c(Overall.rank, Country.or.region))
#dplyr의 컬럼 삭제 기능을 통해 위 변수들을 제거
str(myDataset) #예측값 1개와 6개의 변수값이 남았음
```

[실행 결과 12-16]

```
'data.frame':      156 obs. of  9 variables:
 $ Overall.rank                 : int  1 2 3 4 5 6 7 8 9 10 ...
 $ Country.or.region            : chr  "Finland" "Denmark" "Norway" "Iceland" ...
 $ Score                        : num  7.77 7.6 7.55 7.49 7.49 ...
 $ GDP.per.capita               : num  1.34 1.38 1.49 1.38 1.4 ...
 $ Social.support               : num  1.59 1.57 1.58 1.62 1.52 ...
 $ Healthy.life.expectancy      : num  0.986 0.996 1.028 1.026 0.999 ...
 $ Freedom.to.make.life.choices: num  0.596 0.592 0.603 0.591 0.557 0.572 0.574 0.585
0.584 0.532 ...
 $ Generosity                   : num  0.153 0.252 0.271 0.354 0.322 0.263 0.267 0.33 0.285
0.244 ...
```

```
 $ Perceptions.of.corruption   : num  0.393 0.41 0.341 0.118 0.298 0.343 0.373 0.38 0.308
0.226 ...
```

```
'data.frame':          156 obs. of  7 variables:
 $ Score                    : num  7.77 7.6 7.55 7.49 7.49 ...
 $ GDP.per.capita             : num  1.34 1.38 1.49 1.38 1.4 ...
 $ Social.support            : num  1.59 1.57 1.58 1.62 1.52 ...
 $ Healthy.life.expectancy     : num  0.986 0.996 1.028 1.026 0.999 ...
 $ Freedom.to.make.life.choices: num  0.596 0.592 0.603 0.591 0.557 0.572 0.574 0.585
0.584 0.532 ...
 $ Generosity                : num  0.153 0.252 0.271 0.354 0.322 0.263 0.267 0.33 0.285
0.244 ...
 $ Perceptions.of.corruption   : num  0.393 0.41 0.341 0.118 0.298 0.343 0.373 0.38 0.308
0.226 ...
```

변수들을 잘 살펴보면 Score값은 점수로 우리가 예측해야 할 값에 해당하고 Overall.rank는 스코어값을 기반으로 랭크를 부여한 것이므로 변수로는 사용하지 않는다. Country.or.region도 이름 자체가 주는 의미는 없기 때문에 사용하지 않을 것이며, GDP, Social.support, Healthy.life.expectancy 등 6개 변수는 모두 numeric한 숫자 타입임을 확인할 수 있다.

다음은 각 변수들의 분포 살펴보자. 분포를 살펴보기 위해 도수분포표를 그려본다.

[코드 12-17]

```
library(ggplot2)
par(mfrow=c(2,4)) # 2X4 형태로 그래프를 배치하게 함. 앞쪽이 행의 숫자 뒤쪽이 열의 숫자임
hist(myDataset$Score) #행복도 점수
hist(myDataset$GDP.per.capita) #1인당 GDP(국민총생산)
hist(myDataset$Social.support) #사회적 지지
hist(myDataset$Healthy.life.expectancy) #건강 수명(장애없이 살아갈 수 있는 건강한 나이)
hist(myDataset$Freedom.to.make.life.choices) #하고 싶은 것을 할 수 있는 자유
hist(myDataset$Generosity) #인심이 후한
```

```
hist(myDataset$Perceptions.of.corruption) #부패의 인식

library(moments) #왜도와 첨도를 계산하기 위한 moments 불러옴
#print()문은 한 번에 하나의 값만 return하므로 cat()과 ,구분자를 이용하여 여러값을 묶어서 print 해봄
cat("Score Skewness:", skewness(myDataset$Score), "₩n") #행복도 점수의 왜도를 계산
cat("Social support Skewness:", skewness(myDataset$Social.support), "₩n") #사회적 지지의 왜도를 계산
cat("Score kurtosis:", kurtosis(myDataset$Score), "₩n") #행복도 점수의 첨도를 계산
cat("Social support kurtosis:", kurtosis(myDataset$Social.support)) #사회적 지지의 첨도를 계산
```

[실행 결과 12-17]

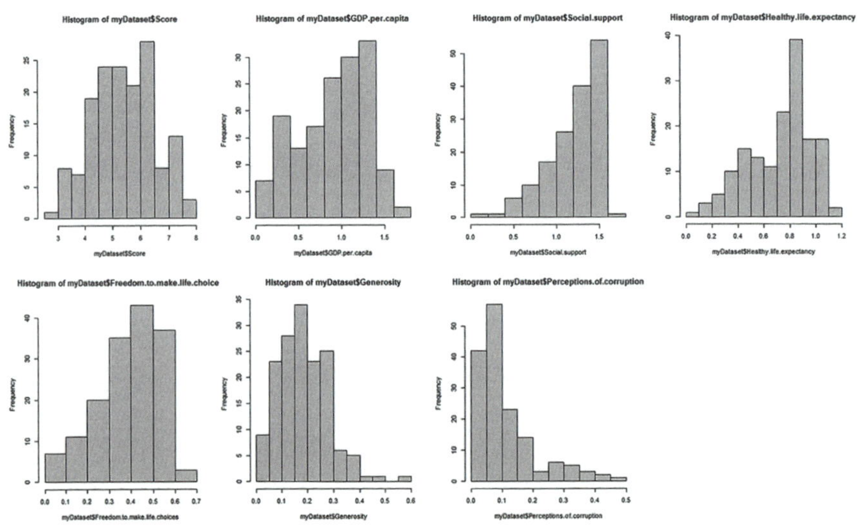


```
Score Skewness: 0.01133956
Social support Skewness: -1.123787
Score kurtosis: 2.372733
Social support kurtosis: 4.15175
```

왜도와 첨도를 계산하여 정규 분포 양상을 살펴본다. 일반적으로 모든 변수들

(예측값, 변수값)은 정규 분포를 그릴 때 가장 성능이 좋다. 대칭형 산(Mountain) 모양인지 눈으로 봐도 알수 있지만 왜도와 첨도를 계산하여 확인하는 방법이 있다. 왜도는 대칭일수록 0에 가까운 값을 가지며 데이터가 왼쪽에 쏠려 있으면 양수, 오른쪽에 쏠려 있으면 음수이다. 비대칭도가 커질수록 값 자체는 커진다. Score의 값은 0에 가까우므로 대칭에 가깝다고 보고 social support 값은 음수이므로 왼쪽으로 쏠려 있다라는 정보를 얻을 수 있다. 첨도는 중앙 언덕 부분의 뾰족한 정도를 의미한다. 정규 분포의 경우 0 값을 가지며 그보다 뾰족하다면 양수, 완만하다면 음수이다. 뾰족함이 커질수록 값 자체가 커진다. Score보다 Social support가 값이 크다는 것은 더 뾰족한 그래프 모양을 가진다는 것을 의미한다. 변수들의 분포 양상을 살펴보았으니 다음 단계로 넘어가보자.

마지막으로, 전처리 과정인 변수 간 연관성을 살펴보도록 하자. 상관성이 너무 높은 변수들이 함께 존재하면 올바른 답이 구해지지 않으므로 적절하게 제거해 주는 것이 중요하다.

[코드 12-18]

```
windows()    # 결과 화면이 너무 작아서 크게 보기 위해 사용함
library(corrplot) #변수간 연관성을 살펴보기 위해 corrplot을 불러옴
corr=cor(myDataset)
corrplot(corr,method="ellipse" ,type="upper") #우측 상단에만 타원 형태로 상관성을 표기함
corrplot(corr,method="number" ,type="upper") #우측 상단에만 숫자형태로 상관성을 표기함
```

[실행 결과 12-18]

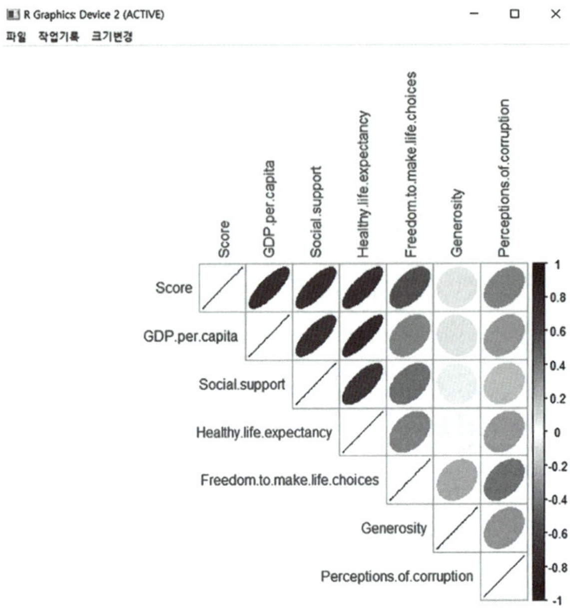
R Graphics: Device 2 (ACTIVE)
파일 작업기록 크기변경
Score
GDP.per.capita
Social.support
Healthy.life.expectancy
Freedom.to.make.life.choices
Generosity
Perceptions.of.corruption
1
0.8
0.6
0.4
0.2
0
-0.2
-0.4
-0.6
-0.8
-1

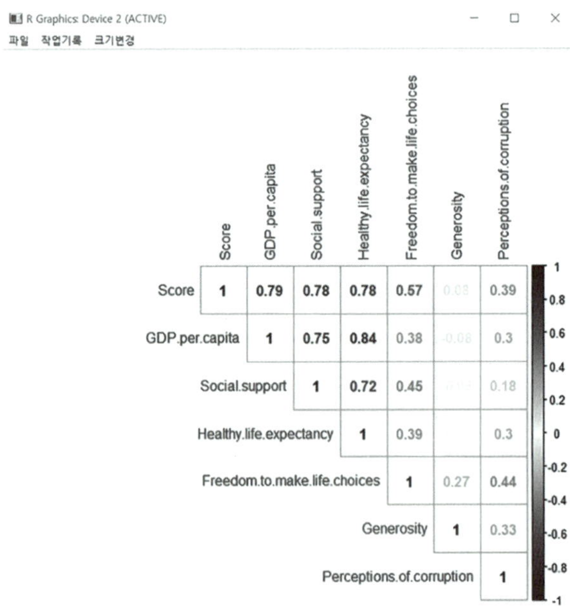
R Graphics: Device 2 (ACTIVE)
파일 작업기록 크기변경
Score
GDP.per.capita
Social.support
Healthy.life.expectancy
Freedom.to.make.life.choices
Generosity
Perceptions.of.corruption
1 0.79 0.78 0.78 0.57 0.39
1 0.75 0.84 0.38 0.3
1 0.72 0.45 0.18
1 0.39 0.3
1 0.27 0.44
1 0.33
1
1
0.8
0.6
0.4
0.2
0
-0.2
-0.4
-0.6
-0.8
-1

눈으로 보기에는 GDP와 Healthy.life.expectancy 정도가 연관성이 있어 보인다. 이를 숫자로 다시 표시해보았더니 GDP와 Healthy.life.expectancy가 연관성이 높아보인다. 언뜻 생각해 보아도 국가 총생산량이 높은 선진국은 건강 기대 수명이 높을 것 같다.

2) 데이터 준비

전처리된 데이터를 가지고 이제 모델을 만들어보자. 이번 실습에서는 가장 해석하기 좋은 linear regression 모델을 가지고 진행하도록 한다.

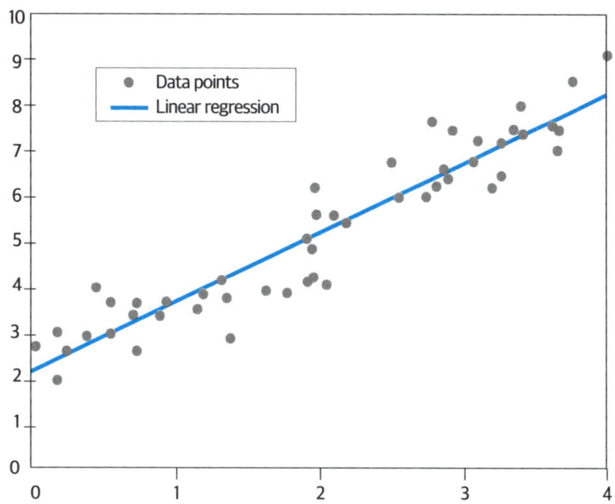

linear regression는 종속 변수 y와 한 개 이상의 독립 변수(또는 설명 변수) X와의 선형 상관 관계를 모델링하는 회귀분석 기법이다. 한 개의 설명 변수에 기반한 경우에는 단순 선형 회귀, 둘 이상의 설명 변수에 기반한 경우에는 다중 선형 회귀라고 한다.

선형 회귀는 선형 예측 함수를 사용해 회귀식(예: y = c1x1 + c2x2)을 모델링하며, 알려지지 않은 회귀계수(cn)는 데이터로부터 추정한다. 이렇게 만들어진 회귀식을 선형 모델이라고 한다. 데이터를 학습하고 정확도를 검증하기 위해 데이터를 둘로 나뉜다.

8:2, 7:3 등 다양한 비율로 나누는데 여기서는 8:2로 나누어 진행해 보도록 한다. 80%는 훈련에 20%는 훈련된 모델을 테스트하는 데 사용한다. 표본을 추출하는 방법에는 다양한 방법이 있는데 임의 추출과 층화 추출이 대표적이다. regression 모델에서는 동질값이 없으므로 임의 추출로 진행하도록 한다.

[코드 12-19]

```
library(caTools)          # caTools 패키지를 설치한 후 실행
dim(myDataset)
train = sample.split(myDataset$Score,SplitRatio = 0.8) #80%를 임의로 추출하여 train으로 분류
trainingData = subset(myDataset,train == TRUE) #train으로 분류된 값을 훈련 세트로 배정
testData = subset(myDataset,train == FALSE) #train으로 분류되지 않은 값은 테스트 세트로
배정
dim(trainingData) #124 개의 데이터가 학습 세트로 배정
dim(testData) #32 개의 데이터가 테스트 세트로 배정
```

[실행 결과 12-19]

```
[1] 156  7
```

```
[1] 124  7
```

```
[1] 32  7
```

regression 모델에서 변수를 선택하는 방법에는 3가지 방법이 있다.

- 전진 선택법(forward selection): 절편만 있는 모델부터 시작하여 기준 통계치를 가장 많이 개선시키는 변수를 차례로 추가
- 변수 소거법(backward selection): 모든 변수가 포함된 모델부터 시작하여 기준 통계치에 가장 도움이 되지 않는 변수를 하나씩 제거
- 단계적 방법(Stepwise selection): 모든 변수가 포함된 모델에서 출발하여 기준 통계치에 가장 도움이 되지 않는 변수를 삭제하거나, 모델에서 빠져 있는 변수 중에서 기준 통계치를 가장 개선시키는 변수를 추가. 이러한 변수 추가 삭제를 반복하며 최적의 변수를 찾아가는 방법. 당연히 시간이 제일 오래 걸림

3) 모델링

[코드 12-20]

```
library(mlbench)        # mlbench 패키지 설치 후 실행
regression <- lm(Score ~ .,data = trainingData) #훈련 데이터 세트를 이용한 모델 구축
model <- step(regression, direction = "both") #3번의 단계적 방법을 사용하여 변수를 선택
summary(model)                               #최종으로 선택한 모델을 확인
plot(model)
```

[실행 결과 12-20]

```
Start:  AIC=-143.77
Score ~ GDP.per.capita + Social.support + Healthy.life.expectancy +
    Freedom.to.make.life.choices + Generosity + Perceptions.of.corruption

                               Df Sum of Sq    RSS     AIC
- Generosity                    1    0.1215 34.863 -145.34
<none>                                      34.742 -143.77
- Perceptions.of.corruption     1    0.5899 35.331 -143.68
- GDP.per.capita                1    2.7817 37.523 -136.22
- Healthy.life.expectancy       1    3.4392 38.181 -134.07
- Freedom.to.make.life.choices  1    4.1115 38.853 -131.90
- Social.support                1    5.3912 40.133 -127.88

Step:  AIC=-145.34
Score ~ GDP.per.capita + Social.support + Healthy.life.expectancy +
    Freedom.to.make.life.choices + Perceptions.of.corruption

                               Df Sum of Sq    RSS     AIC
<none>                                      34.863 -145.34
- Perceptions.of.corruption     1    0.7666 35.630 -144.64
+ Generosity                    1    0.1215 34.742 -143.77
- GDP.per.capita                1    2.6720 37.535 -138.18
```

```
- Healthy.life.expectancy       1    3.5469 38.410 -135.32
- Freedom.to.make.life.choices  1    4.6249 39.488 -131.89
- Social.support                1    5.3399 40.203 -129.67
```

```
Call:
lm(formula = Score ~ GDP.per.capita + Social.support + Healthy.life.expectancy +
    Freedom.to.make.life.choices + Perceptions.of.corruption,
    data = trainingData)

Residuals:
     Min       1Q   Median       3Q      Max
-1.79772 -0.28881  0.00487  0.34994  1.23295

Coefficients:
                             Estimate Std. Error t value Pr(>|t|)
(Intercept)                    1.7221     0.2295   7.502 1.29e-11 ***
GDP.per.capita                 0.7049     0.2344   3.007  0.00322 **
Social.support                 1.1437     0.2690   4.251 4.27e-05 ***
Healthy.life.expectancy        1.2897     0.3722   3.465  0.00074 ***
Freedom.to.make.life.choices   1.6009     0.4046   3.957  0.00013 ***
Perceptions.of.corruption      0.9813     0.6092   1.611  0.10988
---
Signif. codes:  0 '***' 0.001 '**' 0.01 '*' 0.05 '.' 0.1 ' ' 1
Residual standard error: 0.5436 on 118 degrees of freedom
Multiple R-squared:  0.7772, Adjusted R-squared:  0.7678
F-statistic: 82.32 on 5 and 118 DF,  p-value: < 2.2e-16
```

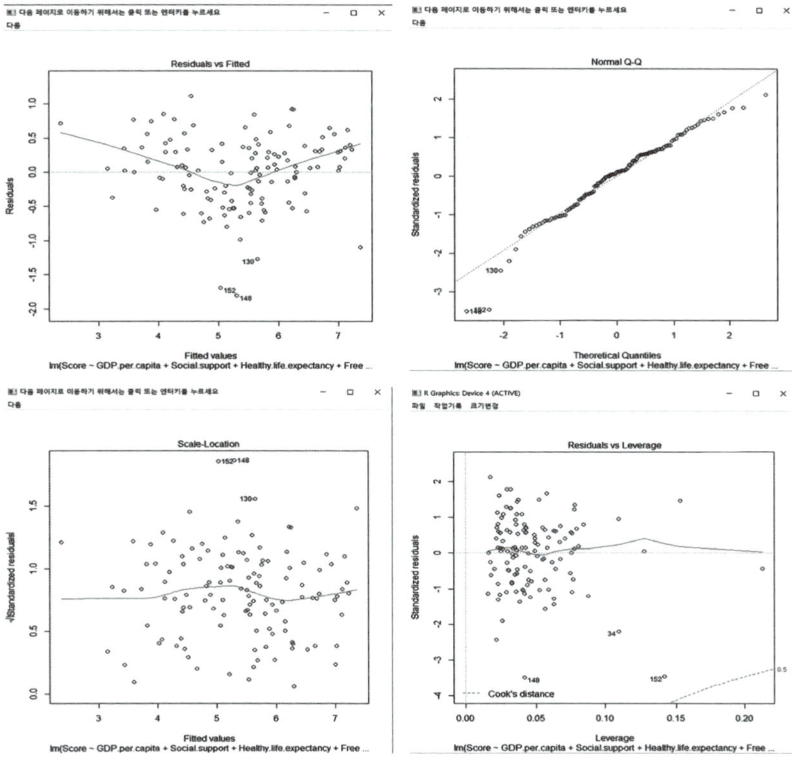

Call 부분에서는 어떤 포뮬러를 사용해 모델을 regression 모델을 만들었는지 알려준다. Residual 부분에서는 실제 데이터에서 관측된 잔차(예측값과 실제값의 차이)를 보여준다. Coefficient 부분에서는 모델의 계수와 계수들의 통계적 유의성을 알려준다. 마지막으로 Regression 모델의 정확도를 평가할 때 가장 많이 쓰이는 R2, Adjuested R2가 모델이 데이터의 분산을 얼마나 설명하는지 알려준다. R2와 Adjusted R2는 1에 가까울수록 좋은 모델을 뜻한다. 여기서는 R2, Adjusted R2 0.8 정도의 적당한 모델이 만들어졌음을 확인할 수 있다.

사용된 변수를 보면 1인당 GDP(GDP.per.capita), 사회적 지지(Social.support), 건강 수명(Healthy.life.expectancy), 자유도(Freedom.to.make.life.choices), 부패의 인식(Perceptions.of.corruption)이 사용된 것을 알 수 있다. 맨 앞의 계수(Estimate)를 통해 5가지 변수 모두 증가할 때 행복도 역시 증가하

는 경향을 보인다고 해석할 수 있다. 그 중에서도 사회적 지지와 자유도가 상수값이 크므로 더 영향을 미친다고 해석할 수 있다.

변수의 통계적 유의미성을 나타내는 p-value값도 별이 많을 수록 의미가 있고 아무런 표시가 없거나 '.'은 통계적으로 유의미하지 않음을 나타내는데 현 모델에서는 통계적 유의미성이 충분해 보인다.

첫 번째 차트인 Residual vs Fitted 는 X축은 regression 모델로 예측된 Y값, Y축은 잔차를 보여준다. Regression에서 잘 만들어진 모델은 X축값에 무관하게 Y값이 0에 가까운 기울기 0인 직선이 나타나는 것이 이상적이다. 두 번째 차트인 Normal Q-Q는 잔차가 정규 분포를 따르는지 확인하기 위한 Q-Q도이다. 세 번째 차트인 Scale-Location은 X축에 regression 모델로 예측된 Y값, Y축에는 표준화 잔차를 보여준다. 첫 번째 차트와 마찬가지로 기울기가 0인 직선이 이상적이다. 네 번째 차트인 Residual vs Leverage는 X축에 레버리지, Y축에 표준화된 잔차를 보여준다.

레버리지는 설명 변수가 얼마나 극단에 치우쳐 있는지를 뜻한다. 예를 들어, 다른 데이터의 X값은 모두 1~10 사이의 값인데 특정 데이터만 9999라면 해당 데이터의 레버리지는 큰 값이 된다. 이러한 데이터는 입력이 잘못되었거나 해당 범위의 설명 변숫값을 가지는 데이터를 보충해야 한다.

다음과 같이 모델의 정확도가 낮은 경우 취할 수 있는 방법은 크게 3가지가 있다.

첫째, 지나치게 극단에 치우져 있어 모델이 설명하기 어려운 이상치 (Outlier)를 제거 후 모델 개발

둘째, 변수간 상호작용(변수곱) 혹은 polynominal(변수 n제곱) 형태로 새로운 변수를 창출하여 모델 개발

셋째, 정확도가 높다고 알려진 다른 알고리즘 사용(logistic regression, SVM regressor 등)

다양한 시도를 통해 정확도 높은 모델을 만들어 보자.

4) 평가

마지막으로 만들어진 모델로 testData 결과를 예측해 보고자 한다. 결과를 나타내는 다양한 Matrix 중 RMSE를 이용하여 정확도를 확인해 보면 0.59 정도 오차가 발생하는 것을 확인할 수 있다.

[코드 12-21]

```
library(Metrics)      # rmse를 위해 로드함.
testRes <- predict(model, testData)
rmse(testData$Score, testRes)
plot(testData$Score, testRes)
points(testData$Score, testRes)
abline(a=0, b=1)
```

[실행 결과 12-21]

```
[1] 0.5363633
```

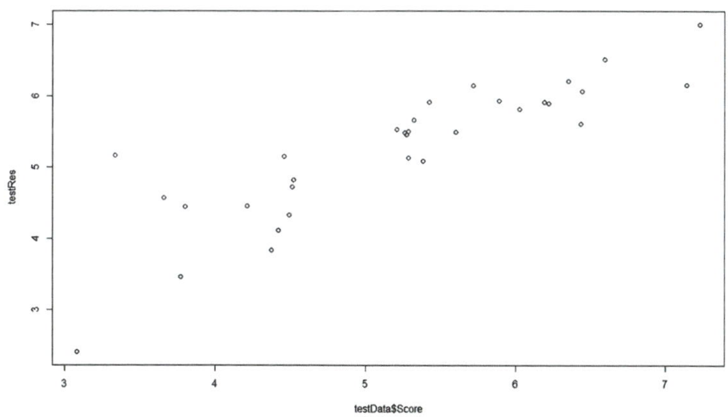

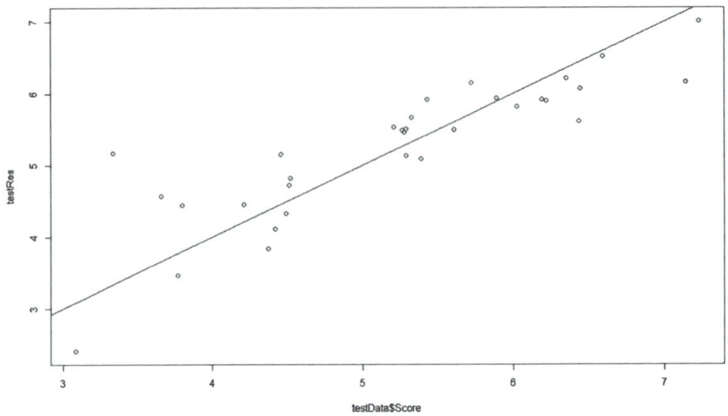

추가로 그래프로 그려 어느 정도의 정확도인지 확인해 보았다. 정확할수록 실제값과 예측값이 같으므로 Y=X 그래프 상에 위치해야 한다. 그래프가 잘 설명하는 부분과 잘 설명하지 못하는 부분이 있지만 국가들의 기록 지표를 통해 경향성을 확인할 수 있다.

■ 분석 결과 및 요청 사항

분석 결과	데이터 탐색 및 시각화를 통해 변수 간 상관관계를 파악한 결과는 다음과 같다. 1. 1인당 GDP, 건강 수명, 자유도 변수는 정규 분포에 가깝다. 2. 사회적 지지도는 우측으로 치우친 분포를 보이고 있다. 3. GDP와 건강 수명은 연관성을 보인다. 이는 국가 총생산량이 높은 선진국이 전반적으로 건강 기대 수명이 높을 것이라는 예상과 일치한다. 머신러닝 예측 모델 분석 결과는 다음과 같다. • Multiple linear regression MODEL = R2 : 0.80, aR2 = 0.79 타자의 OPS 예측을 위해 다양한 알고리즘 중 해석이 용이한 Multiple linear regression 알고리즘을 사용하여 예측 모델을 구성하였다. 0.8 정도의 설명력을 가지는 모델이 만들어졌다. 변수 앞에 배정된 계수를 통해 예측 모델의 방향성을 살펴볼 수 있는데 GDP, 사회적 지지, 건강 수명, 자유도, 부패의 인식이 행복도를 예측하는 데 사용되었음을 알 수 있으며 계수의 크기를 통해 자유도와 사회적 지지가 행복도를 구성하는 데 크게 기여함을 알 수 있다.
분석 결과	참고: R2 Score는 회귀 모델이 얼마나 '설명력'이 있느냐를 의미한다. 그리고 그 설명력은 SSR/SST 식이지만 '실제 값의 분산 대비 예측값의 분산 비율'로 요약될 수 있으며, 예측 모델과 실제 모델이 얼마나 강한 상관관계(Correlated)를 가지는가로 설명력을 요약

요청 사항	1. 행정 부서에서 행복도에 영향을 미칠만한 합리적인 새로운 변수를 추가 파악하고, 해당 변수가 예측 모델에 유의미한 변수인지 확인한다. 2. 연구 부서에서 자유도와 사회적 지지 강화 방안을 모색하고 이와 관련된 추가 실험을 진행할 수 있도록 요청한다. 3. 분석가에게 예측 모델 성능을 개선하기 위하여, K-fold, grid search, hyperparameter 변경 등 추가로 변경해 보고, SVM, XGBoost, Decision Tree, Linear regression 등 다른 알고리즘을 활용하여 모델 성능 개선을 요청한다.

문제 해결을 위한 인공지능 활용 2 : 전개 및 마무리

프로젝트 기반 학습(PBL)에 대한 개요 및 '도입' 단계와 '전개' 단계의 '관련 자원 탐색' 단계까지 학습하였다. 이번 장에서는 기말 프로젝트 수행을 위해 전개 및 마무리 단계의 활동에 대해 학습한다.

CHAPTER

13

학습 목표

- 프로젝트 기반 학습(PBL) 단계 중 전개 및 마무리 단계에 대해 이해한다.
- 데이터 분석 결과를 포함하여 프로젝트 결과물을 도출한다.
- 결과물에 대한 피드백을 통해 최종 결과물을 도출하고 성찰 일지를 작성한다.

01 프로젝트 기반 학습(PBL) 전개

PBL 전개 단계에서는 관련 자원 탐색과 수행 방법 탐색 과정이 요구된다. 본 장에서는 데이터 분석과 관련된 해결 방안 탐색을 수행한다. 이는 관련 자원 탐색을 통해 도출한 현상이 실제와 어느 정도 일치하는지를 검토하고, 자료 수집 단계에서 도출한 해결 방안 외 중요한 인사이트를 발견할 수 있다. 처음 기획한 프로젝트 기획안과 비교 검증 및 추가 분석을 수행하여 최종 프로젝트 기획안을 작성해 보자.

PBL 도입	PBL 전개	PBL 마무리
· 팀 빌딩 · 주제 선정 · 문제 확인	· 관련 자원 탐색 · 수집한 자료 분석 · 현상과 문제 도출 · 개선 방향 및 과제 · 실행 계획 · 예상 결과(가설)	· 최종 결과물 제시 · 결과물 발표 · 피드백 및 성찰

■ 인공지능 활용 방안 탐색

중간 프로젝트에서 프로젝트 주제에 대한 원인-분석 결과 및 해결 방안(예측 가설)을 도출하였다. 도출한 해결 방안(예측 가설)이 얼마나 실효성 있는지 데이터 분석 결과를 토대로 검증해 보자. 나아가 인공지능을 활용한 해결책으로 발전시켜보자.

02 프로젝트 기반 학습(PBL) 마무리

PBL 마무리 단계로는 최종 산출물이 도출되면 그 결과물을 토대로 교수자 및 동료와 평가와 성찰의 시간을 갖는다. 또한 도입 단계에서 구상한 기획안을 토대로 점검 및 예상한 결과와 비교를 통해 가설을 검증하는 과정을 거친다. 도입, 전개, 마무리 전반에 이루어진 수행 과정과 결과물에 대한 성찰은 향후 문제 해결을 위한 중요한 자원이 된다.

PBL 도입	PBL 전개	PBL 마무리
· 팀 빌딩 · 주제 선정 · 문제 확인	· 관련 자원 탐색 · 수집한 자료 분석 · 현상과 문제 도출 · 개선방향 및 과제 · 실행계획 · 예상 결과(가설)	· 최종 결과물 제시 · 결과물 발표 · 피드백 및 성찰

■ 평가 방법

PBL 마무리 단계로 최종 결과물에 대한 평가를 진행한다. 평가는 교수자 및 동료 학습자, 이해 관계자 등으로부터 받을 수 있다. 평가받은 내용을 토대로 수행한 내용에 대해 성찰하는 기회를 가질 수 있고 더 나은 해결 방안 및 계획을 수립하는 데 도움이 된다. 평가 준거는 다음과 같다.

1) 최종 문제 해결안

프로젝트 기획안

- 문제에서 요구하는 사항이 무엇인지 정확히 파악하고 접근하였다.
- 문제에 포함된 주요 개념, 절차, 원리 등을 분명히 이해하고 있다.
- 문제 해결을 위해 자료가 충분히 검토되었다.
- 신뢰할 만한 자료를 인용 또는 참고하였다.
- 충분한 설명, 세부 사항, 적절한 예를 포함하고 있다.
- 실천 가능한 해결안을 제시하였다.
- 문제에서 요구하는 최종 해결안의 형식에 맞게 작성되었다.

발표 역량

- 발표에 중요한 내용이 충분히 제시되었다.
- 발표 내용이 논리적으로 잘 조직되었다.
- 발표 자료가 매력 있게 구성되었다.
- 발표 내용이 다른 학습자의 학습에 도움이 되었다.
- 발표자가 내용을 분명하게 전달하였다.

2) 팀 활동 평가

팀 활동

- 팀 활동에 적극적으로 참여하였다.
- 문제의 해결안을 성공적으로 개발하는 데 공헌하였다.
- 팀원의 의견을 경청하였다.
- 질문을 제기하고 팀원의 질문에 대답하였다.
- 과제를 지속적으로 수행하였다.
- 유용한 정보를 찾아 제공하였다.
- 다른 팀원들과 협력하였다.
- 긍정적인 의견을 제시하였다.
- 다른 팀원을 칭찬하고 격려하였다.

[활동 13-1] 데이터 분석 결과

데이터 분석 결과를 정리해 보고 문제 현상을 파악하거나 해결책을 도출하는 데 인사이트를 찾아보자. 더불어 중간 프로젝트 때 예측한 가설을 검증해 보자.

[활동 13-2] 인공지능 활용 방안

해결 방안을 구체화해 보고 인공지능 활용 방안을 구체화해 보자.

구 분	내 용
배 경	
목 표	
문제점	
분석 결과	• 자료 수집 결과
	• 데이터 분석 결과
해결 방안 구체화 (인공지능 활용 방안 포함)	

[활동 13-3] 프로젝트 기획안(최종)

최종 프로젝트 기획안을 정리해 보자.

수행 결과 종합 (자료 수집 및 데이터 분석 결과 요약)	
예측(가설)과 수행 결과 비교	
인공지능 활용 방안 [타부서 (기술 전문가) 요청 사항 포함]	

[활동 13-4] 성찰 일지

프로젝트 최종 결과물을 공유하고 이에 대한 피드백을 받아보자. 그리고 피드백 반영 계획을 세워보자.

피드백 내용	
피드백 반영 계획	